KB146898

미스터리 작가를 위한 법의학 Q&A

크리에이터스 라이브러리

ⓒ 들녘 2017

초판 1쇄   2017년 11월 30일
초판 14쇄   2023년 2월 13일

지은이   D.P. 라일
옮긴이   강동혁
감수   강다솔

출판책임	박성규	펴낸이	이정원
편집주간	선우미정	펴낸곳	도서출판 들녘
편집	이동하·이수연·김혜민	등록일자	1987년 12월 12일
디자인	고유단	등록번호	10-156
마케팅	전병우	주소	경기도 파주시 회동길 198
멀티미디어	이지윤	전화	031-955-7374 (마케팅)
경영지원	김은주·나수정		031-955-7376 (편집)
제작관리	구법모	팩스	031-955-7393
물류관리	엄철용	이메일	dulnyouk@dulnyouk.co.kr

ISBN   979-11-5925-296-9 (04080)
          979-11-5925-295-2 (세트)

값은 뒤표지에 있습니다. 잘못된 책은 구입하신 곳에서 바꿔드립니다.

CREATORS'
LIBRARY

미스터리 작가를 위한 법의학 Q&A

D. P. 라일 의학박사 지음
강동혁 옮김
강다솔 감수

들녘

이 책의 목적은 소설을 쓰는 작가들에게
의학적·법의학적 문제에 관한
기초적·복합적 해답을 제공하는 것입니다.
진단 혹은 실생활에서의 행동 지침으로
활용해서는 안 됩니다.

일러두기

· 본문 하단의 주는 옮긴이의 주입니다.
· 본문 왼쪽과 오른쪽의 주는, 의학적·법의학적 용어 설명입니다.

추천의 말
—추리소설가에게 가뭄의 단비 같아 반갑다!

김재희

추리소설가(『훈민정음 암살사건』, 『경성 탐정 이상』 등. 한국추리작가협회 소속.)

추리소설을 햇수로 10년 넘게, 열 권이 넘도록 집필하면서 절실하게 느낀 점은 추리소설을 쓰는 데 필요한 자료나 책이 적고 쉽게 구해지지 않으며, 한편으로 현직 경찰이나 법의관을 만나러 가는 일은 쉽지 않다는 것이었다. 게다가 맞는지 틀린지 감수해줄 전문가를 찾기도 어려웠다. 나는 나름대로 외국의 법과학, 법의학 서적을 구해 보고, 경찰 전문 잡지는 국립중앙도서관에 가서 보는 식으로 어렵게 발품을 팔아서 자료를 연구해 추리소설을 집필해왔다.

하지만 후배 소설가나 시나리오 작가들에게 이러한 방법을 추천하면 아마 시간을 내기 어려워할 것이다. 게다가 인터넷에서 검색해 얻는 지식은 정확하지가 않고 깊이가 얕다. 결국, 추리소설가를 위한 법의학 자료는 반드시 책으로 나와야 된다고 깊이 생각하게 되었다. 이 책은 사실 내가 그동안 절실히 필요로 하였던 것이다.

코난 도일과 애거서 크리스티는 당대의 법과학과 법의학 논문이 실린 저널을 보고 살인의 방법과 독의 종류를 연구했다. 심지어 코난 도일은 셜록 홈즈가 지문과 족적 등을 이용하여 당대에는 획기적이었던 법과학 수사를 진행하는 장면도 소설 속에 담아냈다. 모든 추리소설가는 확실히 자료를 기반으로 한 정확하고 적확한 묘사를 중시할 수밖에 없다. 이는 20세기 영국이나 21세기의 한국이나 다르지 않다.

이 책은 실제 창작자와 의사의 질의응답 형식으로 되어 있고 목차와 색인으로 쉽게 찾아볼 수 있게 해놓았다. 법과학이나 법의학 서적이 다양하게 많이 나와 있지 않은 환경에서 이러한 유용한 책의 발간은 추리소설계에 든 가뭄에 단비를 맞는 것 같은 효과를 준다.

이 책 한 권으로 추리소설을 쓰기 위한 소재와 자료를 다 얻는다고 하면 과할까. 하지만 수많은 서적을 읽어야 얻을 수 있는 방대한 지식을 이 책에서는 일목요연하고 어렵지 않게 풀이해주고 있다. 이 책을 읽은 수많은 추리소설가, 시나리오 작가, 드라마 작가, 만화가, 감독 들이 한층 더 풍부하고 내실 있는 작품을 쓰고 만들 수 있게 되기를 기원한다.

옮긴이의 말

'아마존'에서 처음 이 책을 보았을 때, 저는 직접 소설을 쓰는 한 사람으로서 참 매력적인 아이템이라고 생각했습니다. 요즘은 〈CSI〉를 비롯한 과학수사물이 큰 인기를 얻고 국내의 탐사 보도 프로그램에서도 법의관들의 활약이 중점적으로 다루어 지는, 어설픈 배경지식만 가지고 미스터리 소설을 썼다간 독자들의 높은 수준을 만족시키기는커녕 큰코만 다치기 십상인 시대니까요. 그렇다고 모든 미스터리 작가 지망생들이 의과대학에 진학할 수 있는 것도 아니고, 인터넷에 범람하는 도저히 믿기 어렵고 중구난방인 정보들에만 의존할 수도 없는데 말입니다. 정확히 저와 같은 필요를 느낀 사람들을 겨냥해 나온 매력적인 책이라는 생각이 들었죠.

처음 책을 펼치고 해부도를 보았을 때는 조금 기가 죽는 느낌이 들었던 것도 사실입니다. 얼핏 보았을 때 온갖 의학용어가 눈에 걸리자, 읽는다면야 소설 쓰는 데 도움이 되겠으나 끝까지 과연 읽을 수 있을까 겁도 났습니다. 하지만 제 소설에 등장하는 어느 탐정이나 법의관의 입에서 이런 단어들이 세련되고 시의 적절하게 흘러나오고, 덕분에 제가 구상한 사건들이 좀 더 개연성 있고 말이 되는 것으로 독자들에게 다가갈 수 있다는 생각도 자연스럽게 들었습니다. 일단 도전해볼 만하다고 생각했죠.

그렇게 차근차근 책을 읽어보니 제가 생각했던 것 이상의 소득이 있었어요. 관련된 의학 정보를 습득할 기회가 있었던 건 물론, 다른 미스터리 작가(지망생)들의 아이디어를 보며 저 자신이 구상하는 이야기에도 영감을 받을 수 있었습니다. 게다가 그런 구체적 상상들이 매우 재미있게 느껴지기도 했죠. 이 책을 국내의 다른 작가(지망생)들과도 공유하면, 아직은 척박한 한국의 미스터리 소설계에도 순풍을 일으킬 수 있을 거라는 기대가 생겼습니다.

의학이나 법의학 자체가 워낙 전문적인 분야라 문외한인 제가 과연 번역을 할 수 있을지 걱정도 됐지만, 다행히도 제 동생이 의료계에 몸담고 있었기에 편히 자문을 구할 수 있었습니다. 그 덕분에 용기를 내 출간 및 번역을 제안할 수 있었죠. 제가 본 이 책의 매력에 공감하고, 이 책을 출간해 우리나라 미스터리 소설계에 단서 꾸러미를 더해주신 유예림 편집자와 들녘의 여러분께도, 이 책을 읽고 계실 흥미진진한 이야기의 작가님들께도 미리 감사를 전합니다.

강동혁

이 책에 대해

장르를 막론하고 모든 이야기에는 등장인물과 줄거리가 존재해
야 합니다. 이 두 가지가 바로 스토리텔링의 필수 요소죠. 줄거
리가 없으면 아무 일도 일어나지 않습니다. 등장인물이 없으면
무슨 일이 일어나든 누구도 신경 쓰지 않고요. 배경이나 주제,
분위기, 목소리, 중심 줄거리에서 뻗어나가는 가지들 등 다른
이야기 요소들은 이런 주인공과 줄거리 간의 관계를 보강하기
위해서만 존재합니다. 그러므로 좋은 이야기란 독자들이 공감
할 수 있는 있을 법한 인물이 삶을 바꾸어놓을 만한 상황에 사
로잡혀 있는 이야기라고 할 수 있겠습니다.

등장인물의 성격을 드러내고 줄거리를 진전시키기 위해 우
리는 많은 경우 주인공들을 스트레스가 심한 상황에 놓곤 합니
다. 왜 그럴까요? 스트레스는 한 인간이 보여줄 수 있는 최선의
모습과 최악의 모습을 이끌어낼 뿐 아니라 재미있고 신나는 줄
거리 요소가 되기 때문입니다. 주인공에게 신체적, 감정적, 심리
적 압박을 가하거나 이 세 가지 압박을 모두 가하는 것보다 주
인공에게 더 심한 스트레스를 줄 수 있는 방법은 없죠.

미스터리와 스릴러 장르에서는 특히 그렇습니다. 이 분야의

독자들은 흥분을 느끼고 현혹되고 새로운 정보를 얻으며 밤새 깨어 있고 싶어 하니까요. 그 때문에 미스터리와 스릴러 작가들은 질병과 부상, 공포나 불안, 공황, 분노, 시기, 질투, 후회 및 죄책감 같은 심리적 스트레스를 활용하여 독자들을 흥분시키고 혼란스럽게 만드는 경우가 많습니다.

판타지 소설이나 우화, 코미디 같은 장르에서라면 작가가 사실이나 현실에는 아무 기초를 두지 않은 세계를 만들어낼 수 있습니다. 물론 그 특별한 세계에 세워놓은 규칙은 따라야겠지만 그 조건만 지키면 무슨 일이든 가능합니다.

반면 미스터리와 스릴러를 쓰는 작가들의 이야기 속 세상은 보통 '현실세계'이므로, '현실세계'의 법칙들이 적용되어야 합니다. 그러므로 작가는 올바르게 현실을 표현해야 한다는 무거운 부담을 지게 되죠. 꼼꼼한 연구조사와 가장 작은 세부사항에까지 미치는 관심, 현실에 대한 '건성건성' 접근 피하기 등이 모두 있을 법한 이야기를 만들어내는 데에는 필수적입니다. 일관성 없는 동기, 지나치게 편리한 해결, 사실의 오류는 가장 호감 가는 등장인물과 교묘한 줄거리마저 망쳐버릴 수 있으니까요.

수많은 작가들을 가로막는 주요한 장애물은 이야기에 생명력을 불어넣을 때 필요한 전문적 지식을 얻지 못한다는 겁니다. 특히 과학적, 의학적 문제가 제기될 때 그렇죠. 병원과 응급실, 수술실 내부에서 벌어지는 일의 절차, 의사와 간호사, 기타 응급구조사들의 업무, 급성 혹은 만성 질병이나 교통사고, 총격, 낙뢰로 인한 손상 등의 정신적, 신체적 영향, 처방받은 것과 불법적인 것을 막론하고 약물이 끼치는 영향, 피해자와 피해자를 사랑하는 사람들에게 급성, 만성의 정신과적 질환이 미치는 영향, 사인과 사망시각을 판별하는 일 혹은 다른 법의학적 절차 등 앞서 말한 이 복잡한 문제들을 타당하게 이해하면 어떤 원고에든 깊이와 드라마가 더해져 진실한 울림이 생깁니다.

작가들은 이 정보를 어디에서 얻을까요? 다른 사람들의 소설을 재탕하거나 텔레비전에서 본 내용을 반복하는 경우가 태반입니다. 무한한 정보를 제공해준다는 인터넷의 약속도 거짓인 것으로 판명되었습니다. 상상할 수 있는 거의 모든 주제에 관해 압도적인 양의 자료를 찾을 수는 있어도 사이버 공간의 허접 쓰레기들 사이에서 진실을 분리해낼 장비는 갖추지 못할 수 있죠. "틀린 데이터는 없느니만 못하다"는 의학계의 오랜 격언은 미스터리 소설을 쓸 때에도 적용됩니다.

이 책의 목적

이 책의 목적은 미스터리와 스릴러뿐 아니라 모든 장르의 작가들이 정보와 재미를 함께 얻을 수 있도록 하는 것입니다. 더 나아가 책과 영화를 사랑하는 사람들과 탐구심이 많은 사람이라면 누구나 책장을 넘기며 흥미로운 항목들을 찾아낼 수 있을 것입니다.

이 프로젝트는 전미 미스터리작가 모임의 서던캘리포니아

지부장을 지낸 잰 버크의 제안으로 시작되었습니다. 버크는 제게 서던캘리포니아 지부의 소식지인 〈범죄의 행진(The March of Crime)〉에 질의응답 형식으로 된 의학 칼럼을 써줄 수 있겠느냐고 물었습니다. 제가 쓴 칼럼, "의사 나가신다(The Doctor Is In)"는 사우스웨스턴 지부의 소식지인 〈탐정을 말하다(The Sleuth Sayer)〉는 물론 현재 매달 〈범죄의 행진〉에도 실리고 있습니다.

이 프로젝트가 시작된 이래로 저는 유명한 소설가들과 극작가들을 포함하여 모든 장르의 이야기를 쓰는 사람들로부터 수백 개의 질문을 받아 답하려고 애써왔습니다. 그중 가장 뛰어나고 흥미로우며 유익한 질문들이 이 책에 담겼습니다.

질문을 보내주신 모든 작가 분들의 호기심과 놀라운 상상력, '제대로 해내려는' 결심에 감사를 보냅니다. 작가님들이 제 답변을 통해 많은 걸 배우셨기를 바라는 한편으로 저 역시 그 질문에 관해 조사하고 답하는 과정에서 많은 것을 배웠습니다.

제가 바라는 것은 이 책을 읽는 모든 독자들이 각자의 의문 몇 가지에 대한 답을 찾아 의학적·법의학적 문제에 대한 이해의 수준을 높임으로써 새로운 의문을 품게 되는 것입니다. 무엇보다도 이 책이 창의력으로 가득 찬 독자 여러분의 잔을 휘저을 수 있기를 바랍니다.

이 책은 지난 몇 년간 제가 작가들로부터 받았던 의학적·법의학적 질문을 모아놓은 것입니다. 질문에 대한 답변으로 저는 각각의 시나리오에 있는 미묘한 문제들을 다루는 것은 물론, 충분한 의학적·과학적 배경을 제공함으로써 작가들이 더욱 깊이 있고 폭넓은 이해를 할 수 있도록 돕고자 노력했습니다. 목표는 모든 작가들이 새롭게 얻은 지식을 활용하여 좀 더 그럴싸한 장면과 이야기를 만들 수 있도록 하는 것입니다. 각각의 질문과 답변이 독자적인 동시에, 다른 질문에 포함되어 있는 정보의 불필요한 반복을 최소화하려 노력했습니다.

이 책의 목적이 아닌 것

어떤 식으로든 이 책에 포함된 내용이 의학적 질병에 대한 진단이나 치료를 위해 사용되어서는 안 됩니다. 가장 단순한 질문과 답변조차도 현실 상황에 적용되려면 수십 년간의 교육과 경험이 선행되어야 합니다. 의학은 까다로운 분야입니다. 오직 다년간의 실습을 통해서만 그 신비를 드러내는 과학이자 기술이죠.

가급적 정확하고 과학적으로 올바른 정보를 제공하려 노력했습니다만, 현대 의학지식의 미묘한 차이와 다양한 논쟁을 다루면서 자세히 설명하기에는 너무 복잡한 주제들이 많았습니다. 의학이라는 학문이 원래 그렇습니다. 답변들은 소설 창작과 스토리텔링이라는 맥락에서 쓰이기 위해 제공된 것으로, 오직 그러한 목적을 위해서만 활용되어야 합니다.

이 책은 범죄활동의 교본으로나 누군가에게 해를 끼칠 목적으로 사용되어서는 안 됩니다.

I. 의사, 병원, 질병, 손상

1 │ 외상성 손상과 그 치료

II. 살인과 상해의 방법들

6 | 총, 칼, 폭발물, 기타 살상무기의 효과

7 | 독극물과 약물

III. 범인 추적하기

9 경찰과 범죄현장

11 그 외의 특이한 질문들

* 그림 목록

I

의사,
병원,
질병,
손상

1
외상성 손상과 그 치료

**두부 둔상은
어떻게 사망으로 이어지나요?**

Q 제 책의 클라이맥스에 사망 장면이 있는데, 그 장면을
꼭 정확하게 묘사하고 싶습니다. 기본적인 내용을 말씀
드리면, 제 소설 여주인공의 연애 대상이 도로 연석 근
처에 주차되어 있는 오토바이에 앉아 있습니다. 이때 오
토바이 받침대가 버티지 못해 무너지고, 남자는 오토바
이에 앉아 있는 상태에서 옆으로 쓰러집니다. 머리가 도
로 연석에 부딪히면서 그 충격으로 남자가 사망하는데
요. 이러한 두부 손상으로 사람이 죽을 경우에는 어떤
일이 벌어지나요? 귀나 코에서 출혈이 있습니까? 아니
면 겉으로 보이는 외상의 흔적은 없는 건가요? 어떤 식

으로든 몸이 떨리게 될까요, 아니면 가만히 있는 상태로 발견될까요? 처음에 여주인공은 남자가 다쳤다는 사실을 깨닫지 못합니다. 여자의 시야에서는 도로 연석이 보이지 않거든요. 쓰러진 지 겨우 몇 초가 지난 상황에서라면 남자가 여주인공에게 어떤 모습으로 보일까요? 약 30분 후 구급대가 도착했을 때는요?

A 이런 형태의 손상을 '둔상'*이라고 부릅니다. 총알이나 도끼, 기타 사물에 의한 '열상'**에 반대되는 개념입니다. 둔기에 의한 두부 외상은 머리에 솟은 간단한 혹(좌상)부터 돌연사에 이르기까지 온갖 결과를 낳을 수 있습니다. 타격 시의 힘만으로도 즉각 의식을 잃게 할 수 있고요(뇌진탕). 사망은 뇌의 내부 혹은 주변에서 출혈이 일어난 결과로 발생할 가능성이 가장 높습니다. 이 경우를 '두개내출혈'이라 부릅니다. 두개내출혈은 뇌 내 혹은 뇌 주변에 있는 동맥이나 정맥, 작은 모세혈관 다수의 파열로 발생할 수 있습니다. 뇌진탕과 두개내출혈은 두개골의 골절이 있을 때에도, 없을 때에도 일어날 수 있습니다. 경막이라고 부르는 막이 뇌를 덮고 있는데요. 경막과 두개골 사이의 공간은 경막외공간이라 불리고 경막과 뇌 사이의 공간은 경막하공간이라고 부릅니다.(그림 1a)

두개골 내의 어느 곳에서든 출혈이 발생하면 두개내출혈이

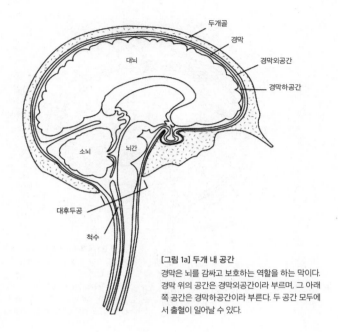

두개골

경막

경막외공간

경막하공간

대뇌

소뇌

뇌간

대후두공

척수

[그림 1a] 두개 내 공간
경막은 뇌를 감싸고 보호하는 역할을 하는 막이다.
경막 위의 공간은 경막외공간이라 부르며, 그 아래
쪽 공간은 경막하공간이라 부른다. 두 공간 모두에
서 출혈이 일어날 수 있다.

라고 합니다. 이런 출혈에는 기본적으로는 세 가지 유형이 있습니다.(그림 1b) 경막외출혈 및 경막하출혈은 뇌와 두개골 사이의 공간에서 일어납니다. 경막외출혈은 경막 바깥 부분에서 일어나며 보통 경막외동맥에서 일어난 동맥혈의 출혈이 그 원인입니다. 경막하출혈은 보통 정맥에 원인이 있으며, 경막하공간에서 일어납니다. 뇌내출혈은 뇌 조직 자체 안에서 발생합니다. 이 모두 치명적일 수 있습니다.

기억해두실 것은 두개골이 뇌를 보호하고 있는 딱딱한 캡슐이라는 겁니다. 두개골 내에서나 뇌실질(뇌 자체)에서 출혈이

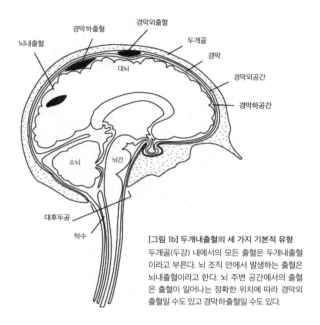

[그림 1b] 두개내출혈의 세 가지 기본적 유형
두개골(두강) 내에서의 모든 출혈은 두개내출혈
이라고 부른다. 뇌 조직 안에서 발생하는 출혈은
뇌내출혈이라고 한다. 뇌 주변 공간에서의 출혈
은 출혈이 일어나는 정확한 위치에 따라 경막외
출혈일 수도 있고 경막하출혈일 수도 있다.

일어날 경우, 뼈로 되어 있는 두개골은 팽창할 수가 없습니다. 그
러므로 뇌로 감싸여 있는 내부의 압력은 급격히 상승하여 사실
상 뇌를 '쥐어짜게' 됩니다.(그림 1c)

　　후두부 하단, 그러니까 머리 뒤의 아래쪽 부분에서 뇌는 뇌
간이라 불리는 구조로 점점 좁아지는 형태를 취하는데, 뇌간은
계속 더 좁아져 척수가 되고, 척수는 척추라는, 등을 따라 내려
가며 차곡차곡 쌓여 있는 형태의 뼈들을 따라 이어집니다. 뇌간
은 뇌에서도 생명 유지에 꼭 필요한 부분으로 호흡을 포함한 다
른 기능들을 통제합니다.

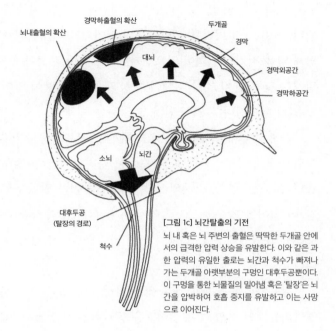

경막하출혈의 확산

뇌내출혈의 확산

두개골

대뇌

경막

경막외공간

경막하공간

소뇌

뇌간

대후두공
(탈장의 경로)

척수

[그림 1c] 뇌간탈출의 기전

뇌 내 혹은 뇌 주변의 출혈은 딱딱한 두개골 안에서의 급격한 압력 상승을 유발한다. 이와 같은 과한 압력의 유일한 출로는 뇌간과 척수가 빠져나가는 두개골 아랫부분의 구멍인 대후두공뿐이다. 이 구멍을 통한 뇌물질의 밀어냄 혹은 '탈장'은 뇌간을 압박하여 호흡 중지를 유발하고 이는 사망으로 이어진다.

두개강의 유일한 유출로는 두개골 아래쪽에 있는 구멍(대후두공이라 불립니다)으로, 여기가 뇌간과 척수가 빠져나가는 곳입니다. 대후두공은 머리와 목이 연결되는 지점 근처에 있는데요. 두개골 내의 압력이 상승하면 뇌의 기능 전체가 멈추게 됩니다. 궁극적으로 이 압력은 뇌를 대후두공 쪽으로, 이어 뇌간과 척수를 따라 밀어내게 됩니다. 치약 튜브를 짜내는 경우를 생각해 보시면 돼요. 이걸 '뇌간탈출(뇌간탈장)'이라 부릅니다. 뇌간탈출이 일어나면 의식이 소실될 뿐 아니라 뇌간의 압착 때문에 호흡이 정지되고 얼마 지나지 않아 사망에 이르게 됩니다.

이 과정은 몇 분, 몇 시간, 혹은 며칠에 걸쳐 일어날 수 있습니다. 어린 시절 머리를 부딪혔는데 어머니가 괜찮은지 보려고 밤새 옆을 지키던 기억이 있으신가요? 그게 바로 출혈이 천천히 일어나 몇 시간이 지난 뒤에야 두통과 혼수, 사망이 일어날 수도 있기 때문입니다. 역시 엄마 말은 듣는 게 좋죠.

간혹 며칠이나 몇 주가 지날 때까지도 두부 둔상을 겪었던 사람들에게 아무런 신경학적 증상이 나타나지 않는 경우가 있습니다. 두통, 구역, 시야의 흐려짐, 얼얼함이나 말단부의 위약감[1]이 일어날 경우[이 모든 증상이 두개내압(뇌압)의 상승과 연관된 것입니다], 병원에 가면 진행이 느린 뇌내출혈이 발견될 수 있습니다.

질문자님이 구상한 상황에서 가장 가능성이 높은 부상은 경막외동맥의 파열 혹은 찢어짐을 동반한 두개골 골절인데[경막외동맥은 뇌의 표면을 가로지르며 뻗쳐 있고, 두개골 골절이 일어날 경우 자주 찢어지는 조그만 동맥 중 하나입니다], 이때는 출혈이 일어납니다. 경막외출혈로 분류되겠지요. 동맥 출혈은 보통 빠르게 일어나며, 뇌압의 상승과 혼수, 가사(호흡의 상실), 사망이 매우 빠르게 발생할 수 있습니다.

가장 가능성 높은 상황은 피해자가 움직이지도, 숨을 쉬지도 않고 그 자리에 가만히 누워 있는 것입니다. 이러한 외상을

1   팔다리에 힘이 빠짐

입은 사람은 가끔 발작을 일으키기도 하지만 그런 경우는 흔하지 않고 어쨌거나 발작을 일으켰다고 하면 쓰시는 시나리오에도 어울리지 않을 테니까요. 여주인공이 사건 발생 직후에 보면 피해자는 그냥 잠들어 있는 것처럼 보일 수 있습니다. 두개골이 골절되었으므로 귀와 코, 혹은 둘 모두에서 출혈이 있을지도 모르고요. 또한 충격 지점에 검푸른 색의 부어오름(좌상)이 있을 수도 있습니다. 아니면 부상 사실을 드러내는 외적 징후가 사실상 전혀 없을 수도 있죠.

30분이 지나면, 피해자는 뭐랄까…… 죽은 것처럼 보일 겁니다. 푸르고 회색을 띠는 피부에, 팔다리에는 이완마비(축 늘어지는 마비를 말합니다)가 올 테고 동공이 확장되며 맥박은 없겠지요. 구급대원들은 심폐소생술을 실시한 다음 피해자를 병원으로 데려갈 가능성이 가장 높은데 그러면 의사가 사망선고를 할 것입니다.

자동차사고를 당해
비장이 파열되고도 살아남을 수 있나요?

Q 제 소설 속 탐정은 누군가가 옆에서 총을 겨누며 강요하기 때문에 어쩔 수 없이 멀리 떨어진 곳으로 차를 몰고 갑니다. 주인공인 그녀는 그곳에서 자기가 살해당하리라는 사실을 분명히 알고 있습니다. 주인공을 납치한 여자는 조수석에 타고 있는데요. 둘은 재포장 작업 때문에 일시적으로 폐쇄된 도로를 따라 여행하는 중입니다. 도로 정비 차량이 여러 대 주차되어 있는 곳을 지날 때 탐정은 절박한 마음으로 탈출할 방법을 모색하다가 중장비 트레일러를 발견하고 자동차의 조수석 부분만을 선택적으로 부술 생각에 시속 50킬로미터 속도에서 그쪽으로 핸들을 꺾습니다. 강철로 된 트레일러의 뒷부분 범퍼가 통조림 뚜껑을 뜯어내듯 자동차의 지붕을 벗겨내 탐정을 괴롭히던 인물의 머리가 잘려나갑니다. 여주인공은 살아남지만 양 어깨가 모두 부러진 상태로 자동차 안에 갇혀버리고 구조되기 전 30분간 기다립니다. 이후 병원에서는 여주인공의 비장이 파열되었으며 그녀가 삶과 죽음의 경계를 오가는 중이라는 사실을 알게됩니다. 말할 필요도 없지만, 여주인공은 살아남아 다음 날 아침쯤에는 기나긴 회복 과정에 돌입하는데요. 제

A 비장 파열은 이 시나리오에 완벽하게 들어맞습니다. 일단 자동차사고에서 둔상은 핸들과의 충돌로 발생할 가능성이 높은데, 이 충격이 대체로 비장 파열을 일으킵니다. 이와 같은 부상은 오토바이 탑승, 미식축구 경기, 스케이트보드 타기 등등의 활동을 하다가 당하는 사고에서도 매우 흔하게 발생합니다.

비장은 맥관 장기(안에 혈액이 많다는 뜻입니다)로 복부의 왼쪽 윗부분에 자리 잡고 있으며, 갈비뼈의 아래쪽 끝부분 뒤쪽에 틀어박혀 있습니다.(그림 2) 비장은 꽤 큰 혈관에 속하는 비동맥에서 혈액을 공급받습니다. 또한 비장에는 얇은 캡슐이 씌워져 있는데 그 캡슐이 말랑말랑하고 스펀지 같은 비장 조직을 감싸고 있습니다(피로 젖은 스펀지를 생각해보십시오). 그러므로 이 캡슐이 멜론이 터지듯 파열될 수 있는 겁니다. 사실 비장의 캡슐은 매우 쉽게 파열되거나 찢어지며 손상될 경우 무지막지한 출혈을 일으킵니다. 복부 수술을 할 때 비장을 아주 조심스럽게 다루는 이유 역시 외과의사의 손가락이 가하는 섬세한 조작만으로도 비장이 손상될 수 있기 때문입니다.

비장 파열로 사망하는 경우가 있기는 하지만 자주 벌어지는 일은 아닙니다. 이유는? 충분한 양의 피를 흘리고 나면 혈압

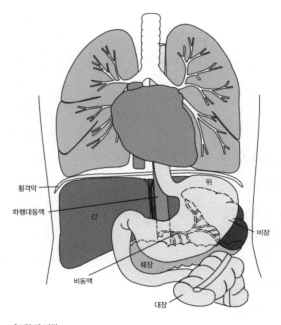

횡격막

하행대동맥

간

위

비장

췌장

비동맥

대장

[그림 2] 비장
비장은 복부의 왼쪽 윗부분에 자리를 잡고 있으며, 갈비뼈의 아래쪽 끝부분 뒤쪽에 틀어박혀 있다. 교통사고나 낙상 등으로 인한 복부 둔상으로 쉽게 손상된다.

이 떨어지고 이에 따라 비동맥과 비장으로 흘러 들어가는 혈액의 양이 감소하며 출혈 속도가 느려집니다. 결국 이 과정은 멈추게 되죠. 이런 방식으로 부상을 입은 사람은 혈압이 60이나 70으로 떨어질 때까지 출혈을 일으키게 되지만 그 정도의 쇼크 상황에서는 꽤 오랫동안 생존할 수 있습니다. 비장 파열의 고전적인 사례는 오토바이로 나무나 자동차를 박아 의식은 있지만 혈압이 70 정도로 기면*상태에 빠진 채 응급실에 도착하는 청소년의 경우입니다. 흥미롭게도 피해자에게 수혈을 하고 수액을 주어 혈압이 오르기 시작하면 출혈이 다시 심해집니다. 혈압이 높으니 비장에 더 많은 혈액이 들어가고 출혈도 느는 것이죠. 응급 수술이 결정적인 치료 방법입니다.

당연한 얘기지만 쓰시는 이야기의 등장인물은 앉아 있는 자세로 갇혀 있으므로, 중력이 작용하여 혈압이 떨어지는 속도가 빨라지고 이어지는 쇼크의 증후군이며 혈압이 떨어지는 정도도 심해질 것입니다. 하지만 의료적 치료가 너무 지연되지만 않는다면 사고를 겪고도 살아남을 거예요.

주인공은 앉아 있을 때와 구조를 기다릴 때, 더 깊은 쇼크 상태로 빠져 들어갈 때 몇 가지 다양한 증상을 보일 수 있습니다. 부상을 입은 어깨와 복부에서 통증을 느끼겠고 이에 더해 혈압이 떨어지고 쇼크가 찾아오면서는 현기증, 혼란, 방향감각 상실, 환각, 구역, 구토, 오한, 떨림, 갈증, 식은땀, 시야 흐림, 졸림, 위약감, 목과 말단부의 무거움, 그리고 최종적으로는 수면과 혼수 등의 증상을 일부, 혹은 전부 겪을 수 있습니다. 룸미러에 비치는 자기 모습은 창백해 보일 테고요. 유령처럼 하얗게까지도 보일 수 있고 청색증이 있는 것처럼 보이는 것도 가능합니다.(혈액 내의 낮은 산소 농도와 쇼크로 피부가 청회색의 색조를 띠게 된다는 말입니다.) 의식을 잃었다가 되찾는 일이 반복적으로 일어날 수 있으며 깨어 있는 상태에서 꿈을 꾸듯 지나간 일을 생생하게 떠올릴 수도 있습니다.

일단 구조되면 즉각적으로 수액 투여와 수혈, 비장을 제거하는 수술(비장절제술)을 받아야 할 겁니다. 파열된 비장은 고치는 경우가 거의 없고 대부분 제거되는데, 그 이유는 비장 조직의 스펀지 같은 속성 탓에 비장을 '고치는' 게 매우 어렵기 때문입니다. 또한 비장은 '필수 장기'가 아니어서 비장이 없어도 잘 살아갈 수 있는 경우가 많습니다.

주인공은 비장 파열 및 비장절제술에서 완전히 회복할 수 있습니다. 이게 주인공이 입은 유일한 부상이라면 며칠 안에 퇴원을 하고 집에서 일주일 정도를 쉰 다음, 대략 6주가 지난 뒤부터는 정상적인 생활로 복귀할 수 있을 거예요. 하지만 어깨 부상이 회복되려면 수술이 필요할 수도 있는데, 이 경우 회복에 수개월이 걸립니다. 환자의 상태가 안정되고 어깨 수술이라는 과정에 충분히 대비해야 하므로 어깨 수술은 비장절제술을 시행하고 며칠이 지난 뒤에야 실시할 수 있을 겁니다. 수술을 하기 전과 후에는 팔걸이를 걸어 어깨를 움직이지 못하도록 고정할 것이며 주인공이 통증을 가라앉힐 수 있도록 진정제와 진통제를 투여해야 할 수도 있습니다.

총을 맞고도
살아날 수 있는 부위는 어디인가요?

Q 제 소설에서는 주인공이 총을 맞습니다. 당연히 살아남지만 부분적으로 행동에 제약이 생기는데요. 그런 상황에서 적과 맨손 격투를 벌여 이겨야만 합니다. 어느 부분에 총을 맞아야 계속 제 기능을 할 수 있을까요?

A 일단은 총상(GSW²)을 입었을 때 일어나는 일을 살펴봅시다. 응급실에서 일하는 의사에게 물어보면 백이면 백, 총으로 사람을 죽인다는 게 그리 쉽지 않은 일이라고 말해줄 겁니다. 총상으로 즉각적인 치명상을 입히려면 뇌나 심장, 혹은 두 장기 모두의 기능에 지장을 주어야 합니다. 따라서 뇌나 심장에 곧바로 총을 쏘면 보통은 아주 빠른 시간 내에 목숨을 잃게 됩니다. 또한 대동맥 등 주요 혈관이나 폐에 총상을 입을 경우 몇 분 혹은 몇 시간 내에 사망에 이를 수 있죠. 더불어 머리, 가슴, 혹은 복부에 입은 총상은 심각한 장애를 일으킬 수

2 gunshot wound의 약자

있는데요, 아마 쓰시는 이야기에는 별로 어울리지 않을 것입니다.

이 점을 일단 말씀드린 다음, 아래의 내용을 짚어드리고 싶습니다.

머리에 입은 총상은 대부분 두개골을 관통하지 못하므로 뇌 손상을 거의 일으키지 않습니다. 완만한 각도에서 총알이 머리에 접근하는 경우 총알은 두개골에 부딪혀 튕겨나가거나 두피 아래에 파묻힐 수 있습니다. 이런 경우 처음에 치명적인 것으로 보였던 총상은 별다른 피해를 끼치지 못할 것이며 주인공은 계속 싸워나갈 수 있게 됩니다.

마찬가지로 흉부의 총상 역시 흉강(가슴 내부)까지 관통하지 않고서도 갈비뼈나 흉골을 미끄러져 지나갈 수 있습니다. 이 경우 중대한 장기 손상은 일어나지 않으며 주인공은 자신의 목적을 계속 추구할 수 있지요. 총알 때문에 갈비뼈 골절이 생길 수도 있는데 이 경우에는 조금이라도 움직이거나 숨을 쉴 때마다 매우 고통스러울 것입니다. 특히 악당을 추격해야만 한다면 더욱 그렇겠지요.

주인공은 복부의 총상을 꽤 잘 참아낼 수 있습니다. 총알이 그냥 복벽에 있는 살점이나 근육에 파묻히는 대신(이런 일도 심심치 않게 일어나긴 합니다) 사실상 복강(배 속)까지 뚫고 들어가는 경우에도 말입니다. 이때는 매우 고통스러울 겁니다. 다른 어느 부위에 총상을 입은 경우보다도 말이지요. 복강 내부의 막(복막)에는 신경섬유가 가득 차 있거든요. 하지만 주요 혈관이나 장기(간, 신장, 비장)가 아무런 손상을 입지 않았다면 주인공은, 터프가이일 경우의 이야기입니다만, 통증을 극복하고 계속 싸워 적을 무찌를 수 있습니다. 제임스 본드를 생각해보세요.

쓰시는 이야기에는 신체 말단부의 총상이 가장 어울릴 것 같습니다. 말단부에 총상을 입으면 주인공의 행동이 느려지기는 하겠지만 마찬가지로 주요 혈관이 손상된 게 아닌 이상 주인공이 죽거나 심각한 불구가 되지는 않을 겁니다. 또한 말단부의 부상은 주인공의 노력을 가장 어렵게 만드는 맞춤형 부상으로 만들어줄 수도 있습니다. 악당을 추격해야 하는 상황이라면 주인공의 다리나 엉덩이, 발을 쏘도록 하세요. 밧줄이나 사다리를 타고 올라가거나 적과 씨름을 해야 하는 상황이라면 팔을 쏘시고요. 수영을 해야 하는 상황이라면 총알이 주인공의 어깨를 파고들도록 하십시오.

이 점도 지적해두어야겠습니다. 심각하고 치명적일 수 있는 총상을 겪은 사람들도 자기를 공격한 사람을 죽이거나 전화기가 있는 곳으로 기어가거나 자기 피를 가지고 살인자의 이름을 휘갈겨 쓸 정도로는 살아남는 경우가 많습니다. 쓰시는 이야기의 클라이맥스 부분에서 주인공이 총을 맞는 거라면 주인공이 더 심한 부상을 입어도 괜찮습니다. 악당을 처리하고 의료적 도움을 요청한 후 후속편이 나오기 전 치료를 받을 때까지 살아남을 수 있으니까요.

폐에서 공기가 빠진 상태
를 말한다.

갈비뼈가 부러진 상태에서도
수영을 할 수 있나요?

Q 등장인물 중 한 명이 요트 위에 서 있다가 가슴을 맞아 배 밖으로 떨어집니다. 나중에 이때의 타격으로 갈비뼈 몇 대가 부러졌으며 그중 한 대가 폐에 구멍을 내 폐가 허탈상태*가 되었다고 쓸 생각인데요. 이때 등장인물은 누군가가 배에 있던 비상용 슬링을 활용해 다시 갑판으로 끌어 올려줄 때까지 한쪽 팔만을 사용해 3, 4분 동안 물에 떠 있습니다.

폐가 허탈상태에 빠진 것은 차치하더라도 갈비뼈가 부러진 사람이 물에 떠 있을 정도로 팔을 잘 쓸 수 있을까요? 또, 사고 발생 두 시간 안에 이 등장인물이 현대적 병원에서 괜찮은 의학적 치료를 받았다면 이후 이야기에 등장할 때까지 어느 정도 시간이 지났다고 해야 어색하지 않을까요?

A 갈비뼈 골절은 극도로 고통스럽습니다. 다 나을 때까지 '쉽게' 하거나 움직이지 못하도록 고정시킬 수 없기에 특히 그렇죠. 팔이 부러지면 부목을 대거나 깁스를 하면

됩니다. 하지만 가슴의 움직임은 이런 방식으로 제한할 수가 없어요. 호흡은 선택이 아니기 때문입니다.

폐로 공기를 흡입하는 것은 적극적인 과정입니다. 갈비뼈 사이에 있는 여러 근육이 작용해 흉부를 확장시킴으로써 흉강 내에는 폐 안으로 공기를 끌어들이는 데 필요한 음압이 발생합니다. 갈비뼈가 골절되면 이 과정이 극도로 고통스러워지죠.

통증은 전형적으로 골절 부위에 국한되며 대단히 격렬합니다. 마치 가슴에 칼을 꽂아 넣는 것과 같아요. 숨을 한번 내쉬고 들이쉬는 것 자체가 지극히 고통스럽습니다. 이런 종류의 통증을 '늑막성'이라고 합니다. 갈비뼈 골절 자체로 오는 통증일 수도 있지만 신경이 굉장히 많이 분포되어 있는, '늑막'이라 부르는 흉강의 막에서 오는 통증일 수도 있기 때문이죠.

부러진 갈비뼈의 뾰족한 끄트머리가 흉강에 파고들면 폐에 구멍을 내 폐의 허탈상태를 유발할 수 있습니다. 이를 '기흉'이라고 부르는데요. 기흉은 작을 수도, 클 수도 있습니다. 폐의 허탈 정도가 경미할 수도 심각할 수도 있다는 뜻이죠. 허탈은 정도에 따른 퍼센티지로 등급을 매기는데 경미한 기흉은 10~20퍼센트이고 큰 기흉은 50퍼센트 이상입니다. 완전한 허탈은 물론 100퍼센트의 기흉이겠죠.

경미한 허탈은 고통스럽지만 다른 방면으로는 그리 심각한 신체의 약화를 초래하지 않습니다. 완전한 허탈은 고통스러우며 눈에 띄는 호흡의 부족과 연관됩니다. 이는 오직 피해자가 원래부터 기저의 심폐질환이 있거나 기흉이 '긴장성'일 경우에

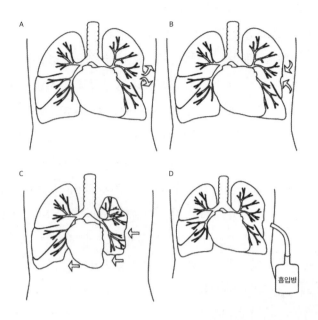

[그림 3] 긴장성 기흉
긴장성 기흉이 발전되려면 관통된 부위가 일방형 밸브처럼 작동해야 한다. 숨을 들이쉴 때에는 공기가 폐에서 흉강으로 들어갈 수 있다.(3a) 숨을 내쉴 때에는 일방형 밸브가 공기의 방출을 막으므로, 공기가 흉강 안에 갇히게 된다.(3b) 공기가 쌓일수록 흉강 내의 압력이 증가하여 심장과 반대편의 '멀쩡한' 폐를 압박한다.(3c) 성공적인 치료를 위해서는 흉관을 흉강에 삽입하고 흡입 장치를 활용해 공기를 제거해야 한다.(3d) 이렇게 하면 폐가 다시 확장하여 나을 수 있다.

만 치명적인데요. 긴장성 기흉에서는 폐의 구멍이 볼 밸브, 혹은 일방 유출구로서의 역할을 합니다.(그림 3a) 피해자가 숨을 들이마시면 공기가 구멍을 통해 폐로부터 흉강으로 흘러들어가지만(그림 3a), 숨을 내쉬려고 하면 공기가 구멍을 통해 다시 폐로 들어와 입을 통해 바깥으로 나갈 수 없습니다.(그림 3b) 한번 숨을 쉴 때마다 흉강 내의 압력이 증가하여 폐의 허탈을 더욱 심각하게 만듭니다. 압력(긴장)이 증가할수록 심장과 '멀쩡한' 폐도 압박을 받게 되어 결과적으로 심장과 폐의 기능이 떨어지고 궁극적으로는 죽음에 이르게 됩니다.(그림 3c) 이 과정은 몇 분에 걸쳐 빠르게 일어날 수 있습니다. 다행스럽게도 대부분의 기흉은 긴장성이 아니죠.

장기적 치료 여부 역시 허탈의 정도에 달려 있습니다. 경미한 기흉은 별다른 처치 없이 입원하여 경과를 관찰하는 것으로 충분할 수 있습니다. 유출구는 보통 알아서 봉합되고 폐는 다시 부풀어 오르며 환자는 집으로 돌아가 골절이 회복되는 몇 주간 통증을 느끼게 됩니다. 심각한 허탈의 경우에는 흉관을 삽입합니다.(그림 3d) 이 플라스틱 관은 흉벽을 지나 흉벽과 폐 사이에 있는 흉강으로 들어갑니다. 며칠간 기계를 통한 흡입이 이루어지면 폐가 다시 부풀어 오르고 유출구가 치유됩니다. 흉관은 그 이후에 제거됩니다. 이어지는 회복은 경미한 유출이 일어나는 경우와 같으나 몇 주 정도 더 길어질 수 있습니다.

쓰시는 시나리오에는 경미한 기흉이 동반된 골절이 적당합니다. 네, 등장인물은 수영을 할 수 있습니다. 네, 필요한 경우 싸울 수도 있고요. 맞아요, 대단히 고통스러울 겁니다. 하지만 영웅은 고통과 인내로부터 만들어지는 것이니까요. 주인공의 활약이 절대적으로 필요한 상황이거나 등장인물이 고집스러워서 의사의 지시를 따르지 않는 성격이라면 그는 며칠 안에 다시 활동을 시작할 수 있을 겁니다.

*
사망원인이 작용하여 사
망에 이르는 과정

목을 매달아 자살하는 경우
사망기전*은 무엇인가요?

Q 제 소설에 나오는 한 남자가 목에 밧줄을 감고 올라섰던 사다리 의자(스텝스툴)[3]를 걷어차는 방법으로 자살을 합니다. 그러고 나서 30분 후에 발견되죠. 그럼 이때의 사인은 질식사인가요? 죽는 과정에서 소변이나 대변을 보았을까요? 냄새가 날까요? 또 얼굴은 어떤 모습으로 보일까요? 180센티미터 정도의 높이에서 낙하했다면 다른 방식으로 죽었을까요? 다른 사인을 가정할 수도 있나요? 목의 골절이라든지요? 그때는 얼굴이 다르게 보일까요? 어떤 방식으로든 목이 비뚤어지게 될까요?

A 목을 매달았을 때의 결과는 몇 가지 요인에 따라 달라집니다. 그중 몇 가지만 꼽아보면 피해자의 체중, 목의 두께와 근육의 정도, 낙하 거리 등이 있겠네요. 피해자가 1미터 정도 높이에서 뛰어내리게 되면 올가미가 사실상 목에 골절

3 계단처럼 생긴 걸상.

을 일으키게 될 것이고 그때의 죽음은 상당히 즉각적일 겁니다. 그냥 떨어진 다음 축 늘어진 채 매달려 있겠죠. 네, 피해자는 방광과 창자를 비워낼 것이며 냄새도 예상한 그대로일 겁니다.

한편 의자나 걸상을 걷어차거나 (옛 서부극에서 주로 그랬듯) 아래쪽에 서 있던 말을 놀래켜 도망치게 하는 등 낙하 거리가 짧은 경우에는 목이 부러지지 않을 것이며 사망은 질식으로 인한 것이 될 겁니다. 이런 사망은 느리고 고통스러울 것이며 피해자는 마구 발길질을 해대고 몸부림칠 거예요. 마침내 사망에 이르면 피해자는 위에서와 마찬가지로 배설을 했을 가능성이 높습니다.

후자의 경우에서 피해자의 얼굴은 검붉을 것이고 울혈*이 있을 것입니다. 눈이 튀어나오겠고 아마 혀도 부풀어서 삐져나와 있을 겁니다. 목은 밧줄에 세차게 쓸려서 찰과상을 입었을 것이고요. 마찬가지로 결막(눈꺼풀 안쪽의 분홍색 부분)에서 점상 출혈이 보일 것입니다. 이 출혈은 작은, 밝은 빨간색 점이 여러 개 있는 것처럼 보이며 부드러운 조직 내의 정맥과 모세혈관에서 압력이 증가한 결과로 나타납니다. 손이나 끈으로 목을 조르는 경우에도 비슷한 출혈이 흔히 발견됩니다.

목을 매달아서 하는 대부분의 자살은 조악하게 실행되며 피해자는 목을 골절시키지 못해 질식으로 사망하게 됩니다. 발밑의 의자가 이미 없어졌는데 아직 죽지 않은 것을 알면 머잖아 종교적 감정과 공황에 휩싸이게 되며, 처음에 자살을 하려던 결심이 얼마나 강했는지와는 관계없이 죽기 아니면 살기 식의 몸

*
몸 안의 장기나 조직에 정맥의 피가 몰려 있는 증상

부림을 치게 됩니다. 갑자기, 글로 읽었을 때는 좋아 보이던 것이 그리 매력적이지 않아 보이는 거죠. 그리고 스스로 목을 매다는 경우 피해자들은 보통 등 뒤로 손을 돌려 묶지 못하기 때문에 생존을 위한 몸부림의 수단으로 두 손을 사용하게 됩니다. 목을 손톱으로 긁어대거나 올가미의 압력을 늦추기 위해 밧줄을 기어오르려 시도하겠죠. 그 결과 찰과상이 일어나고 살점이 뜯기며 손톱이 헐거워지고 밧줄로 인해 손바닥과 손가락에 화상을 입습니다.

턱 아래에서 총을 쏘아 자살을 기도하는 경우
어떤 부상을 입게 되나요?

Q 등장인물이 권총을 턱 아래에 놓고 총을 쏘아 자살을
하는데 총에는 '핫 로드'(차량이나 그와 유사한 표적에 대항
할 때 사용하도록 되어 있는 압도적인 구경의 총알)가 장전되어
있을 경우에는 어떤 탄도학적 결과가 예상되나요? 이때
의 상처는 총알이 보통의 경우보다 센 힘으로 관통한
까닭에 비교적 작은 구멍을 남기게 되나요, 아니면 버
섯 효과에 의해 두개골 대부분이 흔적도 없이 사라질까
요? 다시 말해, 총알에 대한 저항이 버섯 효과[4]를 일으
킬 만큼 충분할까요? 생존의 가능성이 있을까요? 아니
면 대단히 효과적일까요? '회백질'을 제외하더라도 피가
많이 날 가능성이 높을까요?

A 네, 총이 미끄러져 사각(射角)이 변경되지만 않는다면
이는 효과적이고 사실상 100퍼센트 치명적인 방법입

---

4 버섯구름이란 눈에 띄는 버섯 형태의, 잔해와 연기로 이루어진 구름이다. 보통은 거대한 폭발에서
유래한 응축된 수증기로 인해 발생한다. 이 문맥에서 버섯 효과는 널리 사용되는 공식적 단어는
아니나 버섯구름을 일으킬 정도의 힘을 말한다.

니다. 몇 년 전 턱 아래에 산탄총을 놓고 방아쇠를 당긴 사람을 본 적이 있는데요. 총열을 약간 앞쪽에 두는 바람에 누가 도끼로 쪼개놓은 것처럼 얼굴이 벌어졌습니다. 총알이 두개골에 전혀 들어가지 않았고 신경학적으로도 손상을 입지 않았기에 그는 구급대원들이 도착할 때까지도 의식을 잃지 않고 있었습니다. 성형외과 의사와 신경외과 의사가 그 사람을 다시 맞추어놓았죠. 하지만 이처럼 기이한 경우를 제외하면 이런 식의 접근은 늘 치명적입니다.

보통 사입구는 비교적 작고 사출구[5]는 크며 두개골 뚜껑 전체와 뇌 대부분이 제거될 가능성이 높습니다. 현장에는 조직과 피가 흩뿌려져 있겠죠. 다만 테플론으로 코팅을 하거나 다른 방식으로 '방어구를 관통할 수 있도록' 제조된 총알은 아마 '버섯' 효과를 일으키지 않을 것이며, 이에 따라 사입구와 사출구 모두가 작을 것이고 조직과 피도 더 적게 흩뿌려질 것입니다. 마찬가지로 효과적이지만 덜 지저분한 방법이죠.

---

5   사입구: 총알이 들어간 곳, 사출구: 관통한 총알이 빠져나간 곳.

외상성 유산으로 미래에 더 이상 임신을 할 수 없는 경우도 있나요?

Q 임신 3개월인 등장인물이 있습니다. 그녀는 자동차사고로 부상을 입어 유산의 고통을 겪는데요. 나중에 의사는 이 인물에게 다시는 아이를 낳을 수 없을 거라고 말해줍니다. 가능한 일인가요? 미래에 임신이 불가능해지려면 어떤 일이 일어나야 하나요?

A 네, 이 시나리오는 말이 됩니다.

첫째, 자동차사고와 유산을 다루어봅시다. 자동차사고(AA)[6]에서 일어나는 복부의 둔상은 유산으로 이어질 수 있습니다. AA에서는 안전벨트가 하복부에 걸쳐 있어, 자궁이 손상을 입을 수 있습니다. 안전벨트를 매지 않고 있었다면 핸들이나 대시보드, (뒷좌석에 앉아 있었다면) 좌석 뒷면과의 충돌이 비슷한 손상으로 이어질 수 있고요. (이 시나리오에 대응하는 할리우드 영화의 주요 소재인) 계단에서의 낙상*과 발길질 및 주먹질은 가

[6] auto accident의 약자. 우리나라에서는 보통 교통사고(traffic accident)를 줄여 TA라고 한다.

정폭력 상황에서 벌어질 수 있는 일로서 비슷한 손상으로 이어질 수 있습니다.

임신 중에는 태아가 양수 안에 떠다니는데 양수는 태아를 외상으로부터 일정 정도 보호하는 역할을 합니다. 하지만 충분한 힘이 가해지면 태아가 상처를 입거나 죽을 수도 있습니다. 아니면 자궁내벽에 붙어서 태아에게 영양을 공급하는 태반이 느슨하게 떨어져나갈 수도 있습니다. 자궁강 내부로의 출혈이 있거나 태아가 태반의 지지를 상실하는 경우 태아의 사망과 유산이 일어날 수 있고요. 심각한 외상이 있을 때에는 자궁이 파열될 수 있으며 태아와 산모까지도 목숨을 잃을 수 있습니다. 임신 중에는 자궁이 확장되면서 자궁벽이 얇아지고, 이에 따라 한 달 한 달이 가면 갈수록 자궁은 이런 재앙에 더욱 취약해집니다.

자궁은 온전하지만 태아는 더 이상 독자적 생존이 가능하지 않은 경우에는 경관확장(D)과 자궁소파술(C)[7]을 실행하여 죽은 태아와 태반을 제거해야 합니다. 경관확장이란 자궁경관을 확장 혹은 개방하는 것인데, 외과의사가 자궁 내부에 도달하려면 반드시 해야만 하는 일입니다. 소파술이란 신체 내 비어 있는 공간의 벽에서 어떤 물질을 제거하는 것을 말합니다. 이 경우에는 자궁에서 태아와 태반을 제거하는 것이 되겠죠. 자궁

---

7   흔히 dilatation & curettage를 줄여 D&C라고 한다.

이 파열되었다면 진정한 의학적 비상상황이므로 산모를 구하기 위해서는 수술을 즉각 시행해야 합니다. 가끔씩은 자궁을 고쳐 살려내는 경우도 있지만 이런 상황에서는 제거해야 하는 경우가 많습니다.

미래에 임신이 불가능해지려면 착상(수정된 난자가 자궁내벽에 붙는 것)이 더 이상 발생할 수 없는 지점까지 자궁 자체나 자궁의 섬세한 내벽이 손상되어야 합니다. 아니면 착상이 일어나더라도 자궁이 태아의 성장과 발달을 돕지 못하는 방식으로 상처를 입었든지요. 외상을 입어 D&C를 거친 이후에는 이 두 가지 결과가 모두 가능합니다. 자궁이 제거된 경우(자궁절제술)에 임신이 불가능해지는 것은 명백하고요.

쓰시는 이야기의 등장인물이 교통사고로 인해 자궁파열을 겪었다면 하복부의 심한 통증과 질의 출혈을 겪을 것이며 쇼크에 빠질 가능성이 높습니다. 창백해지고 추위를 느끼며 땀을 흘리고 의식이 혼미해지거나 아예 의식불명에 빠지겠고, 맥박이 아주 약해지며 혈압도 낮아질 것입니다. 응급 의료원들은 D5LR(락테이트 링거 주사액에 덱스트로오스 5퍼센트) 같은 수액을 투여하는 정맥주사를 놓고 산소호흡기를 끼운 뒤 가장 가까운 병원이나 외상 치료센터로 서둘러 갈 것입니다. 응급 자궁절제술을 하기 위해 거의 즉시 수술실에 들어갈 것이고요. 모든 일이 문제없이 진행된다면 회복에는 5~7일의 입원과 6~8주간의 가정 요양이 필요할 것입니다. 물론 이로 인해 초래될 어마어마한 심리적 스트레스는 극복하는 데 수년이 걸릴 수도 있습니다.

뇌진탕의 증상은 무엇인가요?

Q 등장인물이 머리를 어떤 물건으로 맞아 10~15분간 의식을 잃는다면 깨어났을 때 어떤 증상을 겪게 될까요? 기억상실이 일어날까요? 이 증상은 얼마나 오래 지속될까요?

A 의학용어로 이를 뇌진탕이라 부릅니다. 어느 정도의 기억상실과 연관된, 의식의 일시적 소실 혹은 변화(멍한 상태)죠. 뇌진탕은 보통 묘사하신 것과 같은 두부의 둔상으로 일어나거나 자동차사고, 낙상 등등에서 발생한 감속손상*으로 일어납니다.

의식소실의 기전은 망상활성계(RAS[8])의 전기물리학적 기능에 일어난 혼란인 것으로 보입니다. 망상활성계란 의식을 유지하는 일을 맡고 있는 두뇌 하부의 영역을 말하는데요. 타격이 망상활성계의 전기 회로를 잠깐 동안 뒤죽박죽으로 만들어 의식소실에 이르는 것 같습니다. 기억상실의 기전은 분명하지 않습니다.

대상이 둘로 겹쳐 보이는 것

이런 손상과 연관된 증상은 다양하지만 두통, 현기증, 기억상실이 흔합니다. 기면과 혼란이 일어나는 경우는 덜하고요. 이명과 시야의 흐림이나 복시*는 그보다도 발생하는 경우가 더 적습니다. 발작이 일어나는 경우도 마찬가지로 흔치 않고요.

이런 증상은 몇 분이나 몇 시간, 며칠 동안 지속될 수 있습니다. 어떤 사람들에게서는 몇 주나 몇 달 동안 지속될 수도 있고요. 프로 미식축구 쿼터백과 권투선수들은 뇌진탕에 특히 취약한 것으로 보입니다. 쿼터백이었던 스티브 영과 트로이 에이크맨은 여러 차례의 뇌진탕을 겪고 난 뒤 (대체로 현기증과 두통이었던) 증상이 각기 일주일 혹은 여러 주간 지속되었기 때문에 그 기간 동안의 경기를 놓치고 말았습니다. 권투경기에서의 KO도 간단히 말하면 뇌진탕이고요.

기억상실은 의식소실이 일어나는 기간 동안만 있을 수도 있고 손상을 입은 이후 한동안 계속될 수도 있으며 피해자가 손상을 당하기 전의 일을 기억하지 못하는 역행성 기억상실로 나타날 수도 있습니다. 예컨대 자동차사고에서 뇌진탕을 겪은 사람들은 차에 타 집을 떠난 일이나 자기가 어디로 가고 있었는지를 기억하지 못할 수 있습니다.

피해자가 타격 이후 발작을 겪었다면 뇌 손상이나 뇌 내 및 뇌 주변의 출혈 가능성을 배제하기 위해 완전한 신경학적 검사가 이루어져야 합니다. 두개골과 목의 엑스레이, CT 혹은

MRI 촬영, 관찰을 위한 입원 등이 이 상황에서 권고됩니다.

합병증이 없는 뇌진탕의 치료 방법은 시간을 두고 지켜보며 더 이상의 외상을 회피하는 것입니다. 두통이 있을 때에는 다른 진통제는 물론 타이레놀과 아스피린, 다보셋 혹은 바이코딘이 처방될 수 있습니다. 현기증에 대해서는 멀미에 쓰이는 약과 동일하게 드라마민, 메클리진, 안티버트가 쓰이는 경우가 많습니다. 보통 피해자는 몇 분이나 몇 시간, 혹은 며칠 안에 정상 상태로 돌아갑니다.

맞아서 숨을 못 쉬게 되는 경우에
일어나는 일은 무엇인가요?

Q 제 이야기에 나오는 등장인물은 배에 타격을 받아 숨을 쉬지 못하게 됩니다. 이때 정말로 일어나는 일은 무엇인가요? 회복에는 시간이 얼마나 걸릴까요?

A 흉골 하단과 배꼽 사이의 복부인 복강신경총(명치)에 강한 타격을 입게 되면 실제로 몇 초간 호흡이 멈춥니다. 척수에서 나와 신체의 모든 부위로 뻗어나가는 신경 중 상당수는 신경절이라 불리는 중계국을 지납니다. 이런 신경절 중 몇 개가 위장 뒷부분, 대동맥 근처에 있어요. 주요한 신경절이 복강신경절과 상장간막동맥신경절, 하장간막동맥신경절입니다. 이것들을 합쳐서 보통 복강신경총이라고 부르죠.

이 부위에 급격한 타격이 가해지면 이런 신경절과 신경들이 엄청난 규모의 불규칙한 자극을 몇 초 동안 내보냅니다. 그 결과 횡격막이 경련을 일으키거나 뭉치게 되죠. 횡격막은 흉부와 복부 사이에 있는, 근육으로 된 칸막이로서 횡격막의 움직임은 공기를 폐로 끌어들이거나 폐 밖으로 나가게 만듭니다. 횡격막이 경련을 일으키면 그 사람은 숨을 쉴 수가 없어요. 그래서

"바람 빠지게 맞았다(wind knocked out of you)."는 표현이 나온 겁니다.

이때의 증상은 (타격과 횡격막의 경련에서 온) 통증과 숨을 쉴 수 없는 데에서 오는 질식할 것 같은 느낌입니다.(횡격막의 경련에서 느껴지는 통증은 다리에 쥐가 났을 때의 느낌 혹은 근육통을 생각해보시면 됩니다.) 눈에 눈물이 고이는 경우가 많고 몸을 굽히거나 땅에 쓰러지게 될 것이며 공기를 들이마시려 해보겠지만 수축된 횡격막이 이완하여 정상적인 기능으로 돌아오기 전까지는 불가능할 것입니다. 여기에서는 공포도 엄청난 역할을 수행합니다. 앞으로 다시는 숨을 쉴 수 없을 것 같다는 느낌이 들거든요.

다행히도 몇 초(5~20초 정도) 안에 신경계가 재정비되고 횡격막은 이완되며 호흡이 다시 시작됩니다. 물론 이 몇 초간이 숨을 쉬지 못하는 사람에게는 영원처럼 느껴질 것입니다. 그 이후에는 피해자가 완전히 회복할 때까지 몇 분이 걸리며, 그다음에는 뭐든지 할 수 있게 됩니다. 타격과 횡격막의 경련으로 인한 경미한 쓰라림이 남아 있을 수 있으나 전반적으로는 정상이 되어 장기적 손상을 겪지는 않을 것입니다.

계단 아래로 내팽개쳐졌을 때
발생하는 손상은 무엇인가요?

Q   제 주인공은 스물 몇 살 정도 된 괴한 두 명을 짧은 길이
의 콘크리트 계단 몇 층 아래로 던져버립니다. 플롯상의
이유 때문에 저는 두 괴한이 이 만남 이후로 각기 다른
기간 동안 신체적인 제약 탓에 제 주인공을 추격하지 못
하게 해야 하는데요. 그 기간은 한 괴한에게는 며칠, 다
른 괴한에게는 일주일 내내 정도입니다. 전자는 입원해
있거나 무력화되어 있는 동안 의식이 있어야 하지만 후
자는 꼭 그럴 필요는 없습니다. 이에 더하여 전자는 다
시 만나면 주인공에게 심각한 신체적 상해를 입힐 수 있
는 정도로까지 회복해야 합니다. 이 두 괴한이 겪을 수
있고 제 플롯의 기준을 충족시키는 유형의 부상을 제안
해주실 수 있을까요?

A   계단에서 굴러 떨어지는 경우는 몇 가지 현실적인 부
상의 기회를 제공합니다. 말씀하신 괴한은 둘 다 제
가 지금부터 자세히 설명할 외상 중에서 아무것이나 겪을 수 있
습니다. 차이는 심각성의 정도겠죠.

—골절

콘크리트 계단은 팔, 다리, 어깨, 골반, 갈비뼈, 두개골의 골절을 일으킬 수 있습니다. 이런 골절 중에 어느 한 가지만 겪더라도 괴한이 즉시 주인공을 쫓지 못하게 막을 수 있을 텐데, 특히 두개골, 다리, 둔부(엉덩이)의 골절이 그렇습니다. 이 모든 골절은 완전히 회복되기까지 몇 주가 필요합니다.

둔부 둔부 골절에는 수술이 필요하며 괴한은 몇 달 동안 꼼짝을 못 하게 될 것입니다. 낙상을 입은 다음에도 의식은 있겠지만 최소 4~6개월간은 주인공을 추격하지 못할 겁니다.

두개골 두개골 골절이 일어나면 피해자는 의식이 있을 수도 있고, 몇 분 혹은 며칠 동안 의식을 잃을 수도 있습니다. 선택은 질문자님의 몫입니다. 회복에는 두어 달이 필요할 테고 추천할 만한 일은 아니겠지만 그 기간 중에도 누구를 상대로든 싸울 수는 있습니다. 사실, 터프가이라면 며칠 만에 다시 싸울 수도 있을 겁니다. 엄청난 두통이 있겠지만 가능하긴 하죠. 하지만 대부분의 독자들은 그럴 수 있다고 생각하지 않을 것입니다. 두개골 골절은 2번 괴한에게 쓸 수 있을 것 같네요.

다리 대퇴골(위쪽 다리) 골절은 둔부 골절과 비슷하며 수술과 열 달에 걸친 회복이 필요합니다. 정강이뼈나 종아리뼈 등 아래쪽 다리의 골절에는 수술이 필요한 경우도 있고 그렇지 않은 경우도 있지만 4~6주간 깁스를 해야 합니다.

어깨　어깨 골절에는 수술이 필요한 경우가 많지만 어깨 관절이 탈구되기만 했다면 아마 수술을 하지 않아도 될 것입니다. 수술이 필요하다면 몇 주 동안 활동을 하지 못하겠지만 탈구됐을 때는 하루 이틀 정도만 있으면 됩니다. 그러나 상당한 통증을 느끼며 '외팔이' 상태가 되겠죠, 이런 경우도 괜찮으시다면요. 어깨가 분리 혹은 탈구되는 경우에는 보통 찢어지고 염좌상*을 입은 인대가 다 나을 때까지 몇 주 동안 팔을 몸에 끈으로 묶어두거든요.

팔　상완골(위팔뼈)의 골절은 어깨의 골절과 비슷한 상황입니다. 요골 혹은 척골(아래팔뼈)의 골절에는 몇 주간의 깁스가 필요합니다. 깁스가 훌륭한 무기가 되기는 하지만 피해자는 한 팔만 가지고 싸워야 하는 상황이 됩니다.

갈비뼈　골절된 갈비뼈가 폐를 관통하지 않았다고 가정하면 며칠 동안은 통증이 극심할 것이며, 상당한 통증이 이후 몇 주 동안도 계속될 것입니다. 그러나 며칠이 지나면 괴한은 주인공을 다시 추격할 수 있습니다. 1번 괴한에게 쓸 수 있는 방법입니다. 갈비뼈 골절에서 오는 통증은 극심할 수 있으며 보통 칼로 찌르는 듯 예리합니다. 호흡이나 어깨 혹은 가슴의 움직임으로 더욱 심해지고요. 악당은 싸울 수는 있지만 상당한 통증을 느끼게

*
관절이 운동범위를 벗어나
심하게 움직여서 관절을
지탱하는 인대의 섬유가
늘어나거나 찢어진 증상

됩니다.

　갈비뼈가 폐를 관통하여 허탈상태에 빠뜨렸다면 입원과 회복은 기간도 더욱 길어지고 복잡해질 것입니다.

―두부 외상
몇 분에서 몇 시간 동안 '정신이 나갔다가' 남아 있는 두통을 제외하면 괜찮아지는 뇌진탕이 이 상황에 잘 어울릴 것입니다. 그 외에도 남아 있는 증상으로는 현기증과 가벼운 구역, 시야의 흐려짐, 목의 경직 등이 있습니다. 이런 증상은 경미할 수도 심각할 수도 있으며 하루나 이틀, 혹은 몇 주까지 지속될 수 있습니다. 원하신다면 피해자는 하루나 며칠 안에 전장으로 돌아올 수 있습니다. 어떤 경우든 의학적으로는 말이 됩니다. NFL의 쿼터백들을 생각해보세요.

―근육염좌
등, 특히 등 아랫부분의 근육염좌는 즉각적인 추격은 불가능하게 하지만 며칠 동안 진통제와 근육이완제를 활용해 치료하면 완화될 가능성이 높습니다. 그런 다음에는 거의 제약 없이 주인공을 공격할 수 있을 겁니다. 그게 아니라면 계속해서 통증과 결림을 느낄 텐데, 그 경우에는 추격하고 싸우는 능력에 방해를 받게 됩니다.

—내상

콘크리트 계단에서의 낙상은 자동차사고와 유사합니다. 온갖 종류의 내상이 발생할 수 있죠. 간의 열상, 비장 파열, 신장 파열에는 수술과 장기간의 회복이 필요합니다. 질문자님은 신장의 좌상(신장에 멍이 드는 경우)을 활용하실 수 있을 것 같습니다. 이때는 넘어져서 생긴 외상이 신장에 멍을 들여 옆구리의 통증과 혈뇨로 이어집니다. 회복에는 며칠에서 몇 개월이 걸릴 것이며 그 이후에는 주인공을 추격하고 그와 싸울 수 있을 겁니다. 약간 아프긴 하겠지만 움직일 수는 있습니다.

1번 괴한은 근육염좌상, 뇌진탕, 갈비뼈 골절이나 신장의 좌상을 겪을 수 있으며 회복기간 중에 의식을 잃지 않을 것이고 며칠 안에 다시 싸울 수 있게 됩니다.

2번 괴한은 (둔부, 다리, 어깨, 두개골 등) 좀 더 심각한 골절이나 좀 더 심각한 뇌진탕(심지어 뇌 내로의 출혈까지 동반할 수도 있겠죠), 폐의 천공을 동반하거나 동반하지 않는 갈비뼈 골절 혹은 내상을 입을 수 있습니다. 거의 모든 기간 동안 의식불명에 빠질 수도 있고 내내 의식이 있을 수도 있습니다. 회복에는 몇 주에서 몇 달이 걸릴 것입니다.

바위에 추락한 경우
발생하는 손상은 무엇인가요?

Q 지금 쓰고 있는 이야기 때문에 절벽에서 떠밀려 18미터가량을 추락하여 험준한 바위 위에 떨어지면 어떤 일반적 손상과 특수한 손상이 일어나는지 알고 싶습니다. 18미터 정도면 사망을 보장할 정도의 높이인가요?

A 험준한 바위 위로 18미터를 떨어져 내리는 것은 보편적으로 치명적입니다. 거의 기적이라고 할 만한 상황이 벌어지지 않는다면 말이죠. 세상에는 비행기에서 뛰어내렸다가 낙하산이 펼쳐지지 않았는데도 살아남아 그 기적을 증언해줄 만한 사람들이 있습니다. 그러나 이런 경우는 극도로 드물며 그런 사람들은 보통 경작된 토지나 그와 비슷하게 부드러운 장소에 떨어집니다. 말할 필요도 없지만, 그런 장소에 떨어진다는 건 흔한 일이 아니죠.

피해자는 추락으로 인해 팔과 다리, 두개골과 척추가 부러질 것입니다. 신장과 간, 폐와 비장은 곤죽이 될 것이고 위장과 결장, 방광과 대동맥은 파열되겠죠. 최소한으로만 말해도 엉망진창입니다.

이런 형태의 추락과 관련해서라면, 피해자가 겪었으면 좋겠다고 생각되는 모든 종류의 손상을 일으킬 수 있는 권한을 질문자님이 쥐고 있는 셈입니다. 심각한 부상이기만 하면 됩니다. 이런 상황에서 경미한 부상이란 발생하지 않으니까요.

사후경직*이 일어나는 단계에서 시체가 발견된다면 시체는 뻣뻣하고 피해자가 사망할 당시의 자세로 '얼어' 있을 것입니다. 사후경직은 사망 직후 열두 시간 동안 일어나며 이후의 24시간 동안 해소된다는 점을 기억하십시오. 이런 일반적 시간 기준 이전, 혹은 이후에 발견된 시체는 축 늘어져 있을 것이며 들어 올리면 구슬을 가득 넣은 자루라도 된 것처럼 뼈가 으드득거리는 소리가 날 것입니다.

물론 골절 중 상당수는 복합성일 수 있습니다. 부러진 뼈가 피부를 관통할 수 있고 복부나 흉부가 파열되었을 수 있다는 뜻입니다. 또한 험준한 바위가 팔과 다리, 복부, 흉부에 열상과 깊게 찢긴 상처를 냈을 수 있고 충격으로 인해 두개골이 골절되는 대신 바위가 직접적으로 두개골을 관통했을 수도 있습니다. 예쁘다고는 할 수 없겠죠.

*
사후에 일어나는 근육의 경화. 죽으면 근육이 굳어져 관절 등이 고정되어 움직일 수 없게 된다. (= 사후강직)

| 바위에 추락한 경우 발생하는 손상은 무엇인가요?

아래층으로 떨어졌을 때
가장 가능성이 높은 사인은 무엇인가요?

Q 34세 여성 등장인물이 열네 단으로 되어 있는 옥외계단 꼭대기에서 아래로 굴러떨어져 사망할 수도 있나요? 이 여성은 밤새 만취하도록 술을 마셨으며 13센티미터가량의 스파이크힐을 신고 있습니다. 어떤 특별한 곳에 떨어져야만 죽을까요? 사망을 유발하는 것은 무엇인지요? 머리를 박을 수 있을 거라고는 생각했지만 혹시 다른 아이디어가 있으신가요? 누가 떠민 것이라면 부검을 통해 알 수 있는 방법이 있을까요?

A 이런 식의 사망사고는 매일매일, 특히 '고주망태'인 사람들에게 일어납니다. 일반적인 가정에서는 계단과 사다리, 욕조가 가장 위험한 장소입니다. 열네 단으로 되어 있는 계단에서 떨어지면 심각하고 치명적인 손상이 일어날 수 있으며 여러 가지 측면에서 이는 자동차사고와 유사합니다.

사망은 여러 다양한 손상으로 인해 초래될 수 있습니다. 간, 비장, 그 외 내부 장기의 파열은 내출혈과 사망으로 이어질 수 있습니다. 대퇴골(허벅지 뼈)의 골절은 발생할 가능성이 높으며 치명적이기도 한 부상입니다. 대퇴골이 박살나면 그 뾰족한 모서리가 다리에 있는 커다란 동맥과 정맥을 벨 수 있으며 엄청난 실혈(失血)과 사망이 이어질 수 있습니다. 뼈가 피부를 뚫고 나오면(이런 경우를 '복합성 골절'이라 부릅니다) 흘린 피가 그 구멍을 통해 몸 밖으로 나오죠. 그러나 복합성 골절이 일어나지 않고 피부가 찢기지 않는다 할지라도 엄청난 양의 치명적 출혈은 여전히 일어날 수 있습니다. 허벅지는 몇 리터 정도의 피를 머금고 있을 수 있는데, 이 정도면 쇼크와 사망이 일어나기에 충분합니다.

그러나 머리와 목의 부상이 가장 적합할 것입니다. 목이 부러지거나 두개내출혈, 그러니까 두개골의 골절 여부와는 관계없이 뇌 내 혹은 뇌 주변에서 출혈이 일어나는 경우가 쓰시는 시나리오에 잘 어울립니다. 부상자는 즉시 혹은 몇 분, 몇 시간, 심지어 며칠에 걸쳐 사망할 수 있습니다.

사람을 떠미는 경우에는 검시관이 찾아낼 수 있는 어떤 흔적도 남지 않을 가능성이 높습니다. 부검 중 만취한 여성에게서 목의 골절이나 뇌내출혈을 발견하면 법의관은 그 사망이 사고에 의한 것이었다고 쉽게 결론을 내릴 수 있습니다.

코가 부러지면 어떤 일이 일어나나요?

Q 코가 부러진 남자는 어떤 모습인가요? 꼭 수술을 받아야 하나요? 코에 심각한 타격을 입었는데 코피만 나고 골절이 일어나지 않을 수도 있나요?

A 피해자는 그냥 코피만 흘릴 수도 있습니다. 아니면 코가 부어 퍼렇게 되고 피가 날 수도 있고요. 아니면 코가 박살이 나서 형태가 일그러질 수도 있습니다. 심지어는 코가 납작해질 수도 있겠죠. 그 상태에서 피가 날 겁니다. 어쨌거나 코에서는 피가 납니다. (비점막이라 부르는) 코의 내벽에는 혈관이 대단히 많아서 작은 부상만 입었을 때도 피가 나는 경우가 흔합니다.

코는 대체로 연골로 되어 있습니다. 코 뿌리 부분만 뼈로 되어 있죠. 연골은 유연하고 탄력성이 있기 때문에, 세게 강타당하더라도 부드러운 조직만 피해를 입고 골절은 일어나지 않는 경우도 가끔 있습니다. 가끔은 연골이나 뼈, 혹은 둘 다가 골절됩니다. 뭐든 가능하죠.

골절된 코는 원래의 위치로 정복*한 후 붕대를 두르고 다

나을 때까지 놔둘 수 있습니다. 보통은 그렇지 않으나 수술이 필요한 경우도 있습니다. 낫는 단계에서 짧은 금속제 부목을 감아 코를 지탱하게 하는 경우도 많습니다.

부상을 입은 코에는 최소 2주간 계속해서 멍이 들어 있을 것입니다. 눈 아랫부분에 피가 고이는 경향이 있으므로 거기에도 마찬가지로 멍이 들 테고요.

눈에 든 멍은 얼마나 오래가나요?

Q 제 등장인물은 얼굴에, 눈 근처에 주먹질을 당합니다. 멍은 얼마나 오래갈까요?

A 멍(좌상)은 외상으로 손상된 작은 모세혈관에서의 혈액 유출 때문에 발생합니다. 눈에 주먹을 맞는다거나 허벅지를 탁자 모서리에 찧는다거나 발목이 돌아가는 경우가 멍으로 이어질 수 있는 외상인데요. 그 결과로 일어나는 검푸른 변색의 범위는 얼마나 많은 혈액이 손상된 혈관으로부터 스며 나오는지, 몸의 어떤 부위에 손상을 입은 건지에 따라서 달라집니다. 눈 근처의 조직(안와골막 영역)은 맥관성이며(혈관으로 가득 차 있으며) 부드럽습니다. 그래서 쉽게, 심하게 멍이 듭니다. 이 부위에서 나타나는 변색은 허벅지나 팔에서 나타나는 변색에 비해 더 두드러지며 오래갑니다. 안와골막 영역의 좌상에서는 중력의 작용이 피를 끌어내 멍이 아래쪽으로, 뺨 윗부분까지 움직이는 경우가 많습니다.

모세혈관에서 혈액은 이삼일간 지속적으로 스며 나오므로 이 단계에는 멍이 더 커지고 점점 검어집니다. 처음 72시간 동안 좌상에 얼음을 대야 하는 이유가 그것입니다. 얼음은 혈액이 흐르는 속도를 늦추고 혈액의 응고를 도와주는데, 그러면 혈액의 유출이 감소되고 멍이 줄어듭니다.

3~10일 사이에는 조직으로 흘러나왔던 피가 신체의 효소와 청소세포(대식세포)에 의해 분해 및 제거됩니다. 처음의 진한 검푸른 색이 점차 희미해집니다.

10~20일 사이에는 멍이 남긴 검푸른 색깔이 녹갈색이나 녹색에 가까운 노란색, 혹은 두 가지 색깔 모두로 변합니다. 이것은 신체에서 일어나는 헤모글로빈(적혈구세포에 들어 있는, 철분을 함유하고 산소를 옮기는 분자)에 대한 효소 파괴 때문입니다. 이 파괴 과정에서 특징적 색깔을 가지고 있는 분해산물이 만들어지거든요. 결과적으로 이 분해산물은 대사세포에 의해 운반됩니다. 변색은 20일쯤에는 해결되어야 하며 좌상을 입은 부위의 피부 색깔은 정상으로 돌아와야 합니다.

요약하자면 검붉은 멍은 3일까지는 색깔도 진해지고 범위도 넓어지다가 이후 7일 동안은 색이 옅어지고 엷어지기 시작하며 이후 10일 동안은 갈색, 노란색, 녹색 비슷한 색깔로 변해가면서 계속 엷어지고 마침내 사라집니다.

이 등장인물은 7~10일 정도 후에는 화장을 하면 상처를 가릴 수 있어야 합니다.

척수의 어느 부분이 손상되어야
사지마비가 일어나나요?

Q 제 이야기에 나오는 등장인물은 대치 상황에서 등을 돌려 떠나다가 그대로 총을 맞아 마비됩니다. 오른쪽 팔과 손을 약간만 쓸 수 있는 사지마비 환자가 되지만 호흡기의 도움 없이도 숨을 쉴 수는 있는데요. 이런 일이 벌어지려면 총알이 척수의 어느 부분에 들어가야 하나요? 몇 구경의 총알이 필요할지요?

A 척수는 뇌간에서부터 이어져 뇌의 아랫부분으로 빠져나와 등을 따라 내려가며 척추라는 뼈로 보호됩니다. 그렇게 내려가는 길에 척수는 폐, 심장, 팔, 다리 등으로 신경을 내보냅니다. 척수를 질문자님 집의 전기 본선이라고 생각해 보세요. 이 전기선은 하나의 방에서 다른 방으로 뻗어나가며 거실, 침실, 부엌, 차고 등으로 가는 여러 개의 지선으로 나뉩니다. 본선이 끊어지면 손상을 입은 구역 이전에 갈라져 나온 지선들은 계속해서 제 기능을 하는 반면 그 이후로부터 뻗어 나오는 지선은 작동하지 않게 될 겁니다. 위에서 이야기했던 순서대로 전기가 흐를 경우 본선이 침실과 주방 사이에서 끊겼다면 부엌

의 가전제품은 더 이상 작동하지 않을 것이며 차고의 문 개폐기도 죽을 겁니다. 거실과 침실의 조명은 영향을 받지 않겠죠. 마찬가지로 척수가 손상을 입으면 손상을 입은 부위보다 말단(아래쪽)에 있는 모든 신체 부위는 적절한 기능을 멈추게 될 것입니다.

해부한다고 해서 척수의 구분선이 눈에 보이는 것은 아니지만 기능적으로 척수는 몇 가지 '층위'로 나뉘어 있습니다. 척수의 층위에는 주어진 어느 층위에서든 척추에 일치하도록 이름을 붙입니다. 주요 층위는 경부(목), 흉부(가슴), 요추부(허리), 천골부(꼬리 혹은 엉덩이)입니다. 경추는 일곱 개가 있으며 경부 척수신경은 C1에서 C8까지 여덟 개입니다.[9] 흉부는 열두 개(T1~T12), 요추부에는 다섯 개(L1~L5), 천골부에도 다섯 개가 있죠(S1~S5).

각각의 층위는 몸의 다양한 부위로 신경을 보냅니다. 이런 무력화의 부위를 '피절'이라고 부르며 어떤 층위의 척수가 몸의 어떤 부위로 신경을 보내는지 보여주는 도표도 존재합니다.(그림 4) 척추 손상을 입은 환자를 진찰할 때 의사는 운동기능 혹은 감각기능에 결함이 나타나는 부위가 어디인지를 알아보는 방법으로 손상의 층위를 판단할 수 있습니다. 예컨대 C2 신경은 두피와 턱을, T10은 배꼽 높이에 있는 몸을, L1에서 L3까

---

9   원문에 경추가 여덟 개라고 적혀 있으나 오기로 보인다. 경추의 개수는 일곱 개다. 1번 경추의 상단과 하단에 각기 C1, C2 척수신경이 붙어 있어 일곱 번째 경추의 하단 신경은 C8로 끝난다.

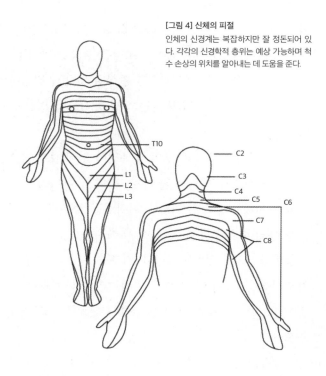

[그림 4] 신체의 피절
인체의 신경계는 복잡하지만 잘 정돈되어 있다. 각각의 신경학적 층위는 예상 가능하며 척수 손상의 위치를 알아내는 데 도움을 준다.

지는 다리 윗부분을 지배합니다. 만약 신체 검진에서 환자가 배꼽 아래 층위에서 운동과 감각이 모두 소실된 소견을 보인다면 의사는 척수가 T10 부근에서 손상되었다는 결론을 내릴 수 있습니다. 이 경우 피해자는 T10 위의 모든 것이 정상적으로 기능하는 반면 하지는 더 이상 사용할 수 없게 될 것이므로 양측 하지마비로 간주됩니다.

쓰시는 시나리오에서 중요한 층위는 C3~C5까지가 될 텐데, 이는 횡격막과 호흡을 통제하는 부분입니다. 또 상지를 지배하는 C6~C8도 중요하겠죠. 등장인물은 호흡기능이 완전하므로 손상은 C5 아래에, 또 위쪽 말단부의 기능 대부분이 상실되었으므로 C8 위에 발생해야만 합니다. 그 말은 C6이나 C7 층위에서의 손상이면 된다는 뜻입니다. 이는 등에서 목이 어깨와 만나는 지점에 가까운 총알의 사입구와도 일치합니다. 이 층위에 손상을 입으면 피해자가 호흡기능은 유지하면서 팔 하나 혹은 둘 모두의 기능을 상실할 수 있게 됩니다.

장애가 항상 대칭적으로 나타나는 것은 아니라는 것도 중요합니다. 그러니까 왼쪽이 오른쪽보다 심한 영향을 받을 수 있고, 반대 경우도 가능하다는 뜻입니다. 그러니까 등장인물은 오른팔과 오른손은 약간, 혹은 완전하게 쓰면서 왼쪽만 완전히 마비될 수 있습니다. 이런 손상의 속성이 원래 그렇습니다.

어떤 총으로든 이러한 손상을 일으킬 수 있습니다. 22구경[10]이나 32구경 등 소구경 총은 제 위치에 명중하면 척수를 끊어놓을 수 있습니다. 357구경이나 44구경 등 좀 더 큰 구경의 총알은 좀 더 많은 피해를 주고, 명중이라고 하기는 어렵더라도 척수에 손상을 입힐 수 있습니다.

| 척수의 어느 부분이 손상되어야 사지마비가 일어나나요?

---

10   지름이 0.22인치인 구경. 미국에서는 .22구경으로 쓴다. 이하 0.32, 0.357, 0.44인치.

**뇌진탕을 겪고 거의 익사할 뻔한 상황에서도
임신을 하고 있는 등장인물과
배 속의 태아가 살아남을 수 있나요?**

Q 제 등장인물 중 한 명은 임신 6개월의 여성입니다. 폭발
사고가 일어나 이 여성은 실내수영장 사다리에 머리를
세게 부딪히고 의식을 잃은 상태로 수영장에 빠집니다.
아직 정하지 못했지만 그리 길지는 않은 시간 동안 그녀
는 산소를 공급받지 못합니다. 구강 대 구강 인공호흡법
이 거의 즉시 실시되고 등장인물은 숨을 쉬기 시작하지
만 의식을 되찾지는 못합니다. 병원에서 의사는 그녀가
경미한 의식불명 상태에 빠졌다고 판단합니다. 초음파
로 보면 아기는 괜찮은 것처럼 보입니다. 등장인물은 이
삼일간 계속 혼수에 빠져 있는데, 날이 갈수록 점점 반
응성이 좋아집니다. 이게 말이 되나요? 장기적인 부작
용이 있을까요? 이외에도 실시할 만한 검사나 치료가
있나요?

A 말씀하신 상황은 가능한 정도가 아니라 실제로 벌어
질 확률이 높습니다.

장기적으로 어떤 일이 일어날지는 최초 외상의 심각성과 등장인물에 대한 치료의 효과, 행운에 달려 있습니다. 뇌진탕보다 심한 증상은 전혀 겪지 않을 수도 있죠. 경막하 혈종(뇌와 두개골 사이에 피가 고이는 현상) 같은 두개내출혈(뇌 내 혹은 뇌 주변의 출혈)을 겪을 수도 있는데, 이 경우에는 수술이 필요합니다. 숨을 쉬지 못하고 있던 기간 동안의 산소 결핍으로 심각하고 회복 불가능한 뇌 손상을 입을 수도 있고 어떤 장기적 장애도 없이 회복될 수도 있습니다. 묘사해주신 내용에 따르면 단순한 뇌진탕이 가장 잘 들어맞습니다. 뇌진탕을 겪은 사람들은 거의 즉시 정신을 차릴 수도 있고 질문자님의 상황에서처럼 여러 날 동안 의식불명에 빠질 수도 있습니다.

등장인물은 두통과 약간의 인지기능(사고 능력 및 문제해결 능력) 상실, 기억력과 관련된 몇 가지 문제만 남은 상황에서 잘 회복할 가능성이 높습니다. 이런 문제는 아마 경미하고 한 달이 지나면 개선될 것입니다. 운동기능이나 감각기능에는 문제가 없을 가능성이 높습니다. 즉, 팔, 다리, 다른 신체 부위를 괜찮게 쓸 수 있으리라는 겁니다. 외상에 의한 두뇌의 흉터 때문에 경련을 할 수 있으나 그럴 가능성은 높지 않습니다.

병원에서는 (방사선이 차폐되는 납 앞치마로 복부를 가려 태아를 엑스레이 손상으로부터 보호하는 상태에서) 두개골 엑스레이와 뇌 MRI 혹은 CT를 찍을 것이며, 요추천자*와 뇌전도검사(EEG) 즉 뇌파활동에 관한 검사를 할 수도 있습니다.

스테로이드(솔루메드롤과 데카드론이 좋은 약품입니다)나 이뇨

* 뇌와 척수를 둘러싸고 있는, 뇌척수액이 들어 있는 공간에 바늘을 넣어 뇌척수액을 검사하거나 약을 주입하는 일

뇌전탕을 겪고 거의 익사할 뻔한 상황에서도 임신을 하고 있는 등장인물과 뱃 속의 태아가 살아남을 수 있나요?

배 속의 태아가 심장의 박
동은 있으나 호흡을 하지
못하는 상태

제(라식스나 만니톨일 가능성이 가장 높습니다) 같은 정맥주사용 약제로 뇌부종을 감소시키는 치료를 하며 합병증이 있는지 관찰하게 될 것입니다. 이것이 이러한 환자에게 필요한 유일하고 필수적인 치료법입니다.

아기는 주의 깊게 관찰될 것이며, 태아가사*의 문제나 징후가 조금이라도 보이면 제왕절개가 실시될 것입니다. 관찰은 전극 패치를 산모의 배에 붙이는 방법으로 이루어지는데 이 패치는 태아의 심전도와 심박수를 기록합니다. 또한 태아경이 하복부에 고정됩니다. 태아경은 초음파를 활용해 실시간으로 태아를 영상화하여 아기의 모습을 작은 TV 화면에 보여주는 초음파 탐지장치입니다. 태아가사의 징후에는 심박수의 비정상적 증가 혹은 감소, 불규칙성과 태아가 보이는 모든 종류의 비정상적 움직임이 포함됩니다.

사건에서 회복되고 나면 등장인물은 울음, 짜증, 불안발작 등의 감정적 곤란을 겪을 수 있습니다. 불면증, 우울증, 분노의 격발 등도 일어날 수 있습니다. 무엇보다도 등장인물은 여전히 임신 상태이며 아기의 건강을 걱정하고 있습니다. 이런 일이 일어나게 했다며 자기 자신을 비난하거나 그 자리에 없었다는 이유로 남편을 탓할 수 있습니다. 어느 쪽이든 이야기에 어울리는 방식대로 하시면 됩니다.

과다출혈로 인한 사망이
며칠에 걸쳐서 일어날 수도 있나요?

Q 제 이야기는 1800년대의 마차 행렬을 배경으로 일어납니다. 등장인물은 강을 건너는 동안 말에 끌려가면서 여러 바위에 부딪히고 마차의 뒷바퀴에 부딪혔다가 튕겨 나옵니다. 당연히 말발굽에도 밟히고요. 사흘 후, 그는 내상으로 인한 엄청난 출혈 때문에 사망합니다. 제 이야기의 시간 흐름에 따르면 사흘간의 지연과 그에 이어지는 갑작스럽고 극적인 실혈이 중요한데, 이런 일이 현실적인가요?

A 질문에 대한 답변은 '그렇다'입니다.

이런 형태의 사고는 각종 뼈의 골절, 두개골 골절, 목 골절, 금이 간 갈비뼈, 폐의 관통상, 복강 내 손상 등 온갖 종류의 손상을 일으킬 수 있습니다. 이 중 마지막 형태의 부상이 질문자님에게 쓸모가 있을 것 같습니다.

비장 파열과 간의 열상 혹은 신장 파열은 복강 내로의 출혈을 일으키게 됩니다. 사망은 빠르게 진행될 수도 있고 출혈이 천천히 일어나는 경우 며칠씩 걸릴 수도 있습니다. 특히 움직일 때나 호흡을 할 때에는 엄청난 고통이 있을 것이며 복부는 부풀어 오르게 됩니다. 푸르뎅뎅한, 멍과 비슷한 변색이 배꼽 주변과 옆구리를 따라 나타날 수도 있습니다. 이 변색은 혈액이 '근막층' 사이로 스며듦에 따라 나타나기까지 보통 24~48시간 이상이 걸립니다. 근막은 근육을 서로 구분하는 질긴 흰색 조직인데요. 혈액은 근막을 따라 스며들어 피부의 더 깊은 층에 도달함으로써 변색을 일으킵니다.

질문자님 시나리오의 문제점은 이런 형태의 내상 중 어느 것도 외출혈로는 이어지지 않는다는 겁니다. 복강은 폐쇄된 공간이므로 혈액이 빠져나갈 통로가 없습니다.

그러나 손상이 창자에 가해졌다면 외출혈이 일어날 수 있습니다. 혈액이 창자에서부터 흘러나오려면 출혈은 복부 내 어느 공간이 아니라 창자 자체에서 일어나야 합니다. 창자가 터지거나 찢어져, 출혈이 창자 내에서 일어났다면 혈액이 직장을 통해 흘러나오게 됩니다. 하지만 창자의 혈액은 하제(설사약)처럼 작용하므로 출혈은 거의 즉시 발생하여 죽음에 이르기까지 간헐적으로 계속될 가능성이 높습니다. 이런 상황에서 출혈이 발생할 때까지의 시간은 몇 분, 몇 시간, 하루, 최대로 잡으면 이틀이 되겠죠. 사흘이 흐른 뒤에야 출혈이 눈에 보였다고 하면 현실성이 떨어집니다.

그러나 질문자님의 이야기가 요구하는 조건에 어울리는 한 가지 예외가 있습니다. 창자는 멍이 들었지만 파열되거나 찢기지 않을 수 있고, 혈종(핏덩어리 혹은 피떡)이 장의 벽에서 형성될 수 있습니다. 이 혈종은 점점 커지면서 해당 부위로의 혈액 공급을 원활하지 못하게 합니다. 이렇게 하루 이틀쯤 지나면 창자의 일부분이 죽을 수 있습니다. 이걸 '장허혈'이라고 부르는데요. 허혈이란 장기로의 혈류가 방해를 받고 있다는 뜻입니다. 창자의 일부가 괴사되면 출혈이 뒤따르게 됩니다. 이렇게 되면 피가 보일 때까지 사흘이 지체될 수 있습니다.

질문자님의 시나리오에서 손상은 다발성 손상일 가능성이 높으며 복부의 팽창, 제가 묘사한 것과 같은 변색, 엄청난 통증, 열, 오한, 말기에는 섬망*이, 그리고 마침내는 출혈이 모두 발생할 수 있습니다. 기분 좋게 죽는 방법은 아니지만 서부개척 시대에는 그리 드물지 않게 이런 일이 있었으리라는 상상이 듭니다.

피해자는 마차 중 하나의 침대에 눕혀지고 가능한 한 최대로 통증을 더는 조치를 받게 될 것입니다. 열을 떨어뜨리기 위해 물에 적신 스펀지로 닦아줄 수도 있고 물이나 수프를 줄지도 모르는데, 물이나 수프는 토할 가능성이 높습니다. 옆에서 기도를 해줄 수도 있겠죠. 아편 팅크[11]를 줄 수도 있습니다. 이 진정제는 창자의 운동성(움직임)을 늦추어 통증을 경감시키고 출혈까지도 감소시킬 수 있습니다.

물론 질문자님이 쓰는 이야기의 배경이 되는 시대에는 등장인물들이 제가 묘사한 것과 같은 손상의 내적 작동 방식을

---

11   어떤 약품이나 생약을 알코올, 에테르 따위에 담가 녹이거나 우려낸 액체

전혀 알지 못할 것입니다. 그저 피해자가 심각한 부상을 입었으며 죽을 위험에 처해 있다는 것만 알겠죠. 마차 행렬의 어떤 구성원들은 과거에 비슷한 부상을 본 적이 있을 수도 있으며 피해자의 상태가 얼마나 심각한 것인지 알겠지만, 배후의 생리학에 대해서는 이해하지 못할 겁니다. 피해자가 첫 이틀 동안 살아남은 뒤에는 그가 살게 되리라고 생각하다가 결국 그가 과다출혈로 죽으면 엄청난 충격을 받을 수도 있습니다. 아니면 거친 지역을 달리는 마차의 튀어 오름이 피해자와 같은 상태에 있는 사람에게는 고통스러울 뿐 아니라 위험하다는 걸 이해할지도 모르겠네요. 피해자가 살아 있는 사흘 동안 마차 행렬이 잠시 멈추거나 행렬이 계속 나아가는 동안 마차 몇 대가 뒤에 남아 그를 돌볼 수도 있습니다.

19세기의 사지절단술은
어떤 방식으로 시행되었나요?

Q 제 이야기는 1800년대 후반의 미국 서부를 배경으로 삼습니다. 소설이 끝날 즈음에 주인공은 팔을 절단해야만 하는데요(팔꿈치에 근거리 총상을 입어, 팔꿈치 바로 위를 절단해야 합니다). 사지절단의 전형적 수술 방법을 이야기해주실 수 있을까요? 혈관이 총알 때문에 심각한 손상을 입었으므로 저는 주인공이 처음에 지혈대를 차야 한다고 생각합니다. 그래도 될까요? 외과의사가 일을 서두르지 않아도 되도록 환자에게 에테르를 한 번 맡게 해줄 생각입니다.

A 19세기의 사지절단술은 위험하고도 잔혹했습니다. 부상을 입은 말단부를 고치고 괴저된 사지의 감염을 통제하는 방법이 당시에는 존재하지 않았고, 사지절단술은 피해자를 살릴 수 있는 유일한 희망으로 간주되었습니다. 그러나 실혈에 이어지는 쇼크와 사망 혹은 잘리고 남은 부분의 감염이 외과의사의 모든 노력을 어렵게만 만들었습니다. 잃어버린 피를 대체하고 쇼크를 치료할 만한 혈액도 없었고 항생제도 존재

하지 않았습니다. 성공적인 수술을 하더라도 피해자는 죽을 수 있었으며 많은 경우 지속적인 출혈이나 감염 탓에 실제로 죽었습니다.

사지절단술이 매우 고통스러웠던 데다 서부 혹은 전쟁터에 언제나 마취 효과를 가진 물질이 준비되어 있었던 건 아니기 때문에 외과의사는 사지절단술을 해야 할 때면 가능한 한 신속하게 하려고 노력했습니다. 보통 쓰는 마취제는 술이었고 가끔씩은 아편 팅크 혹은 에테르를 쓰기도 했습니다. 1842년, 조지아주의 애틀랜타에서 크로포트 롱 박사가 처음으로 수술에 에테르를 활용했습니다. 최초의 에테르 사용 공개시범은 1846년 보스턴에서 실시되었으므로 질문자님의 주인공이 에테르를 사용할 수 있다고 하는 건 현실성이 있습니다.

에테르를 조금 흡입했더라도 공동체에 속한 좀 더 힘 센 사람들 몇 명이 환자를 움직이지 못하게 붙잡고 있었을 가능성이 높습니다. 깨물 수 있도록 가죽 조각이나 나뭇조각이 활용되었을 겁니다.

의대생 시절 저는 사지절단술을 할 때 수술방에 들어가 보조를 한 적이 두어 차례 있는데요. 사지절단술은 지금까지도 칼과 톱, 끌과 망치가 동원되는 상당히 잔혹한 수술이라는 인상을 받게 되었습니다. 하지만 그런 경험을 한 다음에도 제가 이 수술에 대해 가지고 있는 가장 생생한 이미지는 여전히 『바람과 함께 사라지다』에 나오는 극적인 장면입니다.

네, 외과의사는 잘라야 하는 동맥으로부터의 출혈을 방지하기 위해 지혈대를 말단부에 둘러 매우 세게 조일 것입니다. 질문자님의 상황에서는 상박(위팔) 중간 부위에 하게 되는 일이죠. 조직을 원주형으로(둘레 전체를) 뼈 있는 데까지 잘라내는 데에 커다란 칼이 사용될 것이고, 그다음에는 톱으로 이 수술을 마무리 짓게 될 것입니다. 그런 다음에는 남은 부분을 불로 뜨겁게 달군 칼날이나 다른 금속 조각으로 소작하고 사용할 수 있는 가장 깨끗한 천으로 드레싱*해주겠죠.

1800년대 후반 이 수술의 사망률은 50퍼센트 이상이었습니다. 대부분의 사망은 출혈과 쇼크로 인해 상당히 빠르게 진행됐습니다. 그 외 소수의 피해자들은 감염에 굴복하기 전까지 며칠 혹은 몇 주를 살아 있었고요.

*
상처를 깨끗이 하고 약물 처치도 한 뒤 거즈 및 붕대로 상처를 보호하는 것

어깨가 탈구된 사람이 겪는
신체적 제약에는 어떤 것이 있나요?

Q 제가 쓰고 있는 이야기에 나오는 등장인물은 어깨가 탈구된 채로 이삼일간 외딴곳에 있는 사냥용 야영지에 갇히게 됩니다. 제 질문은 아래와 같습니다.

1. 즉각적인 치료를 받지 않는다면 손상이 계속해서 심해질까요, 아니면 상태가 거의 비슷하게 유지될까요?
2. 등장인물은 어떤 증상을 겪게 되나요? 치료를 받지 않고 이삼일이 지나는 동안 탈구가 일어난 즉시 느꼈던 통증이 가라앉게 되나요, 아니면 더 심해지나요?
3. 어떤 기능장애를 겪게 될까요? 팔을 조금이라도 쓰는 게 가능할까요? 어깨를 쓰거나 움직일 수 없다면 손으로 뭔가를 잡거나 아주 가벼운 물건을 들 수는 있을까요?
4. 마침내 치료를 받게 되었을 때에는 그런 부상에 대해 정확히 어떤 조치를 취하나요? 얼마 동안 활동을 하지 못할까요? 정말로 강인한 사람이라면 하루 이틀 안에도 다시 활동을 할 수 있을까요?

A 어깨는 우리 몸에서 가장 복잡한 관절 중 하나입니다. 어깨는 운동범위가 넓습니다. 무릎처럼 접을 수도 있고 고관절처럼 회전시킬 수도 있으며 풍차처럼 원형으로 소용돌이치듯 돌릴 수도 있습니다. 어깨는 기본적으로 공과 그 공이 들어가는 구멍으로 이루어진 관절로, 이때의 공은 상완골(위팔뼈)의 머리 부분이고 구멍은 관절와와 견갑골(어깨뼈)의 견봉으로 이루어져 있습니다. 위에서 언급한 견갑골, 상완골과 견갑골을 한데 붙들어두는 인대 몇 개, 마찰 없이 상완골의 '공'이 안에서 움직일 수 있도록 해주는 컵 모양의 덮개인 물렁뼈의 내부가 관절낭을 형성합니다.

공을 강제로 구멍에서 빼내면 탈구가 일어납니다. 보통 어깨에 입은 직접 외상 혹은 팔의 심한 회전이 원인입니다. 미식축구 선수, 체조선수, 팔을 잡아서 들어 올린 어린아이들이 이런 형태의 어깨 부상을 흔히 겪는 피해자들입니다.

고통은 즉각적이고 극심하지만 탈구가 '정복되면'(공이 구멍으로 다시 돌아가면) 통증은 최소화됩니다. 그러나 이후 몇 시간 동안 관절 내로의 출혈이 일어나고 관절 주변의 근육이 관절을 안정화시키고자 수축하며 고통이 되돌아옵니다. 어떤 방향으로든 조금이라도 움직이면 어깨에 칼로 찌르는 듯한 통증이 일어납니다. 처음 3~4일이 가장 심하지만 통증과 동작의 제한은 수 주 혹은 수개월 동안 지속될 수 있습니다. 이건 제가 경험적으로 알고 있는 내용입니다. 아홉 번이나 어깨 탈구를 겪어봤거든요. 미식축구는 참 훌륭한 스포츠입니다.

탈구를 정복시키는 일은(어깨를 원래의 위치로 조정해 넣거나 툭 소리가 나게 끼워 넣는 일은) 몇 가지 방법으로 할 수 있습니다. 가끔은 그냥 팔을 바깥쪽으로 들어올리기만 해도 어깨가 툭 소리를 내며 제자리로 돌아갑니다. 다른 사람이 곁에 있다면 그 사람이 부상을 입은 팔을 자기 어깨 너머로 걸쳐놓고 (피해자를 뒤에 세워놓은 상태에서) 몸을 앞으로 굽힘으로써 피해자를 자기 등 위로 들어 올릴 수 있습니다. 이렇게 하면 상완골이 앞쪽, 바깥쪽으로 당겨지며 대부분의 경우에 구멍으로 다시 미끄러져 들어가게 될 것입니다. 피해자를 눕혀놓고 그의 손목을 잡아, 액와(겨드랑이) 근처 가슴에 발을 대고서 팔을 바깥쪽으로 당기는 것으로도 같은 일을 할 수 있습니다. 이렇게 하면 상완골두가 바깥으로 당겨져, 많은 경우 구멍에 다시 자리를 잡습니다.(적절하게 수행하지 못하면 추가적 손상이 발생할 수 있으니 제대로 알고 있는 경우가 아니라면 이런 일 중 어느 것도 해서는 안 됩니다.) 질문자님의 상황에서는 피해자가 손목에 밧줄을 감고 반대쪽 끝을 나무나 바위에 연결한 다음 팔을 바깥쪽으로 당겨 탈구를 정복시킬 수 있습니다.

어깨 탈구를 정복시키는 시기는 빠르면 빠를수록 좋습니다. 근육이 일단 수축하게 되면 정복이 대단히 어려울 수 있거든요. 게다가 팔로 뻗어나가는 신경과 혈관들은 액와를 통해 어깨 아래를 지나갑니다. 쇄골하동맥의 맥박을 겨드랑이에서 느껴볼 수 있죠. 탈구가 일어나면 이처럼 중요한 혈관에 손상이 갈 수 있으며 단기적·장기적 문제가 초래될 수 있습니다. 혈관의 손상은 팔의 허혈(원활하지 않은 혈액 공급), 혈종(피가 커다랗게 고이는 현상)의 형성으로 이어질 수 있으며 동맥류(동맥의 부풀어 오름)로 발전하는 것도 가능합니다. 신경 손상은 운동기능의 상실(마비 혹은 근력저하)과 감각기능 이상(얼얼함, 따끔거림, 협응 능력 상실, 촉각의 감퇴)을 초래할 수 있습니다.

어깨의 탈구를 정복시킬 수 없다면 부상자가 겪을 행동의 제약은 심각할 것입니다. 어깨를 움직일 수도 없고 신경이 손상되거나 늘어난 경우라면 손도 사용할 수 없을지 모릅니다. 탈구가 정복되면 경련이 시작되기 전까지 몇 시간 동안은 제대로 기능할 수 있습니다. 그 이후에는 어깨가 '얼어서' 아주 조금만 움직여도 대단히 고통스러울 테고요. 팔꿈치를 굽히거나 손을 쓰는 데는 문제가 없을 것입니다.

단순한 탈구에 대한 전형적 조치는 탈구를 정복시켜 팔을 팔걸이로 고정시킨 뒤, 그 팔걸이를 가슴에 묶어 어깨의 움직임을 막은 다음 진통제를 투여하고 다 나을 때까지 시간을 주는 것입니다. 관절낭에 심각한 손상을 입었다거나 혈관 혹은 신경 손상이 일어나 부상이 좀 더 복합적인 경우에는 수술이 필요할 수도 있습니다.

어깨가 완전히 나을 때까지는 수개월이 걸리겠지만 단순한 탈구였다면 1~2주 후에는 어깨를 조심스럽게 움직이고 대부분의 일을 할 수 있어야 합니다.

흡인성 흉부상처를 입었을 때의
증상과 치료는 무엇인가요?

Q
흡인성 흉부상처에 관한 질문이 있습니다. 베트남전쟁 참전용사가 있는데요. 친구가 부상을 당한 지 대략 10분 후 그 참전용사가 전쟁터에서의 응급치료법을 응용하여 친구의 가슴을 드레싱해주는 장면을 썼습니다. 이때 피해자가 주인공과 대화를 할 수 있게 하면 신뢰성이 떨어지는 게 아닌지 궁금한데, 어떻게 생각하세요? 부상을 당한 사람이 생존할 가능성이 높을까요?

A
일단은 '흡인성 흉부상처'를 살펴보도록 하죠. 네, 군이 흡인성 흉부상처가 아니더라도 가슴에 입은 부상은 어떤 것이나 엉망진창입니다만 실제로 이런 이름으로 부르는 의학적 질환이 있습니다.[12] 흉벽을 관통하여 벌어진 상처를 남기는 모든 물건이 흡인성 흉부상처로 이어집니다. 가슴에 총

---

12 '흡인성 흉부상처'는 원문의 sucking chest wound라는 단어를 옮긴 것이다. 영어의 suck은 액체나 공기를 '빨아들인다'는 의미와 '엉망진창'이라는 의미를 동시에 가지고 있는 단어로, 원래 가슴에서 공기를 빨아들이는 소리가 나는 흡인성 흉부상처를 의미하지만 이 대목에서 저자는 이 단어를 '엉망진창인 흉부상처'로 해석해 말장난을 하고 있다.

상을 입는 경우 보통은 총알이 흉벽의 조직을 뚫고 지나며 작은 구멍을 만드는데, 흉벽 조직은 탄력이 있어서 움츠러들며 총알이 지나간 길을 둘러싸며 접힙니다. 그렇게 총알이 지나간 길이 차단되고 외부로 통하는 모든 구멍이 없어지죠. 이런 관통상도 폐를 뚫어 허탈상태에 빠뜨릴 수 있으며 치명적일 수 있지만, 흡인성 흉부상처로 이어질 가능성은 낮습니다. 그러나 사출구만큼은 흡인성 흉부상처를 일으킬 만큼 충분히 클 수 있죠.

폭발물의 파편, 창상* 혹은 자동차사고에서 고속도로 가드레일로 인해 발생한 상처, 또는 위에서 언급했던 총상의 사출구와 같은 더 큰 상처는 상처의 지름이 크다는 단순한 이유 탓에 위에 말한 방식으로 닫히지 않습니다. 이때는 외부로의 구멍이 남아 있게 됩니다.

폐로 공기를 끌어들이는 호흡은 횡격막이 아래로 내려가고 흉부가 확장될 때 가슴 안에서 발생하는 음압에 의존합니다. 그 음압이 폐 안으로 공기를 끌어들입니다. 숨을 내쉴 때에는 이 과정이 역으로 일어나며 공기가 어쩔 수 없이 폐 밖으로 다시 나가게 됩니다. 입을 닫고 코를 꽉 잡은 채로 숨을 들이쉬고 내쉬려 해보세요. 숨을 들이쉬려 할 때의 음압과 내쉬려 할 때의 양압이 만들어지지만, 호흡계를 폐쇄하여 공기가 외부로 드나들 수 있는 구멍이 없어졌기 때문에 공기는 이동하지 않습니다.

상처가 나서 흉벽에 충분히 큰 구멍이 뚫리면, 숨을 들이쉴 때의 정상적 흉부 팽창이 그 상처를 통해 외부 공기를 끌어

칼, 창, 총검 따위에 다친 상처

들여 흉강, 그러니까 폐와 흉벽 사이의 공간에 넣게 됩니다. 숨을 내쉴 때에는 구멍을 통해 공기가 흉강 밖으로 밀려나게 되고요.(그림 5) 부상을 입은 쪽의 폐는 허탈상태에 빠지며 한번 숨을 들이쉬고 내쉴 때마다 공기가 상처를 통해 들어왔다 나갔다 하면서 빨아들이는 소리가 들리게 됩니다. 그래서 이 부상을 영어로 '쌕쌕거리는 흉부상처'로 부르는 거죠. 다행히도 두 개의 폐는 가슴에서 저마다의 위치를 차지하고 있고 독립적으로 존재하기 때문에 상처를 입지 않은 쪽의 폐는 계속해서 부푼 채 정상적으로 기능할 것입니다.

흡인성 흉부상처를 입은 사람이 10분 동안 처치를 기다리며 말을 하는 장면은 문제가 될까요? 아뇨, 10분 동안 처치를 기다리는 것은 문제가 되지 않습니다. 다른 면에서 건강하다면 심지어 한 시간 정도 기다려도 괜찮습니다. 피해자는 살아남을 것이며 상당한 시간 동안은 폐 하나만을 써서 말을 할 수도 있을 거예요. 숨이 차고 기침도 많이 하며 고통을 느낄 테고 공포도 큰 요소가 되겠지만 살아남을 겁니다.

이때 하는 드레싱은 폐쇄드레싱이어야 합니다. 구멍을 공기가 통하지 않게 밀폐해야 한다는 뜻이에요. 구멍이 많이 뚫려 있는 거즈로는 안 될 겁니다. 피부에 붙어서 공기를 밀봉해주는, 비닐로 코팅된 붕대가 몇 종류 있습니다. 식품 포장용 랩이나 음식 혹은 쓰레기를 담는 비닐봉지, 셀로판지도 쓸 수 있습니다. 쓸 수 있는 게 거즈밖에 없다면 바셀린, 버터나 진흙 같은 연고를 발라야 합니다. 그렇게 하면 거즈가 밀폐성이 되거나 거

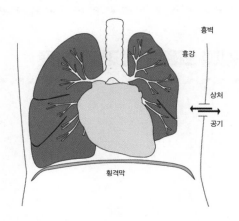

흉벽
흉강
상처
공기
횡격막

[그림 5] 흡인성 흉부상처
흉벽에 커다란 틈을 만들어내는 모든 손상은 '흡인성 흉부상처'로 이어질 수 있다. 호흡 과정 중 흉강 내에서 생성되는 양압과 음압은 공기를 상처로 밀어내고 빨아들이기를 거듭함으로써 '빨아들이는' 소리를 만들어낸다.

의 그와 비슷하게 됩니다.

폐 자체에도 구멍이 뚫린 게 아니라면 피해자가 결정적 치료를 받기 위해 시설로 후송되기를 기다리는 동안 폐가 어느 정도 다시 팽창할 것입니다. 병원에 도착하는 순간 외과의사가 상처를 치료하고 흉관을 삽입하게 됩니다. 흉관은 커다란 구멍이 나 있는 플라스틱 관으로서 흉벽을 통해 폐와 흉벽 사이의 흉강으로 집어넣습니다. 폐를 다시 부풀리기 위해 흡입이 실시됩니다. 며칠이 지나면 흉관을 제거합니다. 이것이 피해자가 입은 유일한 부상인 경우 피해자는 회복하여 문제없이 행동할 수 있어야 합니다.

2
환경에 의한 손상과 그 치료

노출로 사망하는 경우에는
어떤 일이 일어나나요?

Q 노출로 사망한다니, 얼어 죽는 것도 아니고 그냥 노출로 사망한다는 게 무슨 의미인가요?

A '노출'이란 동사, 열사, 아사*, 탈수로 인한 사망 등을 모두 포괄하는 광범위한 용어입니다. 간단히 말해, 피해자가 외딴 곳에 있는데 외상이나 질병으로 죽은 게 아니라면 그가 죽은 이유는 노출입니다. 음식이나 물, 살아 있을 공간이 없었던 거죠. 그러니까 질문자님의 구체적 질문에 답하자면, 추

위나 더위가 요인이 아닐 경우 살인 용의자는 음식이나 물 부족
일 가능성이 높습니다.

탈수로 사망하는 경우에는
어떤 일이 일어나나요?

Q 탈수로 죽으면 어떤 일이 일어나나요? 섬망? 극단적 갈증 혹은 그 반대? 정신이 혼란을 일으켜 피해자가 신기루를 보게 되나요? 여름에 산에서 길을 잃은 여성 노인에게 이 과정이 일어나는 데에는 시간이 얼마나 걸릴까요?

A 탈수란 신체가 수분을 잃는 경우를 말합니다. 수분의 상실은 땀을 통해, 또한 정상적인 호흡 과정에서 폐를 통해 일어납니다.(이런 방식으로 상실되는 수분은 우리가 지각하지 못하기 때문에, 이런 손실을 '불감손실'이라고 부릅니다.) 공기가 건조하고 호흡이 빠를수록 폐를 통해 수분이 더욱 많이 상실됩니다. 이런 방식을 통해 문자 그대로 물 1리터가 상실될 수 있습니다. 걷기, 뛰기, 배낭 들기, 기어오르기 등의 모든 행동이 호흡 속도를 증가시키고 이에 따라 수분의 불감손실도 증가시킵니다. 기온이 낮더라도 겨울 산의 건조한 공기는 상당한 탈수를 유발할 수 있습니다. 하지만 뜨겁고 건조한 기후는 더욱 급격한 수분 상실로 이어지겠죠.

탈수가 나타나기까지 요구되는 시간은 위에서 언급한 것은 물론 다른 요소에도 좌우됩니다. 날씨가 아주 덥고 건조한 경우에는 몇 시간 안에 탈수가 일어날 수도 있고 구름이 끼고 시원한 날씨에는 며칠이 걸릴 수도 있습니다.

심각한 탈수가 일어나면 신체에서의 수분 손실이 혈액량을 감소시키기 때문에 혈압이 떨어집니다. 또한 나트륨, 칼륨, 마그네슘 등의 전해질이 땀을 통해 상실되기 때문에 근육의 무력감이 나타나거나 쥐가 날 수 있습니다.

초기의 증상인 갈증은 상당한 수분 손실이 일어나기 전까지는 나타나지 않습니다. 이 말은 즉 갈증을 느끼기 시작할 때면 그 사람은 이미 탈수가 상당히 진행되었다는 뜻입니다. 갈증에 뒤이어 피로와 숨참, 위약감, 근경련, 구역과 가끔은 구토, 망상*, 섬망, 마침내는 졸도와 혼수, 사망이 일어나게 됩니다.

주변 온도가 높으면 체온이 극적으로 오를 수 있고 체온이 약 39도를 넘으면 정신이 마땅히 그래야 하는 정도로 맑지 않게 됩니다. 피해자는 제대로 생각을 할 수가 없으며 문자 그대로 같은 자리를 빙빙 돌며 헤매거나 환각을 볼 수도 있습니다. 그 결과 신기루가 눈앞에 나타나기도 하죠.

물론 신기루는 빛의 물리학에 따라 일어나는 현상입니다. 사막이나 도로에서 올라오는 열기는 공기의 밀도를 변화시킴으로써 광선을 굴절시킵니다(뜨거운 공기가 차가운 공기보다 밀도가 낮습니다). 그 결과 푸른 하늘이 지평선 아래쪽에 나타나게 되는데 그게 꼭 물웅덩이처럼 보입니다. 탈수에 빠져 혼란을 겪고 있는

탈수로 사망하는 경우에는 어떤 일이 일어나요?

사람은 맹목적으로 그곳으로 달려가는 경우가 많죠. 하지만 그물은 존재하지 않으므로, 또 광학적 환각이 계속해서 멀어지므로 그곳에는 영영 도달할 수 없는 겁니다.

연소자와 노약자는 수분을 저장해둘 만한 근육과 조직 덩어리가 적은 경향이 있기 때문에 탈수와 열사에 특히 취약합니다. 이들은 탈수를 더 빨리 일으키고 탈수의 증상도 더 빨리, 더 심각하게 나타납니다.

쓰시는 시나리오에서는 여름의 열기와 지형의 고도 모두가 할머니의 탈수를 촉진하는 공범이 될 것입니다. 열기는 땀을 더 많이 나게 할 것이고, 고도가 높은 곳에서 발견되는 낮은 수증기압(공기가 건조하다는 뜻이죠)은 폐를 통한 불감손실을 가속할 것입니다. 또 다른 요인은 할머니가 모험을 시작했을 때의 수분량입니다. 그때 이미 약간 건조한 상태였다면 좀 더 빨리 곤란에 봉착하게 될 것입니다. 또 위에서도 설명했듯 활동을 많이 하면 할수록 탈수가 빨리 일어나게 될 것입니다. 시원한 장소에 앉아서 누군가 발견해줄 때까지 기다리면 며칠 동안 생존할 수도 있습니다. 언덕이 많은 지형을 걸어서 건너려고 시도한다면 24시간도 버티지 못할 수 있고요. 명백한 것은 심장이나 폐의 기저질환이 있거나 당뇨병이 있다면 생존시간이 짧아지리라는 점입니다.

탈수를 치료하는 방법은 무엇인가요?

* 인체가 과다한 열을 제거하기 위해 많은 양의 땀을 흘린 결과 혈액량이 줄어들고 혈압이 떨어지는 현상. 기운이 없어지고 어지러우며 의식을 잃을 수도 있다.

** 신체의 열발산 이상에 의해 나타난 고체온 상태로 40.5℃ 이상의 심부체온, 중추신경계 기능 이상, 무한증이 특징이다.

Q 탈수의 응급처치는 어떻게 이루어지나요? 제가 쓰는 이야기에서는 삼림경비원이 심각한 탈수를 겪어 허약해진 도보여행자를 만납니다. 삼림경비원은 그 젊은이를 안전한 곳으로 데려가는데요. 실제로 삼림경비원이 해줄 일은 무엇인가요? 입술에 물을 똑똑 흘려 넣어주고 병원으로 데려가는 건가요? 그다음에는요? 포도당이 들어간 정맥주사를 놓게 되나요?

A 그렇습니다. 안전하게만 할 수 있다면 어떤 방법으로든 물을 주어야 합니다. 피해자의 상태와 의식 정도에 따라 처음에는 물을 홀짝이게 하거나 한 방울 한 방울씩 흘려 넣어줍니다. 다른 치료는 열탈진*이나 열사병** 증상이 있는지에 달려 있습니다.

산간지방이나 눈이 많이 오는 지역 등 환경이 시원하거나 추울 때는 탈수가 체온 저하로 이어지는 경우가 많으니 피해자를 담요나 수건, 스웨터로 감싸줍니다. 보통 이런 유형의 탈수 피해자는 만져보면 서늘하게 느껴지고 창백하게 보입니다. 탈수가 심각하다면 혈압이 낮을 것이고 맥박이 약하고 희미할 것이며, 혼란과 방향감각 상실이 일어날 가능성도 높습니다. (따뜻한 액체라면 더 좋겠지만) 액체를 주고 피해자를 따뜻하게 해주는 것이 초기의 치료로 중요합니다.

쓰시는 이야기에서는 주변 온도가 높으므로 열탈진과 열사병 증상이 있을 가능성이 더 높습니다. 이 두 가지는 유사하지만 후자가 좀 더 심각합니다. 둘 다 탈수와 심부체온의 상승으로 인해 발생합니다. 피해자는 보통 육상선수, 미식축구 선수, 건설현장 노동자, 군인은 물론 말씀하신 도보여행자처럼 누구든 더운 기후에서 활동하는 사람입니다. 이런 상황에서는 보통 땀이 많이 흐르므로 탈수가 빠르게 일어날 수 있습니다.

심각한 탈수와 체온 상승을 겪는 모든 사람들 포괄하는 광범위한 증상에 '열손상'이라는 용어를 사용합니다. 열손상 초기에는(열탈진) 피해자가 땀을 흘릴 수 있으나 이 과정이 계속되고 심부체온이 증가하면 땀이 멈춤으로써 신체의 자연스러운 방열 체계가 망가지며 문제가 더욱 복잡해집니다(그 결과로 열사병이 일어납니다). 이런 일이 발생하는 까닭은 신체의 타고난 자기 보호 활동이 혈액을 피부에서 먼 쪽으로, 심장이나 뇌 같은 주요 장기 방향으로 돌리기 때문입니다. 하지만 피는 피부 근처를 흐를 때에야 방열기처럼 작동하여 상승하는 체온을 떨어뜨릴 수 있습니다. 사실상 신체가 스스로를 해치는 방향으로 작동하는 것이죠. 이에 따라 심부체온이 급격하게 상승합니다. 40도에서 42도에 이르는 체온도 그리 드물지는 않습니다. 그러므로 열사병의 피해자는 얼굴이 상기된 것처럼 보일 수 있으며 만져보면 따뜻하고 건조하게 느껴지는 경우가 많습니다. 열사는 빠르게, 적극적으로 조치하지 않으면 사망률이 높습니다.

피해자가 열탈진으로든 열사병으로든 고통을 받고 있는 경우 치료법은 체온을 낮추고 상실된 체액을 대체하는 방향으로 이루어집니다. 이런 처치는 즉각 시작되어야 하며 피해자를 병원으로 옮기겠다며 지연해서는 안 됩니다. 물이나 뭐든 시원한 액체를 스펀지에 적셔 피해자를 식혀주고 수건이나 셔츠, 뭐든 편리한 물건으로 부채질을 해줍니다. 이처럼 심부체온을 떨어뜨리는 일은 액체를 주어 탈수를 완화하는 것만큼이나 중요합니다. 사실 열사병 피해자가 병원 응급실에 나타나면 의사들은 심부체온을 빠르게 떨어뜨리기 위해 그 사람을 얼음물 욕조에 담그는 경우가 많습니다. 뇌는 열사 상태에서의 고온을 견디지 못하기에 회복 불가능한 두뇌 손상이 빠르게 일어납니다.

환자가 혼수나 섬망, 혼란에 빠져 있거나 공격성을 보인다면 문제입니다. 혼수상태인 사람이나 협조하지 않으려 드는 사람의 입에 물을 부으면 흡인*이나 폐 손상이 일어날 수 있습니다. 탈수를 치료하지 않고 방치하는 것과 흡인 중 무엇이 더 큰 위험인지를 판단해야 하는 상황입니다.

질문자님의 이야기 속 삼림경비원은 물통이나 다른 형태의 물이 담긴 그릇을 가지고 있을 가능성이 높습니다. 피해자에게 몇 모금을 마시게 해주고 얼굴과 가슴에도 좀 끼얹어준 다음 셔츠나 비슷한 물건으로 부채질을 해주겠죠. 근처 나무의 그늘로

허파로 기체, 액체, 고체
등을 들이마시는 행위

탈수를 치료하는 방법은 무엇인가요?

옮겨주고 나서 이용 가능한 수단을 무엇이든 활용해 피해자를 문명이 있는 곳으로 이송할 것입니다. 헬리콥터 구조대를 호출하거나 깔개를 만들어서 피해자를 산 밑까지 끌고 내려올 수도 있습니다. 어느 경우든 물이 남아 있는 한은 계속해서 도보여행자에게 수분을 재공급하고 그를 시원하게 해줄 것입니다.

병원에서 피해자는 정맥주사를 맞게 될 텐데, 보통은 물에 덱스트로오스 5퍼센트를 첨가한 D5W 혹은 혈액 내 염분(NaCl)의 반 정도를 함유하고 있는 생리식염수(NS[1])에 덱스트로오스 5퍼센트를 넣은 D5$\frac{1}{2}$NS를 주사하게 됩니다.

혈액 내 미네랄 검사 결과에 따라 필요하다면 칼륨이나 마그네슘 같은 다른 전해질도 정맥주사에 첨가할 수 있습니다. 탈수와 열손상이 신장기능에도 손상을 줄 수 있으므로 신장기능 검사 또한 중요합니다.

1   Normal Saline의 약자

냉동고에 들어가면 얼마나 생존할 수 있나요?

Q 등장인물을 상업용 냉동고에 밀어 넣고 싶은데요. 그 불쌍한 사람이 죽는 데까지는 시간이 얼마나 걸릴까요?

A 사망까지 필요한 시간은 너무 여러 가지 요소에 달려 있어 확정적인 답변을 드리기가 불가능합니다. 생존에 강력한 영향을 주는 몇 가지 요소는 이렇습니다.

피해자의 체구와 체중 높은 체지방률이 환영받는 상황이 바로 이때입니다. 지방은 단열재이자 신체에 의한 열 생산의 에너지원으로 작용합니다.

나이 아주 어리거나 아주 나이가 많은 사람들은 추위에 잘 견디지 못하며 더 큰 위험에 처하게 됩니다.

피해자가 가지고 있을지 모르는 질병 심혈관계 질환, 당뇨병, 빈혈은 피해자의 사망을 촉진할 가능성이 높습니다.

음식과 음료의 섭취　마지막으로 식사를 한 건 언제고 그때 먹었던 음식은 무엇인가요? 고탄수화물 식사가 약간 도움이 될 수 있습니다. 피해자가 수분을 잘 공급받았다면 탈수상태에 빠져 있을 때보다 좀 나을 것입니다. 알코올의 섭취는 체열의 빠른 손실을 분명하게 촉진하며 사망을 앞당깁니다.

약물　앞서 이야기했던 알코올과 몇 가지 다른 약물은 신체의 열 손실을 촉진할 수 있습니다. 이뇨제는 탈수로 이어지며 특정한 혈압약은 신체의 혈관을 확장시켜 열 손실을 증가시킵니다.

복장　스키 파카를 입고 있으면 면 소재의 하와이안 셔츠를 입고 있는 것보다야 낫겠죠.

냉동고 내부의 온도　냉동고에 결함이 있기만을 기원합시다. 냉동고가 그저 채소를 보관하기 위한 차가운 보관함일 뿐이라면 주변 온도는 영상일 것입니다. 고기나 냉동식품을 보관하는 냉동고라면 온도는 한참 영하일 것이고 어쩌면 영하 17도 이하일 수도 있습니다. 냉동고의 선풍기는 생존시간을 명백하게 단축할 것입니다. 풍속냉각의 경우를 생각해보세요.

보호용 재료의 존재　냉동고 안에 어떤 것이든 천이나 캔버스, 덮을 만한 것이 있어 코트로 사용하거나 '얼음동굴'을 만들면 유용할 것입니다. 둘 다 체열을 보존하는 데 도움이 됩니다.

어쩌면 이런 요소 중 몇 가지를 활용해 질문자님의 이야기에 필요한 대로 피해자의 생존시간을 더 길게, 혹은 짧게 만들 수 있을 겁니다. 일반적으로 두 시간 정도로는 불충분하고, 48시간이면 충분할 거예요. 평균적인 사람이고 남극에 가는 복장을 하고 있지 않다면 피해자를 하룻밤 정도 가둬두시기를 추천합니다. 그러면 아마 충분할 테니까요.

많은 사람들이 눈보라 속에서나 겨울 산에서 며칠 동안 길을 잃고도 살아남습니다. 어떤 사람들은 첫 열두 시간도 견디지 못하고요. 이야기에 나오는 피해자는 질문자님이 원하시는 내용에 따라 둘 중 어느 경우에든 속할 수 있습니다.

알코올 섭취로 동사를 막을 수 있나요?

Q 이게 의학적으로 말이 되나요? 한 남자가 밤중에 얼어붙은 호수의 얼음 사이에 빠집니다. 나오지는 못하지만 주머니에 브랜디가 한 병 있어서, 밤 내내 홀짝이다가 다음 날 아침 구조될 때까지 살아남습니다. 알코올이 생존에 도움이 될까요? 술이 일종의 부동액처럼 작용할까요?

A 죄송하지만 이런 상황에서 등장인물은 죽을 수밖에 없으며, 그가 하는 행동도 사망을 더욱 앞당길 뿐입니다. 설명해드리죠.

우리의 피부는 방열기처럼 작동합니다. 날씨가 더울 때는 피부의 모세혈관이 확장하여 피부를 통한 혈류가 증가하고 열이 대기 중으로 손실됩니다. 따뜻할 때 많은 사람들의 얼굴이 상기된 것처럼 보이는 이유가 이것입니다. 액체를 기체로 바꾸는 데에는(증발) 에너지가 필요하고, 이 에너지를 공급하는 것이 체열이기 때문에 땀의 증발도 열의 일부를 소비합니다. 그런 식으로 열이 손실됩니다. 열탈진이나 열사를 겪은 사람은 물에 담그고 수건이나 뭐든 이용 가능한 물건으로 부채질을 해줍니다. 이렇게 하면 과열된 피해자의 몸에서 증발과 열 손실이 촉진됩니다.

추위는 정반대입니다. 신체는 열을 붙들어두려고 합니다. '방열기'를 통해 손실되는 열을 줄이기 위해 혈액은 피부로부터 먼 곳으로 방향을 돌립니다. 추울 때 사람들이 더 창백하게 보이는 이유가 이것입니다. 극단적인 추위에 노출되었을 때 동사하지 않고 스스로를 지켜내는 가장 좋은 방법은 몸을 감싸고 바람이 불지 않는 곳에 머물며(공기의 이동은 열기를 더 많이 흡수합니다) 얼음 동굴이나 일종의 땅굴을 팜으로써 주변 기온을 비교적 따뜻하게 만드는 것입니다. 이렇게 하면 체열이 '고치' 안에 갇히게 되므로 열 손실이 덜 일어납니다. 물속에서는 이런 일이 불가능합니다. 차가운 바람이 그렇듯, 물의 흐름이나 피해자의 수중 움직임은 열 손실을 엄청나게 증가시킬 거예요. 제2차 세계대전 당시, 북대서양에서 격추된 비행기 조종사들의 생존시간은 몇 분 정도였을 것으로 추정됩니다.

이제 브랜디 문제로 넘어가보죠.

알코올은 피부의 혈관을 확장시키는데, 이는 혈류를 증가시키고 따라서 열 손실도 늘어납니다. 어떤 사람들은 알코올을 섭취한 이후 얼굴이 상기되죠. 레드와인의 경우에 특히 그런 것처럼 보이지만 어떤 종류의 알코올 섭취로도 일어나는 일입니다. 추운 환경에서의 알코올 섭취는 바람직한 방향과는 정반대입니다. 목에 브랜디 한 통을 걸고 있는 세인트버나드 견[2]이라는 오래된 이미지는 의학적으로 잘못된 것입니다. 알코올은 열 손실을 촉진하기에 동사도 앞당깁니다.

알코올은 인간의 혈류에서 부동액처럼 작용하지 않습니다.

쓰시는 이야기에 나오는 남자는 얼얼할 정도로 찬 물에 목까지 잠겨 있으며 떠 있기 위해 몸부림을 칠 가능성이 높습니다. 얼음장 같은 물이 빠르게 그의 체열을 빼앗을 것이며, 그는 10~20분 안에, 혹은 그보다 더 빨리 저체온 상태에 빠지게 됩니다. 브랜디를 마시거나 물에 빠지기 전에 취한 상태였다면 그 시간은 상당히 줄어들 거고요. 저체온증의 증상은 피로, 위약감, 기면, 혼란 등입니다. 힘과 신체에 대한 조정력이 감소하고 생존을 위한 노력은 약화될 것이며 그는 익사할 것입니다.

얼어붙은 포토맥 강에서 구조되었던 젊은 여성에 관한 극적인 뉴스 동영상을 떠올려보시면 되겠습니다. 밧줄을 던져주었을 때 이 여성은 그 밧줄을 붙잡기에는 너무 약해져 있어서 물 아래로 가라앉았습니다. 다행스럽게도 영웅적인 남자가 뛰어들어 그 여성을 구해냈죠. 곁에 그런 편리한 영웅이 있는 경우가 아니라면 등장인물은 추위에 굴복해 익사하게 될 것입니다.

---

2   구조견의 일종이다. 몸은 전반적으로 근육질로 두터워 매우 튼튼하며 털이 많고 조밀한 편이어서 추위에도 강하며 후각이 잘 발달되어 있다. 흔히 세인트버나드의 사진에서 목에 통이 달려 있는 모습을 볼 수 있는데, 이것은 브랜디가 들어 있는 통으로 4견 1조로 조난자를 구조할 경우 몸을 따뜻하게 하여 조난자가 깨어나면 통 속의 브랜디를 마시고 추위를 덜었다고 한다. 저자는 이런 이미지가 잘못되었음을 지적하고 있다.

이 등장인물이 살아남을 수 있을까요? 그럴 가능성은 높지 않지만, 응급병동에서 내려오는 오래된 격언이 하나 있습니다. "술 취한 사람은 죽지 않는다."라는 말이죠. 사람들이 가득 타고 있는 자동차를 들이받은 음주운전자에 관한 기사를 읽었을 때 죽은 건 항상 무고한 가족이지 만취한 운전자가 아닌 이유가 바로 그것입니다. 가끔 인생이란 말이 되지 않습니다.

터널 양 끝에서 불이 났는데
그 터널 안에 사람이 있으면 생존할 수 있나요?

Q 이상한 질문처럼 들리시겠지만, 언덕을 가로질러 가는 자동차 터널의 양 끝에서 산불이 일어났는데 등장인물이 그 터널에 갇혀 있으면 무슨 일이 일어날까요? 살아남게 될까요? 화상을 입을까요?

A 생존은 터널의 길이와 규모, 불이 양 끝 모두에서 났는지 여부, 화재로부터 멀리 떨어진 곳에 환기구가 있어 신선한 공기를 얻을 수 있는지 여부 등 여러 가지 요소에 달려 있습니다. 두 가지 위험은 열기로 인해 익어버리는 경우와 화재가 산소를 소모해버려 질식하는 경우입니다. 피해자에게 기저의 심폐질환이 있었다면 생존시간은 짧아질 것입니다.

터널이 클수록, 화재로부터 멀리 떨어져 있을수록 피해자에게는 더 많은 공기가 있을 것입니다. 터널의 양단에서 화재가 일어난다면 불길이 터널 내의 공기에서 모든 산소를 빠르게 소모할 것이며 신선한 공기 공급원이 있는 경우가 아니라면 피해자는 질식하게 될 것입니다. 공기의 공급원은 자연적인 것이거나 어떤 형태의 호흡 보조기구일 수도 있겠죠. 터널의 한쪽 끝에서만 불길이 타오르는 경우나 불길로부터 떨어진 곳에 환기구가 존재하는 경우에는 이와 같은 신선한 공기의 공급원이 피해자의 생존 확률을 높이게 됩니다. 또한 이 상황은 피해자에게 탈출로를 제공할 수도 있죠.

불길로 둘러싸인 짧은 터널에서라면 피해자가 질식해 익어버릴 가능성이 높습니다.

산림화재를 진압하는 소방관들은 불길이 그들을 뒤덮고 앞질러가는 경우를 대비해 뒤집어쓰고 아래로 기어갈 수 있는 보호용 담요와 호흡에 사용할 수 있는 공기병을 가지고 다닙니다. 대부분의 경우 이렇게 하면 그들은 화재가 다른 곳으로 옮겨 갈 때까지 충분한 보호를 받을 수 있습니다. 질문자님의 등장인물도 마찬가지일 겁니다. 터널이 피해자를 열기로부터 차단해주었고 피해자가 신선한 공기의 공급원을 이용할 수 있다면 그는 화재가 다른 곳으로 옮겨 갈 때까지 충분히 오래 살아남을 수 있습니다. 그렇지 않다면 살아남을 수 없겠죠.

벼락을 맞으면 어떤 일이 일어나나요?

Q 제 이야기에는 벼락을 맞지만 살아남는 등장인물이 나옵니다. 이 사람은 어떤 종류의 부상을 입게 될까요? 장기적으로는 어떤 문제가 뒤따르나요?

A 낙뢰는 네 가지 형태로 일어납니다.

1. 직접적 낙뢰 벼락이 피해자에게 직접 내리칩니다. 이것이 가장 심각한 낙뢰이자 피해자가 골프채나 우산 등 금속제 물건을 들고 있었다면 가장 일어날 가능성이 높은 형태의 낙뢰입니다.

2. 섬락 벼락이 신체의 외부를 타고 흐릅니다. 피해자가 젖은 옷을 입고 있었거나 땀으로 젖어 있을 경우에 발생할 가능성이 높습니다.

3. 측면방전 전류가 근처의 건물, 나무, 다른 사람에게서 '튀어' 피해자에게로 번져 갑니다.

4. 걸음 전위차　벼락이 피해자 근처의 땅에 내리치는데, 피해자는 한 발을 다른 발보다 낙뢰 지점에 더 가깝게 두고 있습니다. 이렇게 되면 두 다리 사이에 '걸음 전위차'라 불리는 전위차[3]가 발생하는데요. 전류가 한 다리를 통해 들어와 몸 전체로 퍼져나갔다가 다른 다리로 빠져나가게 됩니다.

벼락은 직류인데, 이 벼락을 다룰 때 관련되는 숫자는 엄청나게 큽니다. 전압은 3백만 볼트에서 2억 볼트로 다양하며, 암페어는 2,000~3,000 사이입니다. 덜컥할 만한 숫자죠. 다행히도 전류가 통하는 시간은 평균 1~100밀리세컨드(100분의 1초)로 매우 짧습니다.

그 결과로 발생하는 손상은 주로 어마어마한 전류, 그리고 신체에 의한 전기에너지의 열에너지로의 전환 때문에 일어납니다. 전기충격은 문자 그대로 심장을 정지시키거나 심장율동에 위험하고 치명적인 변화를 일으킬 수 있습니다. 열기는 피부를 태우고 화상을 입히며 옷을 그을리고 피해자의 주머니에 있던 금속제 물건이나 셔츠의 단추, 허리띠의 죔쇠, 치아에 박아 넣은 봉 등을 녹이거나 용해시킬 수 있습니다.

신체의 모든 조직이 손상을 받을 수 있습니다. 피부는 까맣게 탈 수 있으며 심지어 화상 때문에 전류가 들어온 곳과 나간

3　　전기장 안의 두 점 사이의 전위의 차로 전압이라고도 한다.

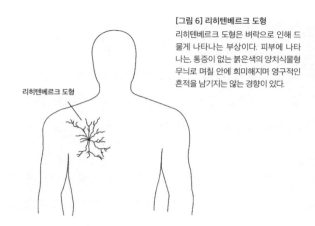

[그림 6] 리히텐베르크 도형
리히텐베르크 도형은 벼락으로 인해 드물게 나타나는 부상이다. 피부에 나타나는, 통증이 없는 붉은색의 양치식물형 무늬로 며칠 안에 희미해지며 영구적인 흔적을 남기지는 않는 경향이 있다.

리히텐베르크 도형

곳을 알 수도 있습니다. 심장근육이 피해를 입어 흉터가 남을 수도 있습니다. 간, 신장, 골수, 근육이 영구적 손상에 시달릴 수 있고요. 뇌와 척수가 손상되어 팔이나 다리에 위약감이 남는 경우도 드물지 않습니다. 기억상실과 정신과적 문제도 뒤따를 수 있습니다.

　드물게 발생하지만 흥미로운 벼락의 징후 중 한 가지는 리히텐베르크 도형(그림 6)으로 독일의 물리학자인 게오르크 크리스토프 리히텐베르크가 1777년에 처음으로 관찰해 기술한 것입니다. 리히텐베르크 도형은 등이나 어깨, 엉덩이, 다리에 나타나는, 통증이 없는 붉은색의 양치식물형 혹은 아라베스크형 무늬입니다. 이 도형은 하루 이틀 사이에 사라지며 어떠한 흉터나 변색도 남기지 않는 경향이 있습니다. 흔하지 않지만 매력적이죠.

치료는 손상의 심각성에 따라 달라집니다. 최우선 과제는 호흡이나 심장율동 중 하나라도 없을 경우 그것을 복구하는 것입니다. 신체장기의 부종과 염증을 줄이기 위해 스테로이드를 투여합니다. 화상은 적절한 방법으로 닦아내고 드레싱하는 평상적인 방법으로 처치합니다. 혈액검사로 간, 신장, 근육의 손상 정도를 평가하고요. 근육이 이런 방식으로 손상되면 근육세포가 죽거나 파열될 수 있습니다. 그런 경우에 근육세포는 내부의 미오글로빈 및 다른 단백질을 혈류로 방출합니다. 신장은 이런 단백질을 혈액에서 걸러내려 하는데, 그 과정에서 심각한 손상을 입을 수 있습니다. 다량의 수액을 정맥으로 투여하여 신장을 한 번 헹궈내면 신부전*을 예방할 수 있습니다.

후유증 없이 완전한 회복이 가능할 수도 있고, 피해자가 영구적인 간, 신장, 심장, 정신과적, 신경학적 문제를 겪을 수도 있습니다. 이런 상황에서는 운과 신속하고 효율적인 치료가 중요합니다.

*
부전: 몸의 장기가 필요한 기능을 하지 못하는 것. 예: 신부전, 간부전, 호흡부전 등

바다에 표류하고 있는 사람이
자기 소변을 마시는 방법으로 생존할 수 있나요?

Q 어떤 사람이 사막에서 길을 잃거나 광활한 바다 위의 구명보트에 표류하게 되었다면, 본인의 소변을 마심으로써 생존할 수 있나요? 위험하거나 유독한가요? 아니면 괜찮은가요?

A 폭풍이 오는데 일단 아무 항구에라도 들어가야죠.
네, 소변을 마시는 것은 도움이 됩니다. 처음에는요.
소변은 신장이 혈액에서 걸러낸 불순물이 들어 있는 물일 뿐이에요. 질문자님이 묘사하신 것과 같은 노출 상황에서는 탈수가 가장 큰 문제입니다. 어떤 종류의 수원(水源)이라도 이로울 거예요. 단, 탈수가 진행되면 소변의 불순물 농도가 높아질 것이고 소변은 아주 빠르게 수분보다는 독성물질을 공급하게 됩니다. 그때는 소변을 마시는 게 역효과를 낳겠죠.

현실에서는 본인의 소변을 마셔야겠다고 고려할 시점에는 이미 심각한 탈수상태에 빠져 있어 소변의 불순물 농도가 상당히 높을 것이며, 그 소변을 섭취하는 것은 별로 도움이 되지 않을 겁니다.

3
의사, 병원 및 응급구조사

엑스레이 필름을 복사할 수 있나요?

Q 엑스레이 필름을 복사하거나 다른 방법으로 복제할 수 있나요?

A 네. 엑스레이 필름은 이런 목적을 위해 특별히 고안된 특별한 복사기를 사용해 복사되곤 합니다. 대부분의 병원 영상의학과에 그럴 역량이 있으며 시간도 몇 분밖에 걸리지 않습니다. 또한, 오늘날에는 다수의 병원들이 디지털 형태로 영상을 확보하고 보관합니다. 이런 영상으로는 복제, 인쇄, 수정,

이메일 송신 등 디지털 데이터로 할 수 있는 다른 모든 일을 할
수 있습니다.

의사들이 비상상황과
뇌진탕에 대처하는 방법은 무엇인가요?

Q 의학적 응급상황에서 의사가 물을 수 있는 최초의 질문
은 뭔가요? 그 의사가 환자가 뇌진탕이나 좀 더 심각한
두부 손상을 겪었을 거라고 생각하는 경우에 특히 물어
볼 만한 질문은 어떤 것일까요?

A 최초의 질문은 응급상황의 종류와 관계없이 비슷합
니다. 핵심은 가장 짧은 시간 안에, 가장 적은 질문으
로 가능한 한 많은 정보를 얻는 것입니다. 진짜 응급상황에서는
시간이 적(敵)인 경우가 많고, 의사에게는 환자에게서 기나긴
병력을 뽑아내는 사치를 누릴 여유가 없거든요. 저는 그런 상황
에서는 다음의 세 가지 질문으로 절대적으로 필요한 정보 대부
분을 얻을 수 있다고 학생들을 가르쳐왔습니다.

1. 어떤 문제로 오셨습니까? 혹은 무슨 일이 있었나요?

의사들은 이를 '주소(主訴)'라고 부릅니다. 이 질문에 대한 대답
을 통해 진단의 범위가 대단히 적은 몇 가지 선택지로 좁혀지는
경우가 70퍼센트 정도입니다. 환자가 호소하는 흉통은 한 가지

방향 혹은 생각으로 이어지고, 구역은 다른 방향으로, 두통은
또 다른 방향으로 이어집니다.

2. 예전에 입원을 했거나 다른 치료를 받은 적이 있으십니까? 만일 그랬다면 무슨 이유 때문이었나요?

의사들은 이를 '과거력'이라고 부릅니다. 이 질문에 대한 답은
의사에게 그 사람이 과거에 경험했던 의학적 문제를 알려주고,
현재의 문제를 평가할 수 있는 필수적인 배경지식을 제공해줍
니다. 환자가 과거에 앓았던 병 중 상당수가 현재의 병이나 부
상에 영향을 끼칠 것이며, 실제로 이런 과거의 질병 중 상당수
가 치료되지 않았을 수 있습니다. 치료되지 않고 오히려 진행되
는 경향이 있는 심장병이나 당뇨병이 이 범주에 들어갑니다.

3. 사용하고 있는 약이나 알레르기가 있으십니까?

이 질문은 의사에게 고혈압, 당뇨, 심장병, 간염 등등 활성화된
의학적 문제가 무엇인지, 또한 그 문제들이 어떤 방식으로 치료
되거나 관리되고 있는지 알려줍니다. 이 정보는 더 나아가 약물
간의 상호작용이나 알레르기 반응을 일으키는 것으로 알려진
약품의 사용을 피할 수 있도록 의사의 치료 방향을 안내해주기
도 합니다.

이런 것들이 응급상황에서 의사가 모든 환자에게 묻는 일
반적 질문입니다. 피해자가 의식이 없을 때는 이런 정보 중 상당

부분을 친척, 친구, 환자를 알고 있는 다른 의사, 의무기록을 통해 얻을 수 있습니다. 의료경보 팔찌도 도움이 됩니다.

이런 기초적 자료를 얻은 다음에는 관심이 가는 영역을 채워 넣기 위해 좀 더 세부적인 질문을 하게 됩니다. 두부 손상이 있는 환자에게는 다음의 질문이 필수적입니다.

- 두통이 있으십니까? 특정 부위만 아픈가요, 전체적으로 아픈가요?
- 시야가 흐리거나 비정상적으로 보입니까?
- 현기증이 느껴지거나 균형을 잡기가 어려운가요?
- 구역감을 느끼거나 구토를 했나요?
- 목이 아프거나 뻣뻣하십니까?
- 힘이 빠지나요? 전체적인 위약감인가요, 아니면 한쪽에서만, 팔이나 다리에서만 느껴지나요?
- 눈이 부신가요?
- 이런 증상 중 자세를 바꾸거나 움직일 때 더 심해지는 증상이 하나라도 있습니까?

그런 다음에는 물론 자세한 신체 검진과 신경학적 검사가 시행됩니다. 환자의 답변과 검사에서 발견한 내용을 토대로 지시에 따라 혈액검사, 요검사, 엑스레이, 다른 검사가 있을 수 있습니다.

중대한 자연재해가 일어났을 때
병원에서 혈액을 공급받는 방식은 무엇인가요?

Q 이상한 질문을 하나 하고 싶습니다. 내일 뭔가 큰일이 로스앤젤레스를 덮쳐 도시를 완전히 파괴했다고 해보죠. 제가 상상하기에는 혈액 비축량이 상당히 빠르게 고갈될 것 같습니다. 의사들은 헌혈을 받는 데 어느 정도까지 적극적이게 될까요? 일시적으로 설치된 육군이동외과병원 같은 시설의 의사들은 길거리의 건강한 사람들에게 헌혈을 하라고 요청할까요? 이 혈액에 대해 빠르게 에이즈 검사를 할 수 있는지요?

A 모든 병원에는 지진과 같은 대재앙에 대처하기 위한 비상 혹은 재해 계획이 있습니다. 그렇긴 하지만 질문자님께서 묘사하신 것과 같은 중대 사건이 발생하는 경우 이런 계획에는 과부하가 걸리죠. 얼마 안 되어 그 계획만으로는 불충분해질 수 있습니다.

육군이동외과병원과 같은 현장의 병원들이 필요에 따라 홀연히 나타나게 될 것이며, 혈액 비축량이 빠르게 소진될 것입니다. 적십자와 다른 단체들이 혈액을 운송하겠고, 자발적인 헌혈자들이 호출되겠죠. 적십자는 필요할 때 정기적으로 호출할 수 있도록 깨끗한 헌혈자들의 명단을 보관합니다. 혈액은 이들에게서 얻게 될 거예요. 네, 길거리의 사람들도 활용될 수 있습니다. 지금까지는 문제가 없습니다. 지역 병원의 실험실을 보완하는 실험실들이 설치되어 혈액형을 분류하고, 일치하는 혈액형끼리 연결해줄 것이며, 에이즈와 간염을 검사할 것입니다.

간염과 에이즈 검사는 빠르게 할 수 있는 일은 아닙니다. 수 시간에서 하루 혹은 이틀까지가 필요할 거예요. 부상자들이 밀려들어오므로 이런 고려사항을 잠시 뒷자리로 물리는 일이 필수적입니다. 다 떠나서, 질문자님이라면 과다출혈로 죽는 것과 간염이나 에이즈에 걸릴 아주 적은 가능성을 감수하는 것 중 어느 것을 고르시겠습니까?

어느 지점에서는 이 모든 일도 충분하지 않게 될 것이며, 어떤 사람들의 목숨을 살리는 데에는 혈액형이 완전히 일치하지 않는, (형특이성) 검사도 거치지 않은 혈액이 사용되어야만 할 것입니다. 형특이적 혈액[1]은 환자의 혈액형과 같으나, 가능한 모든 부적합성에 대해 완전한 교차시험을 거치지는 않은 혈액입니다. 예컨대 혈액형이 RH⁻O형인지를 판별하는 데에는 아주 적은 장비와 몇 분의 시간만 필요하지만, 정말로 적합한지 알기

---

[1] '형특이적 항원'이 들어 있는 혈액. 쉬운 말로 풀면 '서로 같은 혈액형'이라는 뜻이다. 즉, A형에게 A형은 형특이적 혈액이다. 하지만 이렇게 ABO 방식으로는 혈액형이 같더라도 다른 거부반응이 일어날 수 있다.

수혈에 의해서 일어나는
각종 부적합한 증후를 통
틀어 이르는 말

위해 수혈받는 사람의 혈액과 헌혈자의 혈액을 실제로 교차검
사하는 건 좀 더 복잡한 문제입니다. 이에 따라 수혈반응*이 일
어날 가능성이 높아지죠. 하지만 이 상황은 옛 격언의 전형적인
예시가 될 뿐입니다. "폭풍이 불어닥칠 때는 일단 어느 항구에
라도 들어가야 한다."는 격언 말이죠.

인공혈액은 무엇인가요?

Q 아프리카에서 사파리를 하던 중에 제 등장인물 중 한 명이 악어에게 공격을 당해 심각한 부상을 입습니다. 다리가 심각하게 찢어졌고 거의 과다출혈로 사망할 뻔한 상황에서 병원으로 대피하는데요. 제가 최근에 인공혈액에 대한 이야기를 읽어서 이 내용을 제 이야기에 넣어 보고 싶습니다. 인공혈액은 무엇인가요? 사용이 가능한 건가요? 문제는 없는지요?

A 인공혈액은 30년 동안 연구의 대상이 되어왔습니다. 에이즈와 간염에 대한 우려, 진짜 혈액의 불규칙한 공급과 저장 및 운송상의 난점, 전쟁 지역 등 원거리에서의 혈액 수요 등이 이 연구를 추진시켜온 힘이었죠.

일단은 인공혈액이란 무엇이며, 무엇이 아닌지에 대해 짧게 말씀드리도록 하겠습니다. 인공혈액이란 폐에서 여러 조직으로 산소를 운반하고 이산화탄소를 폐로 다시 가져와 배출할 수 있게 해주는 분자를 공급하는 제품입니다. 쇼크에 빠져 있거나 실혈로 고통을 겪고 있는 환자들에게 주는 정상적인 정맥주사제는 기본적으로 (나트륨, 칼륨 등) 전해질 약간과 설탕을 첨가한 물이며, 여기에는 산소를 운반하는 능력이 없습니다. 산소 운반이 쇼크 상황에서의 즉각적인 관심사인데도 말이죠. 인공혈액은 이 필요를 충족시키기 위해 고안되었습니다.

하지만 인공혈액은 진짜 혈액이 아닙니다. 여기에는 비타민, 영양분, 호르몬, 항체, 혈소판(응고와 관계되어 있는 작은 혈액세포)이나 혈액응고에 관련된 어느 종류의 단백질도 포함되어 있지 않습니다. 부적절한 양 혹은 많은 양을 투여하는 경우 인공혈액은 이처럼 필수적인 응고 인자를 희석하여 출혈의 악화로 이어지는데, 그러면 역효과가 일어나게 됩니다. 인공혈액은 피해자를 적절한 의료시설로 데려갈 수 있을 정도로만 안정시키는 데 사용하는 교량입니다. 의료시설에 가야 결정적 치료가 이루어지고 진짜 혈액이 투여될 수 있습니다.

인공혈액을 개발하려는 초기의 노력은 헤모글로빈 분자를 추출하여 적혈구세포(RBC) 전체를 투여하지 않고도 그 분자를 투여할 수 있게 변형시키는 데에 주안점을 두었습니다. 적혈구세포는 냉장 상태로 저장해야만 하거든요. 헤모글로빈은 적혈구세포 안에 있는, 산소와 이산화탄소를 결합시키고 운반하는 분자입니다. 불행히도 적혈구세포에서 분리해낸 헤모글로빈 분자는 대단히 유독하며 치사율을 증가시킵니다. 1999년 11월 17일, 〈미국 의사회 저널(Journal of the American Medical Association)〉을 통해 발표된 한 보고서에서는 그러한 제품 중 하나인 헤마어시스트(백스터 헬스케어 사 제조)가 외상 환자들에게 사용되는 경우 보통의 정맥주사 용액을 투여받은 환자들에게서는 겨우 17 퍼센트인 치사율이 46퍼센트까지 오를 수 있음을 보였습니다. 헤마어시스트는 실패하여 다시 준비 단계로 돌아갔습니다.

지금 이 시간에도 몇 가지 다른 제품이 개발 및 시험되고 있습니다. 가장 전도유망한 제품은 헤모퓨어라고 하는데, 매사추세츠 주 캠브리지의 바이오퓨어 사에서 생산된 것입니다. 최근 남아프리카공화국에서 사용이 승인되었지만 아직까지 미국에서는 이용 불가능한 제품입니다. 헤모퓨어는 소의 혈액에 들어 있는 적혈구세포로부터 추출한 헤모글로빈에 기반을 두고 있습니다. 전혈과는 달리 헤모퓨어는 냉장 보관할 필요가 없으며 유통기한이 2년입니다(적절히 냉장 보관한 혈액의 유통기한은 보통 42일입니다). 적용 방법은 간단합니다. 정맥주사를 놓고 방울 주입하면 됩니다.

쓰고 계신 이야기에서는 사파리의 구급대원이 헤모퓨어나 질문자님의 상상력이 만들어낼 수 있는 비슷한 제품을 이용할 수 있다는 설정이 완벽히 합리적입니다. 어쨌거나 그 이야기는 허구니까요. 실제로도 그렇지만 인공혈액에 어느 정도 사실적 근거가 있는 한 제품 이름이야 스스로 만들어내실 수 있습니다.

악어에게 물린 피해자는 악어의 입에서 분리될 것입니다. 현지에서 사용할 수 있는 압박붕대와 지혈대로 출혈을 제어하는 치료를 받게 되겠죠. 정맥주사 용액과(아마 D5LR, 락테이트 링거 주사액에 5퍼센트의 덱스트로오스를 첨가한 용액일 겁니다) 헤모퓨어(혹은 ○○○제품) 두어 병이 투여된 뒤 병원 시설로 이송되겠죠. 거기에서는 진짜 혈액을 제공받고 손상을 치료하기 위해 수술을 거치게 될 것입니다. 인공혈액은 피해자가 살아남을 수 있도록 해주는 교량입니다.

혈액 도핑은 무엇이며, 어떻게 하는 건가요?

Q 젊은 스타 육상선수가 다가오는 경기에서 불공정한 이익을 취하기 위해 혈액 도핑을 이용하는 이야기를 쓰고 있습니다. 혈액 도핑은 어떻게 이루어지나요? 합병증이 있나요?

A 운동 능력과 지구력은 작동하는 근육에 산소와 영양분을 공급하고 근육에서 발생하는 유독한 부산물을 제거하는 신체의 능력에 달려 있습니다. 그러기 위해서는 잘 조절된 심혈관계, 간과 근육으로부터의 충분한 글리코겐 및 다른 에너지원 공급, 헤모글로빈이 풍부한 혈액 등이 필요합니다. 헤모글로빈은 폐에서 근육까지 산소를 운반하는 적혈구세포 안의 분자로서 혈액에 헤모글로빈이 많으면 많을수록 산소를 잘 운반하게 됩니다.

적혈구세포와 헤모글로빈을 증가시키는 자연적인 방법은 공기가 희박한 높은 곳에서 살거나 훈련을 받는 것입니다. 그러면 희박한 공기가 골수를 자극하여 적혈구세포를 더 많이 만들어내거든요. 콜로라도 주의 덴버에 사는 사람들은 해수면과 같

*
적혈구가 파괴되고 분해
되어 헤모글로빈이 혈구
밖으로 유출하는 현상

은 높이에 사는 사람들에 비해 적혈구 수치와 헤모글로빈의 농도가 더 높은 경향이 있습니다. 운동선수가 산악지역으로 옮겨 훈련을 한다면 몇 주 후에는 효과를 보게 됩니다.

혈액 도핑은 이 일을 인공적으로 하는 방법입니다. 기본적으로는 혈액을 빼내 적혈구세포를 분리 및 저장한 다음 혈장을 돌려놓는 방법인데요. 3~4주 후면 신체는 제거된 적혈구세포를 대체하게 됩니다. 그 뒤 좀 더 지난 날짜에 저장해두었던 적혈구세포를 투여합니다. 이렇게 하면 즉시 혈액 내에서 적혈구세포(와 헤모글로빈)의 농도가 증가하는데, 이는 산소 공급 능력을 향상시키고 이에 따라 운동 능력도 증가합니다. 마라톤 선수, 자전거 선수, 기타 지구력 운동선수들은 불공정한 이익을 취하기 위해 이 과정을 이용할 수 있습니다.

도핑 과정을 적절하게 관리하기만 하면 합병증이 일어나는 경우는 거의 없습니다. 자기 혈액을 공급받는 것이기 때문에 수혈반응은 일어나지 않습니다. 그러나 혈액을 잘못 취급하는 경우에는 문제가 일어날 수 있습니다. 혈액이 부적절하게 보관되었거나 무균상태가 유지되지 못하면 저장된 혈액에서 박테리아가 자라나 투여했을 때 패혈증(혈류 내의 감염)을 일으킬 수 있습니다. 이는 심각한 질병과 사망으로까지 이어질 수 있습니다. 혈액을 냉동하거나 휘저었을 경우 적혈구세포가 손상을 받거나 용혈*될 수 있는데, 이때는 혈액을 투여했을 때 신장 손상이 일어날 수 있습니다.

어떤 운동선수들은 다른 사람의 혈액을 수혈받음으로써

이 과정을 단축합니다. 본인의 혈액을 분리해내는 일도, 본인의 혈구 수치를 재건하기 위해 3주 동안 기다리는 일도 없습니다. 하지만 이 경우에는 수혈반응이라는 문제가 일어납니다. 혈액이 충분한 교차시험을 거친 경우에도 그럴 수 있어요. 1984년 올림픽 기간에 미국 사이클 팀의 몇몇 선수들이 경기가 있기 대략 일주일 전에 혈액 도핑을 했다는 추정이 있는데요. 적절히 도핑을 할 시간이 없어 친척과 친구에게서 헌혈받은 형특이적 혈액을 사용했던 것으로 보입니다. 이 혈액은, 예컨대 'RH⁻O형' 등 수혈받는 사람의 혈액과 혈액형은 같으나 교차적합시험을 끝내지 않은 혈액으로 간염이나 에이즈의 전염은 말할 것도 없고, 수혈반응이 일어날 확률을 대단히 증가시킵니다.

의사들은 환자가 과다출혈로 죽어가고 있기에 완전한 교차시험을 할 시간이 없는 끔찍한 의료적 비상상황이 발생할 때에만 형특이적 혈액을 사용합니다. 이런 상황에서는 필요한 일을 일단 하고 나서 그 결과를 해결하게 됩니다. 자전거 경기에 그럴 만한 자격이 있다고 보기는 어렵죠.

이런 식의 성과 향상을 위해 사용되는 또 다른 물질은 재조합형 적혈구형성인자입니다. 적혈구형성인자는 인체에서 자연스럽게 발생하며 적혈구세포의 생성을 자극합니다. 이 물질은 재조합형 DNA 기술로 제조되며, 주사되었을 때는 인공적으로 적혈구 수치를 증가시킵니다. 의학적으로는 빈혈을 흔하게 겪는, 치료하기 어려운 만성 신부전 환자들에게 사용됩니다.

어떤 방법을 썼느냐와 무관하게 혈액 도핑에서 발생할 수 있는 한 가지 문제는 혈액이 걸쭉해지는 현상입니다. 혈액에 적혈구세포가 많으면 많을수록 혈액은 더욱 점성을 띠게 되는데요. 사실, 적혈구세포의 농도가 너무 높아져서 환자가 피를 흘리도록 해야만 하는 진성적혈구증가증 등 몇 가지 질병도 존재합니다. 이렇게 피를 흘리게 하는 것을 정맥절개술이라고 합니다. 네, 지금까지도 르네상스 시대의 의술이 살아 있는 것입니다.[2] 너무 걸쭉해지면 혈액은 문자 그대로 모세혈관에서 침전하여 뇌졸중, 심장마비, 신장 손상, 손가락 및 발가락의 상실을 유발할 수 있습니다. 혈액을 인공적으로 걸쭉하게 만들었다면 탈수에 이를 때까지 운동을 한 운동선수에게도 이런 일이 일어날 수 있죠.

운동선수는 이 과정을 망쳐 수혈반응을 겪고 신장에 손상을 입거나 감염될 수도 있고, 혈액 도핑을 성공적으로 마친 뒤 그 결과로 경기 중에 치명적인 심장마비를 겪을 수 있습니다. 아니면 걸리지 않고 경기에서 이길 수도 있겠죠.

---

2   '나쁜 피'를 빼내는 것으로 치료를 하려 했던 르네상스 시대의 사혈이라는 기술을 말한다.

헌혈의 기본적 절차는 무엇인가요?

Q 헌혈을 한 지 몇 년이 지났습니다. 피를 뽑을 때의 기본적인 의료 절차는 무엇인가요? 사전에 어떤 질문을 하나요?

A 응급상황에서 의사가 묻는 기초적 질문이 무엇인지에 대해 제가 답변했던 내용을 다시 살펴보십시오.(119쪽) 특정한 현재 및 과거의 의료적 문제와 사용된 약물 중 헌혈을 불가능하게 하는 것이 있기에 이런 질문은 헌혈 상황에서도 중요합니다. 또, 간염이나 에이즈 같은 전염 가능한 질병의 존재 혹은 존재 가능성을 판별하기 위해 고안한 다른 질문을 할 수도 있습니다.

절차는 기본적입니다. 직경이 큰(14 혹은 16게이지, 14G 혹은 16G) 바늘을 팔꿈치 안쪽의 부드럽고 오목한 곳('전주와'라고 부릅니다)에 있는 정맥에 넣습니다. 그런 다음 혈액을 병이나 비닐 팩 안으로 빨아들이죠. 헌혈하는 사람에 대한 가장 큰 우려는 현기증이나 실신입니다. 어떤 사람들은 미주신경성 실신이라고 불리는 증후군을 겪게 되는데요. 이는 혈액을 보고 실신할 때 발생하는 증후군입니다. 두뇌에서 자극제가 다량으로 쏟아져 나옴으로써 유발되는 일로, 이 경우 미주신경이 흥분합니다. 미주신경은 뇌간에서 빠져나와 전신을 주행하며[이 때문에 혼란스럽게 돌아다닌다는 의미로 '미주(迷走)' 신경이라는 이름이 붙었습니다] 심장과 폐, 혈관, 위장관의 대부분을 지배합니다. 이 신경은 혈압과 심박수, 그 외 다수의 신체적 기능을 통제하는 일에 관련되어 있는데요. 미주신경이 자극받으면 혈관이 확장되고 심박수와 혈압이 극적으로 떨어져 현기증이나 의식소실로 이어질 수 있습니다.

또한 단시간에 혈액을 0.5리터가량 제거하면 혈액량이 감소하여 '피가 모자란' 현상이 일어나게 됩니다. 서 있는 경우에 현기증으로 이어질 수 있죠. 헌혈한 사람에게 오렌지 주스나 다른 액체를 제공하고 30여 분간 관찰하는 이유가 그래서입니다. 이렇게 하여 신체에 혈액량의 균형을 다시 맞출 시간을 주는 겁니다.

이후 몇 주간 신체는 헌혈한 혈액을 대체하기 위하여 골수를 활성화시키고 삶은 이어집니다. 헌혈자의 철분 부족과 빈혈을 예방하기 위해 헌혈은 대략 6주에 한 번 이상은 하면 안 됩니다.

병원 중환자실에 입원한 총상을 입은 피해자에게 발생할 가능성이 가장 높은, 빠른 대처가 필요한 의학적 비상상황은 무엇인가요?

Q 구급대원이 병원 중환자실에 있는 치명적인 상태의 악당한테서 의료장비의 코드를 뽑아버릴지 고민하는 장면을 쓰는 중입니다. 그러나 그렇게 하기로 하는 순간 악당(아, 총상 피해자입니다)이 목숨이 위험한 어떤 응급상황(심정지?)을 겪고, 구급대원은 절대적으로 충동에 따라 병원 직원들이 병실에 도착하기 전에 그자의 목숨을 살리는 어떤 형태의 영웅적 의료행위를 합니다.

이런 시나리오에 어울리는 현실성 있는 상황을 제안해 주실 수 있을까요? 여기에 딱 맞는, 목숨이 위험한 응급상황에는 어떤 종류가 있는지요? 병원의 의료진이 상황에 대응하기 위해 달려올 15초가량의 시간 동안 재앙을 피하기 위해서 우리의 구급대원은 어떤 일을 해야 할까요?

A 심장마비가 완벽하겠습니다. 갑작스럽고 강력한 심장마비는 단 한 번의 빠른 대응으로 처리할 수 있습

*
심장의 심실에서 발생하
는 빠른맥

**
심장이 제대로 수축하지
못해 혈액을 전신으로 보
내지 못하는 현상

니다. 침대 위에 있는 모니터가 표적이 된 희생자의 심장율동에 나타난 갑작스러운 변화를 보여주었을 때 구조대원은 침대 곁에서 어떤 행동을 할지 고민을 하고 있을 수 있습니다. 그 변화란 심실빈맥*이거나 심실세동**일 수 있고요. 병실과 간호사실에는 경고음이 울리게 됩니다. 간호사실에서 모니터를 보고 있던 간호사도 같은 기록을 보고 비상 개입의 필요성을 알아차리게 될 것이며 즉시 코드 블루[3]가 병원의 스피커 시스템을 통해 발령될 것입니다. "코드 블루, 3번 중환자실! 코드 블루, 3번 중환자실!"

코드 블루 팀은 보통 중환자실 간호사나 응급실 간호사 혹은 둘 모두, 응급실 의사나 그 외의 근무 중인 의사, 호흡장치 기사와 다른 보조적 인원으로 구성되어 있습니다. 이들은 온갖 약과 정맥주사 용액, 휴대 가능한 제세동기 등 소생에 필요한 물건들이 실려 있는 '크래시카트'를 밀고 병실로 달려갑니다.

그러는 동안 구급대원이 행동을 할 수 있을 겁니다. 휴대 가능한 제세동기가 침대 곁에 있을 가능성이 높습니다. 구급대원은 패들을 잡아채 환자의 가슴에 올려놓고 그대로 충격을 가할 수 있습니다. 단 한 번 충격을 주더라도 그 사람의 심장율동이 즉시 정상으로 돌아와 간호사와 다른 사람들이 도착했을 때에는 고비를 지났을 수도 있어요. 그런 다음 의사가 환자를 검

---

3   병원에서 CPR(심폐소생술)이 필요한 상황이 발생했을 때 의료진을 호출하기 위해 병원 전체에 하는 방송. 병원에 따라서 명칭은 다르기도 하다.

진하고 사건이 발생한 이유를 알아내려는 노력에서 심전도검사(EKG)와 혈액검사 및 요검사, 다른 항목들을 요구할 수 있습니다.

또 하나의 가능성은 복도 저쪽 끝이나 중환자실의 다른 구역에서 또 다른 코드 블루 상황이 일어났을 때일 텐데요. 피해자의 심장마비가 발생하고 경고음이 울렸을 때 젊고 경험이 없는 간호사나 간호조무사가 병실로 달려 들어와 코드 블루 팀은 지금 발이 묶여 있다고 이야기해줄 수 있습니다. 그러면 구급대원은 그녀의 도움을 요청하거나(이렇게 하면 질문자님의 상황에 맞을 경우 약간의 상호작용이나 대화를 할 수 있는 기회가 되겠죠) 다른 코드 블루 팀의 중환자실 간호사 한 명을 데려오라고 말할 수 있습니다. 그녀가 도움을 요청하러 병실에서 달려 나가면, 구급대원은 기다릴 수 없는 상황이며 지금 당장 행동하지 않으면 그 사람이 죽으리라는 걸 알아차릴 수도 있습니다.

이것이 실생활에서 발생할 가능성이 높은 상황입니다. 인턴 시절 힘든 하룻밤을 보내던 중 한 층에서 세 번의 코드 블루가 동시에 발령된 적이 있었습니다. 자원이 부족하다는 말만으로는 표현할 수 없는 상황이었죠.

신원미상자에 대해 응급병동 직원이 제공해줄 수 있는 정보는 무엇인가요?

Q 제가 지금 쓰는 소설에서는 등장인물의 남편이 실종된 상태입니다. 등장인물은 병원에 전화를 거는데, 병원은 그녀에게 남편의 인상착의와 일치하는 신원미상자가 있다고 알려줍니다. 등장인물은 그 신원미상자를 살펴보기 위해 즉시 병원으로 갑니다.

질문입니다. 남편의 인상착의에 들어맞는 남자가 있다는 사실을 병원에서 전화로 알려줄까요? 등장인물이 어떤 사람을 만나 이야기를 나누는 절차가 있나요, 아니면 그냥 한번 볼 수 있게 해주나요?

A 그 신원미상자는 부상을 입었거나 의식이 없거나 기억상실 상태이거나 혼란을 겪고 있는 상태일 거라고 생각됩니다. 그렇지 않으면 자기가 누구인지 알려주고 아내에게 알려주어도 좋다는 허락을 해줄 테니까요. 이런 상황에서는, 특히 일종의 외상과 관련되어 있는 경우에는 경찰이 와 있을 수 있습니다.

수간호사나 응급실 의사가 전화를 건 사람에게 응급실에

신원미상자가 있다고 알려줄 가능성은 높지만 너무 자세한 정보는 알려주지 않을 것입니다. 환자의 기밀을 침해하게 되는 정보는 하나도 알려주지 않을 테니까요. 하지만 응급실 의료진, 그리고 아마 경찰까지도 그 사람이 누구인지 모르고 있으며 그의 정체를 밝히려고 노력하는 중일 테니 도움이 될 만한 사람이 있다면 도움을 받으려 하겠죠. 등장인물에게 응급실로 와달라고 요청할 가능성이 높습니다.

등장인물이 도착하면 간호사나 의사가 아마도 피해자를 보게 해줄 겁니다. 의사에게는 그를 돌볼 책임이 있습니다. 의사는 얻을 수 있는 모든 정보를 얻고 싶어 하리라는 점을 기억하십시오. 가족이나 친구에게 피해자의 신원을 확인하도록 하는 건 정보 습득 면에서 커다란 진전입니다. 그런 다음 의사는 피해자의 과거 병력, 알레르기, 현재의 의료적 문제점, 현재의 투약 상황 등등을 물어볼 수 있습니다. 다른 말로 하면, 환자를 돌보기 위해 필요한 정보들 말입니다.

노련한 특공대원이 보유하고 있을 만한
전문 의료기술로는 무엇이 있나요?

Q 이스라엘 특공대의 대원으로 복무했으며 위생병으로 특별히 훈련을 받은 등장인물이 있습니다. 이 사람은 전쟁터에서 시간을 보내며 공식적으로 훈련받지 않은 채로 의료적 치료를 시행했는데요. 전략적 기술 덕분에 그는 대담한 기습작전이나 구조작전 등을 계획하고 실행한다는 국제적 명성을 빠르게 얻습니다. 이야기에서 이 등장인물이 의료기술을 사용하는 경우는 거의 없지만 사용하는 경우에는 정확하게 쓰고 싶은데요. 이 인물은 보이스카우트나 적십자의 응급처치 기술자와 의사의 중간 정도에 있는 사람으로 보입니다. 현실적으로 이 사람이 가진 의료적 능력의 한계는 어디일까요?

A 그 사람의 의료기술 수준은 질문자님이 원하시는 어느 수준이든 거의 가능합니다. 최소한 잘 훈련받은 구급대원 정도는 되겠지요. 심폐소생술을 하는 방법과 다양한 응급상황에 대처하는 방법을 알고 있을 겁니다. 의무병으로 복무했기 때문에 총상이나 파편, 폭발물, 기타 등등으로 인해 발생

한 부상 등 모든 형태의 전쟁 부상에 대해 초기 처치를 수행할 수 있어야 합니다. 출혈을 통제하고 기도를 확보하고 골절을 고정하고 대부분의 얕은 열상을 봉합하는 데에 능숙할 것입니다. 가장 큰 자산은 압박을 당하는 상황에서도 침착함을 유지할 수 있다는 점이겠죠. 어떤 심각한 손상이나 비상상황에 맞닥뜨렸을 때에도 첫 번째 단계는 겁에 질리지 않고 상식을 활용하는 것입니다. 의사에게도 해당되는 말이죠. 이런 면에서 등장인물은 준비가 잘 되어 있을 겁니다.

정교한 수술과 치료를 할 수 있게 하고 싶다는 유혹만 피하신다면 등장인물이 무슨 일을 하든 괜찮을 겁니다.

소방관들은 밀폐된 공간에 갇힌 피해자의 생존 가능 시간을 추정할 수 있나요?

Q 아마추어 마술사가 아내에게 다른 사람의 도움을 받지 않고도 혼자 풀려날 수 있다고 안심을 시키고는 자기 집 지하실에 있는 아주 작은 공간에 벽을 쌓아 스스로를 가둡니다. 당연하지만, 아내는 구급대원이 남편을 구할 수 있도록 911⁴에 전화를 걸게 되죠. 제 질문은요, 현장에 도착한 소방관들은 밀폐된 공간에서 그에게 얼마나 많은 산소가 남아 있는지를 어떻게 추산할까요? 공간의 넓이와 갇힌 사람의 키와 몸무게, 다른 정보에 기초해서 사용하는 계산법이 있나요? 이 사람이 당뇨병을 앓고 있으며 깜빡하고 인슐린을 가지고 들어가지 않았다면 상황은 어떤 식으로 복잡해지는지요?

A 추산은? 가능할 수도 있습니다. 계산은? 절대 못하죠. 이 상황은 너무 복잡합니다. 설명해드릴게요.

첫째는 물리학입니다. 아주 간단한 용어로 이야기해볼게요. 폐는 공기를 빨아들여 산소(O_2)를 혈류로 운반하고, 혈액에서 분리한 이산화탄소(CO_2)를 주변 환경으로 다시 내보냅니다. 이 간단한 과정은 사실 아주 복잡하며 맑은 공기와 건강한 폐, 건강한 순환계, 상당량의 적혈구세포와 엄청나게 많은 화학적 반응을 요구합니다. 이 과정에 간섭할 수 있는 질병은 수도 없이 많습니다. 하지만 쓰고 계신 시나리오에서는 정상적인 폐를 가지고 있으며 다른 기준도 만족시키는 건강한 사람을 다루게 되네요.

불행히도 그렇다고 해서 계산이 아주 많이 단순해지는 건 아닙니다. 그러한 계산이 얼마나 복잡해질 수 있는지를 잠깐만 살펴보도록 합시다.

일단 1미터(m)가 100센티미터(cm)에 해당한다는 기본적인 사실을 기억해두십시오. 세제곱센티미터(cm^3)는 부피를 재는 단위입니다. $1cm^3$는 $1cm \times 1cm \times 1cm$의 부피죠. $1cm^3$는 $1cc$와 같습니다. cc(씨씨)는 세제곱센티미터(cubic centimeter)의 약자입니다. 또, 해수면에서의 공기는 21퍼센트가 산소입니다.

$3m \times 3m \times 3m$의 밀폐된 공간에는 27세제곱미터(즉 27,000,000cc)의 공기와 대략 5.67세제곱미터(즉 5,670,000cc)의 산소가 들어 있습니다.

보통의 호흡량은 500씨씨(cc)입니다. 그러나 각 호흡량의 대략 30퍼센트는 폐포(공기주머니)에 도달하지 못하므로 가스 교환(폐에서 혈류로의 산소 이동)에도 관련되지 않습니다. 이것이 기관지(호흡하는 관)를 채우는 공기인데, 전문용어로는 '사강'이라고 부릅니다. 그러므로 각 호흡의 70퍼센트가 잠재적으로 유용합니다. 움직이지 않고 있는 사람은 대략 분당 열여섯 번 500씨씨 부피의 호흡을 하므로 계산은 이렇게 됩니다.

$$전체\ 공기\ 흡입량 = 500 \times 16 = 8,000cc$$
$$'유용한'\ 공기\ 흡입량 = 8,000 \times 70\% = 5,600cc$$
$$산소\ 흡입량 = 5,600 \times 21\% = 1,176cc$$

그러므로 가만히 있는 사람은 1분에 대략 1,176씨씨의 산소를 들이쉽니다. 이 말은 그 공간에 산소가 대략 4,821분, 혹은 80시간 동안 남아 있으리라는 뜻입니다(5,760,000을 1,176으로 나눈 것입니다).

밀폐된 공간에서 생존하기에는 너무 긴 시간처럼 보이지 않나요? 네, 맞습니다.

이 계산은 문제의 사람이 해당 공간 안에 있는 산소를 전부 사용할 수 있다고 가정합니다. 그렇지 않죠. 한번 숨을 쉴 때마다 산소로 이루어진 공기의 퍼센트는 떨어지고 이산화탄소 농도가 높아진다는 사실을 기억하십시오. O_2 농도가 15퍼센트 정도로 떨어졌을 때쯤이면 그 사람은 심각한 곤란에 처했을 것입니다. 이 말은 생존시간을 계산하는 데에는 겨우 6퍼센트(21%-15%)의 산소함유량만이 사용될 수 있다는 뜻입니다. 물론 CO_2 수준의 상승도 문제를 복잡하게 만들죠.

여기에 덩치가 큰 사람들은 O_2가 필요한 정도도 더 높으며, 심지어 서 있거나 걷는 것을 포함한 모든 활동이 O_2 사용을 증가시킨다는 사실을 더하면 계산이 극도로 복잡해집니다. 거기까지 고려한다 하더라도 이 상황의 기초적인 물리학적 요소만을 고려한 거예요. 그 외에도 설명하기에는 너무나 복잡한 수많은 요소들이 있습니다. 그러므로 이런 계산은 해낼 수는 있다 할지라도 쉽지 않으며 어떤 사람을 구하고자 하는 소방관들이 할 수는 없는 것입니다.

보면 아시겠지만 이것은 괜찮은 수학과 물리학 연습문제이긴 해도 이 질문에 대해서는 사실 별로 좋은 답변이 아닙니다.

소방관들이 도착하면 그들은 1분 1초가 아까운 비상상황에 직면하게 될 것입니다. 남은 시간을 계산하고자 복잡한 수학을 이용하기보다는 피해자가 얼마나 심한 곤란을 겪고 있는지 판단하고 얼마나 빨리 움직여야 하는지 추정하기 위해 징후와 증상을 활용할 것입니다.

여기에서 우리가 이야기하고 있는 문제는 '저산소증(혈액 내의 산소함유량이 낮은 경우)'입니다. 저산소증의 증상과 징후는 알코올중독[5]과 비슷합니다. 증상에는 피로, 기면, 현기증, 두통, 졸림, 흐린 시야, 망상, 환각, 잠, 혼수, 사망이 포함될 수 있습니

---

5   우리가 흔히 말하는 알코올 중독은 알코올을 습관적으로 사용하게 되는 습관성 중독(addiction)이지만, 여기에서 말하는 알코올중독(intoxication)은 알코올의 투여로 인해(=취했을 때) 발생하는 갖은 증상과 징후를 말하는 것이다.

다. 징후는 주의력 상실, 방향감각 저하, 반응속도 저하, 균형감각 저하, 가쁜 호흡, 무력감, 마지막으로는 쓰러짐 등이 되겠죠. 이것들은 어떤 조합으로든 일어날 수 있고 아마추어 마술사가 점점 더 많은 산소를 소비하여 저산소증이 악화될수록 심해집니다. 이 정도면 원하시는 장면을 구성할 때 쓸 수 있는 자료가 충분하겠죠.

소방관들은 이 과정 중 어느 정도까지 나아가 있는지 판단하기 위해 문제의 인물을 평가할 수 있습니다. 그가 현기증을 느끼며 혼란 상태에 빠져 있다면 의식불명에 빠져 거의 숨을 쉬지 않고 있을 때보다는 시간이 많겠죠. 소방관들이 가장 먼저 할 일은 벽을 허물어뜨려 방을 개방하려고 시도하는 것이겠지만, 질문자님이 구상한 장면에서는 이 일이 쉽게 이루어질 것 같지 않습니다. 그 외에는 소방관들이 산소를 공급해 시간을 벌 수 있도록 구멍을 뚫으려고 시도하겠죠.

이 상황에 당뇨를 더하면 문제가 아주 복잡해지지만, 그건 이 사람이 인슐린 의존성 당뇨 환자일 경우에만 그렇습니다. 인슐린 의존성 당뇨 환자들은 스스로 인슐린을 거의 만들어내지 못해 생존을 위해서는 인슐린 주사에 의존해야 합니다. 한 번이라도 투약을 놓치면 혈당 수치의 급격한 상승, 당뇨병성 케톤산증(DKA[6])의 시작, 의식불명, 사망이 초래될 수 있습니다.

6   diabetic ketoacidosis의 약자

혈당치의 상승과 당뇨병성 케톤산증의 임박에 의한 증상은 피로, 숨참, 구역, 기면, 심한 졸림, 혼란, 마지막으로는 혼수와 사망입니다. 비이성적이고 망상적이게 되고 호전적이며 화를 낼 수도 있고 심지어 환각까지 볼 수 있습니다. 보시면 알겠지만 당뇨병성 케톤산증과 저산소증의 증상은 매우 유사합니다. 어떤 사람들은 괴상하게 운전을 하다가 음주단속에 걸려 체포를 당했다가 나중에는 그저 당뇨병 환자였던 것으로 밝혀지는 경우가 있습니다.

저산소와 혈당치 상승은 조합되면 증상과 위험 수준이 훨씬 더 빠르게 진전됩니다. 질문자님의 이야기에 나오는 소방관들에게는 더욱 심한 압박이자 째깍거리는 진정한 시한폭탄이 되겠죠. 이제는 그 사람에게 산소와 인슐린을 가져다주어야 할 뿐만 아니라 그럴 수 있는 시간도 더 짧아지니까요.

어쩌면 구멍을 뚫어 산소를 공급할 수도 있겠지만 그때쯤에는 당뇨가 너무 진행되어 지시를 따르거나 스스로 인슐린을 투여하지 못할 수도 있습니다. 구멍이 너무 작아 그리로 들어가서 도와줄 수 있는 사람이 아무도 없을 테고 뭔가가 더 큰 구멍을 뚫지 못하게 막고 있을 수도 있습니다. 가스관이라든지? 전기선이라든지? 강철로 된 서까래라든지? 벽의 함몰 때문이라든지?

멋진 소재입니다. 다 끝난 것처럼 보일 때가 실은 그렇지 않은 거죠.

구급대원들은 간 온도를 측정함으로써 사고 피해자가 생존해 있는지를 알아낼 수 있나요?

Q 어디에서 구급대원들은 일종의 장치를 사용해 간 검사를 하여 사고 피해자가 살아 있는지 아닌지 판단할 수 있다는 이야기를 읽었습니다. 이 검사는 무엇인가요?

A 구급대원들은 (혈압, 맥박, 호흡, 의식 등) 활력징후를 활용해 누군가가 살았는지, 죽었는지, 그 과도기에 있는지 판단할 수 있습니다. 이런 징후가 존재하지 않는다면 심폐소생술을 시작하고 질문은 나중에 던지죠.

질문자님이 말씀하신 간 검사는 사망시간을 판단하기 위해 검시관이나 검시관의 지시에 따라 범죄학자가 수행하는 검사를 말합니다. 이때 장치는 온도계로서, 간에 삽입하여 심부체온을 측정하게 됩니다. 심부체온은 생리적 사망시간의 추정에 도움이 됩니다. 제가 아는 한 이 검사는 다른 목적으로 활용되지 않습니다. 부상을 당한 사람의 치료나 진단에 쓰일 방법이나 가치는 확실히 없고요.

구급대원이 이런 행동을 하는 상황은 상상할 수가 없네요. 그러니까 피해자의 가족이 폭행 혐의로 자신을 고소하기를 원하는 게 아니라면 말입니다. 의사가 사망선고를 하기 전까지 피해자는 여전히 살아 있는 것이므로 이런 행위는 폭행이 될 것입니다. 피해자가 살아남았다면 명백하게 폭행일 테고요.

구급대원들의 임무는 무선 연락을 하고 있는 기지국의 간호사 지시에 따라 아프거나 부상당한 사람들을 지원하고 안정시키고 이송하는 것입니다. 간호사는 결과적으로 기지국이 위치하고 있는 응급실 의사의 지시에 따라 일하고요. 이 의사는 절대로 그런 일이 일어나도록 내버려두지 않을 것입니다. 이런 검사는 환자의 치료와는 아무런 관련이 없을뿐더러 오히려 '검시관의 도구'로 쓰이기 때문입니다.

심리학자와 정신과 의사의 차이는 무엇인가요?

Q 차이가 있는지 모르겠지만, 정신과 의사와 심리학자의 훈련 과정 혹은 능력의 차이는 무엇인가요? 둘 다 심리 치료를 하고 약을 처방할 수 있나요?

A 임상심리학자들은 석사·박사학위를 소지자일 수 있지만 의사면허는 없습니다. 이들은 다양한 형태의 심리치료를 제공하고 이에 대한 조언과 자문을 해줄 수 있습니다. 약을 처방하거나 의료적 치료를 감독할 수는 없습니다.

정신과 의사는 의사입니다. 의대에 다닌 다음 레지던트 과정과 어쩌면 정신과에서의 펠로우십 프로그램을 마쳤을 수도 있습니다. 임상심리학자가 제공하는 서비스에 더해 정신과 의사들은 약물을 처방하고 병원에 환자들을 입원시키거나 진료를 받도록 할 수 있으며 자기 전공분야에 해당하는 의학적 개입을 전부 실시할 수 있습니다.

심리와 관련된 문제는 훈련의 수준보다는 연민, 이해, 상식에 의지하는 경우가 더 많으므로 심리학자와 정신과 의사 둘다 심리학적 문제를 가지고 있는 환자들을 도와줄 수 있습니다.

4
약물

**소위 데이트강간약물이라고 하는
약물의 효과는 무엇인가요?**

Q 강간약물의 주된 효과는 무엇인가요? 효과를 발휘하려면 강간약물을 음료수에 탄 직후에 마셔야만 하나요? 예컨대, 제 이야기에 나오는 악당이 강간약물을 물병에 넣은 다음 시간이 지난 뒤 누군가에게 새로 병을 열어주는 듯한 시늉을 할 수 있나요?

피해자는 약물이 투여된 이후 어느 정도로 의식이 있나요? 투약 이후 기억상실이 발생한다는 건 알고 있습니다만, 약효가 지속되는 동안에 무슨 일이 벌어지는지 알 수 있나요?

피해자가 움직이지 못하게 하려면 강간약물을 얼마나

> 투여해야 하나요?
>
> 이 악당이 이런 상태에 빠져 있는 피해자에게 수술을
>
> 할 수도 있을까요?

A 주된 데이트강간약은 로힙놀(플루니트라제팜), 엑스터시(3, 4-메틸렌디옥시메스암페페타민), GHB(감마히드록시부티르산), 케타민(케타민 염산염)입니다.

엑스터시, GHB, 케타민은 레이브, 그러니까 수많은 청소년과 젊은 성인들을 끌어들이는 밤샘 댄스파티에서 흔하게 발견됩니다. 레이브 문화에는 나름의 음악과 복장, 마약 사용의 패턴이 있어요. 레이브에 참여하는 어떤 사람들은 이런 약물이, 특히 술과 함께 투약했을 때, 레이브에서의 경험을 더욱 강화시켜준다고 주장합니다.

로힙놀, GHB, 케타민은 보통 '데이트' 혹은 '지인' 강간에 사용됩니다. 이런 약물은 강력하며 진정 효과를 내고 순응성, 판단력 약화, 약물의 영향하에 놓여 있을 때 벌어진 일에 대한 기억상실을 유발합니다. 그래서 이런 약물이 데이트강간 상황에서 효과를 발휘하는 것입니다. 소량의 GHB나 로힙놀은 술집이나 파티에서 피해자의 술에 몰래 집어넣을 수 있습니다. 겉으로 보기에 피해자는 전혀 달라 보이지 않을지 모르나 판단력이 저하되고 기분이 좋아졌기 때문에 강간범과 함께 자리를 뜰 수

있습니다. 나중에야 뭔가 일이 있었다는 걸 깨닫게 되지만 사건 자체에 대한 기억은 드문드문하거나 아예 없을 수 있죠.

이 약물을 투약한 사람은 주변 사람들에게는 정상적으로 행동하고 말하며 정상인 것으로 보일 수 있습니다. 아니면 행복감을 느끼거나 신이 나 있거나 기분 좋게 늘어져 있거나 술에 취한 것처럼 보일 수도 있고요. 피해자는 빠르게 '취해서' 말이 어눌해질 수 있으며 빨리 재워야 합니다. 아니면 집으로 데려다주든지요. 그렇지 않으면 강도를 당하겠죠. 살해당할 수도 있고요. 어느 경우에든 피해자는 제대로 싸울 수가 없습니다. 구체적 반응은 사람에 따라서 달라집니다.

이런 약물을 좀 더 자세히 살펴봅시다.

로힙놀(거리에서는 루피, 로치, 로프, 멕시칸 바륨으로 불립니다)은 바륨과 같은 계열에 속하는 벤조디아제핀 진정제로 불면증 치료를 위해 개발되었습니다. 현재 미국에서는 이 약물이 제조되지도 않고 사용이 허가되지도 않습니다만 멕시코를 포함한 많은 나라에서는 이용 가능합니다. 부수면 어떤 액체에나 녹일 수 있는 흰색의 1 또는 2밀리그램짜리 알약으로 제조됩니다. 길거리에서 이 약물의 현재 가격은 대략 한 알에 5달러 정도입니다. 복용 20~30분 후부터 효과를 발휘하기 시작해 두 시간이 지나면 절정에 달합니다. 효과는 8~12시간가량 지속될 수 있습니다.

이 약물은 보통 진정, 혼란, 황홀감, 정체성의 상실, 현기증, 시야 흐림, 정신운동 지연, 기억상실을 초래합니다. 피해자는 판단력이 흐려지고 진정제를 투약했을 때와 같은 황홀감을 느끼며, 발생한 사건에 대한 기억이 완전히, 혹은 부분적으로 없어집니다. 피해자들은 몇 시간이 지나서야 무슨 일이 일어났는지 드문드문 기억하는 채로, 아니면 전혀 기억하지 못하는 채로 갑자기 깨어나 현실로 돌아올 수 있습니다. 드물게 분노나 공격적 행동을 유발할 수 있습니다.

엑스터시(거리에서는 E, X, XTC, MDMA, 러브, 애덤이라고 불립니다)는 원래 1914년 식욕억제제로 특허를 받았지만 그렇게 시판된 적은 없습니다. 엑스터시는 불법적인 실험실에서 제조되어 알약이나 캡슐 형태로 배포됩니다. 엑스터시에는 환각작용은 물론 암페타민(흥분제와 같은) 작용도 있습니다. 사용자는 감각기능이 강화되고 공감 능력이 향상되며 기분이 좋아지고 에너지가 증가하게 되며 가끔씩은 심오한 영적 경험을 하거나 마찬가지로 심오하고 비이성적인 두려움을 드러냅니다. 혈압의 상승, 이갈이, 발한, 구역, 불안감, 공황발작 등을 일으킬 수도 있습니다. 가끔씩 악성 고열(갑작스럽고 뚜렷한 41도, 42도, 혹은 그 이상으로의 체온 상승으로, 기본적으로 뇌를 익혀버립니다)로 인한 사망이 보고되었습니다.

이제는 좀 혼란스러운 부분으로 들어가보죠. 실제로는 대단히 다른 화합물인데도 가끔 MDMA와 GHB를 모두 '엑스터시'라는 속어로 지칭하는 경우가 있습니다. 거리에서 약을 사는 사람은 자기가 구한 약이 어떤 것인지 항상 잘 알고 있는 건 아닌 셈이죠.

GHB(거리에서는 G, XTC, E, 액화 엑스터시, 액화 E, 이지레이, 굽, 스쿱, 조지아 홈보이 등으로 불립니다)는 30년도 더 전에 개발되어 자연식품 보조제이자 근육강화제로 판매되었습니다. 물, 알코올, 다른 액체에 쉽게 녹는 흰색 가루 형태로 나옵니다. 현재는 작은 약병이나 병에 담겨 5~10달러에 판매되는 무색무취의 액체, 즉 '액화 E' 형태로 발견되는 경우가 많습니다.

GHB의 효과는 빠르게, 복용 후 15~20분이 지나면 나타나며 보통 2~3시간 지속됩니다. 탈억제*, 희열, 졸림을 유발하며 알코올, 대마, 코카인, 그 외의 마약과 결합하면 그 마약의 효과를 증가시킵니다. 수많은 젊은이들이 알코올의 효과를 증가시켜 '금방 취하려고' GHB를 사용합니다. 사용자들은 GHB가 기분을 좋게 만들어주고 성적인 기분을 느끼게 하며 사람을 수다스럽게 만든다고 보고합니다. GHB 사용자는 현기증, 졸림, 기억상실, 행복감의 증가, 향상된 성적 느낌, 가끔씩은 환각도 경험할 수 있습니다.

케타민(거리에서는 K, 스페셜 K, 킷캣, 퍼플, 범프로 불립니다)은 진정 효과와 기억상실을 유발하는 약물로, 정맥내 혹은 근육내주사가 가능한 속도가 빠른 마취제입니다. 1970년대에는 흔하게 사용되던 수술용 마취제였지만 예측 불가능한 환각성, 정신과적 부작용이 일어난다는 이유를 포함해 몇 가지 이유로 인기를 잃었습니다. 지금도 가끔씩은 의학적으로 사용되며 동물용 진정제로서 수의과적 약물로는 인기가 많습니다. 사실 거리에 나타나는 케타민은 동물병원에서 훔쳐 온 것인 경우가 많죠.

*
뇌가 원래 수행하던 억제 기능을 수행하지 못해서 발생하는, 사회적 통념을 무시하고 충동성을 보이며 위험에 대한 평가를 제대로 하지 못하는 상태. 성욕과다, 과식, 공격성 폭발 등이 주로 보이는 증상이다.

마약 시장에 처음 발을 들인 사람은 케타민을 하얀 가루 혹은 알약 형태로 구할 수도 있습니다. 케타민은 복용하거나 코로 흡입한 다음 빠르게 흡수되는데, 코로 흡입하는 것이 가장 흔한 사용 방법입니다. '스페셜 K'는 한 번 투약하는 분량이 10~20달러에 거래됩니다. 코로 흡입하면 거의 즉시 효과를 발휘하며 작용의 지속시간은 상당히 짧습니다. 한두 시간 정도 되죠.

그 효과는 많은 부분 엑스터시와 비슷하지만 해리를 일으키기도 합니다. 어떤 방식으로 그 사람이 현실에서 유리된다는 뜻입니다. 많은 경우 사용자는 환각, 시간감각의 상실, 정체성의 상실을 경험합니다. 이런 현실과의 유리 중 흔한 형태 한 가지는 '이인장애'인데, 이인장애 상태에 있는 사람은 실제로는 특정 행위에 참여하고 있으면서도 옆으로 빠지거나 머리 위에 떠 있는 상태로 본인의 행동과 그 행위가 발생하는 모습을 지켜보게 됩니다. 이런 반응은 PCP(펜시클리딘, 앤젤 더스트)에서도 흔하게 나타나는데, 이 약물은 1970~1980년대에 매우 인기가 많았습니다.

사용자들은 이런 효과를 'K홀에 들어가기'[1]라고 부릅니다. 제 생각에 K홀이란 시간, 공간, 인지 능력이 왜곡되는 앨리스의 토끼굴과 비슷한 게 아닐까 싶습니다.

---

1   블랙홀을 암시한다.

1940~1950년대의 탐정소설과 영화에 항상 등장하던 원조 약품 '미키 핀' 혹은 미키도 잊지 마십시오. 이 약물은 알코올을 클로랄 수화물 시럽과 혼합하여 만들어졌습니다.

구하기 쉬운 약물인 클로랄 수화물은 녹텍이라는 이름의 어린이용 진정제로 판매되었습니다. 티스푼으로 한 숟갈이면 하룻밤을 확실히 푹 잘 수 있죠. 아이도, 부모도 말입니다. 하지만 알코올과 혼합하면 이 약은 강력한 진정제가 됩니다. 처음에는 혼합형 술에 첨가하는 액상 형태로 나왔는데 지금은 부드러운 젤라틴 캡슐로도 나옵니다. 냄새와 맛이 거의 없어 알코올이나 칵테일 희석용 음료에 쉽게 가려집니다.

바르비투르(바비)가 도입된 이후 성인 진정제로서의 클로랄 수화물 사용은 시들해졌습니다. '바비'가 효과가 더 좋고 부작용이 덜합니다. 물론, 바르비투르도 알코올과 혼합하여 같은 결과를 낼 수 있습니다. 이런 혼합법은 자살에 흔히 쓰입니다.

이제 질문으로 돌아가죠.

이런 혼합물은 안정적이며[2] 사용 몇 시간 혹은 며칠 전에 물이나 주스, 알코올에 첨가할 수 있습니다. 이 약물들은 쉽게 녹으며 보통 피해자는 음료에 변화가 있다는 조짐을 알아차리지 못합니다.

약물이 효과를 발휘하기 시작하더라도 피해자는 자기가

---

2   다른 액체에 섞어서 오래 놔두어도 변질되지 않는다는 의미다.

약에 취해 있다는 사실을 알 가능성이 낮습니다. 그보다는 술을 너무 많이 마셨다고 느끼겠죠. 아마도 행복감과 희열을 느낄 것입니다. 웃으며 낄낄거리고 설득에 잘 넘어가는 상태가 되거나, 아주 졸리고 무력하게 될 수도 있습니다.

GHB와 엑스터시는 차고나 지하실에서 만들어지므로 복용량이 문제가 되지만 로힙놀과 케타민은 약제사에서 제조됩니다. 한 차례, 혹은 두 차례 투약하면 피해자는 순응적이게 될 수 있으며 가해자가 제안하는 곳이면 어디로든 기꺼이 가려 할 것입니다. 질문자님이 개요를 짜둔 시나리오에서 피해자는 섹스나 다른 활동에 기꺼이 참여할 수 있지만 수술의 고통이 있으면 분명히 깨어날 것입니다. 제대로 싸우거나 엄청난 소음을 내지는 못하겠지만 아주 협조적이지도 않을 거예요.

오직 케타민만이 수술용 마취제로 쓰일 수 있을 만큼 강력할 것이며, 그 역시 아마 주사제 형태로 써야 할 것입니다. 다른 어떤 약물도 의식불명이나 완전한 진정 효과를 유발하지는 못합니다. 투약했을 때 치명적일 수 있는 엄청난 양을 사용하지 않는다면요.

좀 더 현실적인 시나리오는 피해자에게 로힙놀이나 GHB가 섞인 술을 한 잔 준 다음 외딴 곳으로 유인해서 제압하는 것입니다. 주사 가능한 케타민은 수술용 마취제로 사용될 수 있습니다.

약물은 사용자의 동공 크기에
어떤 영향을 주나요?

Q 다양한 약물이 동공의 크기에 다른 방식으로 영향을 준다는 얘기를 읽은 적이 있는데요. 대마, 암페타민, 헤로인 등 몇 가지 흔한 약물이 동공에 미치는 효과는 무엇인가요?

A 동공은 대단히 반응성이 좋습니다.(그림 7) 동공은 다양한 외적, 내적 자극에 신속하게 반응합니다. 어두운 방에 들어가면 동공은 더 많은 빛을 모으기 위해 확장됩니다. 햇빛 속으로 걸어 들어가면 동공은 섬세한 망막이 빛으로 손상되지 않도록 즉시 수축합니다. 가끔은 이 반응을 속일 수도 있습니다. 일식을 맨눈으로 봐서는 안 된다는 경고는 다들 한 번쯤 들어보셨죠? 일식이 일어날 때 달이 태양을 가리면 우리의 눈은 실제보다 더 어둡다고 느낍니다. 하지만 사실 속은 겁니다. 완전한 일식이 발생하기 직전 혹은 직후 광환과 태양의 가장자리에서 나오는 광선은 보기보다 강력합니다. 일식을 맨눈으로 응시하면 망막 손상이 유발될 수 있습니다.

이에 더해 신경학적, 화학적 연결을 통하여 동공은 자율신

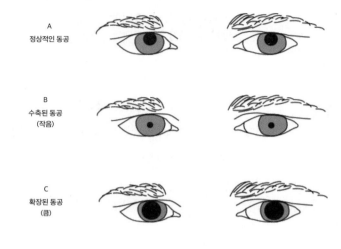

A
정상적인 동공

B
수축된 동공
(작음)

C
확장된 동공
(큼)

[그림 7] 약물에 대한 동공의 반응
정상적인 동공의 반응(A)은 빛과 자극에 대한 자율신경계의 반응으로 일어난다. 다양한 약물도 동공의 크기에 영향을 준다. 헤로인 같은 '진정제' 계열의 약물은 동공을 수축시키는 반면(B), 암페타민 같은 '각성제'는 동공을 확장시키는 경향이 있다(C).

경계(ANS)와 밀접한 관계를 맺고 있습니다. 자율신경계는 두 개의 하위신경계로 이루어져 있습니다. (투쟁-도피 반응을 일으키는) 교감신경계와 (먹거나 잘 때 활성화되는) 부교감신경계죠. 이 두 하위신경계는 지속적인 길항작용을 수행합니다. 흥분을 일으키거나 목숨이 위험한 상황에서는 교감신경계가 주도권을 잡습니다. 심박과 혈압이 상승하고 호흡이 증가하며 체온이 급상승하고 동공이 확장되죠. 부신에서 아드레날린이 엄청나게 쏟아져 나온 결과입니다. 이제 신체는 싸우거나 도망칠 준비를 갖추게 됩니다. 뭔가를 먹거나 휴식을 취하는 상황에서는 정확히 반대의 일이 일어납니다. 아드레날린 수치가 낮아지고 심박과 혈압, 체온도 마찬가지이며 동공은 수축하는 경향이 있습니다.

특정한 화학약품은 인공적으로 비슷한 반응을 일으킬 수 있습니다. 수면제 같은 '진정제'는 긴장을 풀고 사람을 멍하게 만드는 경향이 있어 동공을 수축시킵니다. 여기에는 헤로인, 모르핀, 바르비투르 같은 약물이 포함됩니다. '각성제' 혹은 흥분제 계열의 화합물은 자율신경계의 교감신경계 부분의 효과를 흉내 내므로 교감신경흥분제로 분류됩니다. 이런 약물은 동공을 확장시키는 경향이 있습니다. 코카인, 암페타민, 크리스털 메스암페타민, 엑스터시와 여러 가지 다이어트용 알약이 이런 효과를 일으킵니다. 대마도 동공을 확장시키는 경향이 있습니다.

청산가리를 다루는 건
어느 정도까지 안전한 일인가요?

Q 청산가리를 다루는 사람이 장갑을 끼지 않았지만 제한
적으로만 청산가리에 접촉했다면 어떤 일이 일어나나요?

A 어떤 식의 노출이 일어났는지, 그 사람이 다룬 청산
가리의 농도가 어느 정도였는지, 노출된 부위가 어디
였는지에 따라 발생하는 일도 달라진다는 건 분명합니다. 하지
만 청산가리는 유독하며 대단히 위험한 물질이에요.

청산가리는 피부를 통해 바로 흡수되어 사람을 죽일 수도
있습니다. 장갑을 끼면 그런 일이 방지되겠죠. 공기 중에 살포된
분말을 흡입하는 경우에는 청산가리가 폐를 통해 신속하게 혈
류에 들어가 사람을 죽이게 됩니다. 청산가리가 액체에 용해되
었는데 그 액체가 피부에 쏟아지거나 눈에 튀면 또 죽고요.

이렇게 되는 데에는 아주 소량의 청산가리만이 필요합니
다. 의사가 바로 옆에 서 있다 하더라도 죽습니다.

나쁜 물질입니다. 등장인물이 살인을 저지르는 걸 원하는
경우라면 아주 좋겠지만요. 아무튼 청산가리를 다룰 때는 아무
리 조심해도 지나치지 않습니다.

음식 섭취가 알코올중독(intoxication)을
막을 수 있나요?

Q 제 이야기의 등장인물은 중독의 효과를 최소화하면서 상당한 양의 술을 마셔야 하는 상황에 놓여 있습니다. (알코올을 소비하기 전) 알코올중독에 맞서기 위해 주사하거나 복용할 수 있는 물질이 있나요? 상당량의 빵을 먹으면 알코올이 '흡수'된다는 옛말은 진짜인가요?

A 소화된 알코올은 아주 빠르게 혈류로 흡수되며 혈액이 간을 통과하는 순간 간은 혈액에서 알코올을 추출해 분해하기 시작합니다. 어느 시점에 측정하든 혈중 알코올 농도는 위장관에서의 흡수 속도와 간에 의한 분해 및 제거 속도 사이의 역학적 균형에 좌우됩니다.

빵은 알코올을 흡수하거나 빨아들이지 않습니다. 하지만 위장에 들어 있는 음식이라면 빵을 포함해 어떤 음식이든 알코올이 혈류로 들어가는 속도를 늦추어주므로 혈중 알코올 농도를 낮추어줍니다. 알코올은 위장관의 어느 단계에서든 흡수되지만 위장에서보다는 소장에서, 특히 십이지장(소장의 가장 앞부분)에서 더욱 빠른 속도로 혈류에 들어갑니다. 지방이 많은 음식과 우유는 위장이 비는 속도를 늦추므로 치즈버거와 밀크셰이크는 폭음 전에 먹기에 괜찮은 식사입니다. 물론 술을 적게, 천천히 마시는 것이 질문자님의 등장인물에게는 가장 말이 되는 행동입니다.

헤로인을 콘돔에 넣어 삼키는 방법으로
운반하는 일은 얼마나 위험한가요?

Q 헤로인으로 가득 찬 콘돔을 삼킨 '노새'[3]가 있다면 그 콘돔을 내보내기까지는 시간이 얼마나 걸리나요? 콘돔이 소화액에 버티지 못해서 내용물이 샐 가능성은 얼마나 되죠?

A 정상적인 위장 체류시간(한쪽 끝에서 다른 쪽 끝으로 나가기까지 걸리는 시간입니다. 이렇게만 말씀드려도 아시겠죠.)은 24~72시간으로, 범위가 다양합니다. 실제 체류시간은 사람마다, 또 같은 사람이라도 그날그날 대단히 달라집니다. 이런 개인적 가변성에 더해, 위장 내 체류시간은 나이, 최근에 먹은 음식물의 종류, 있을 수 있는 모든 위장관 질환, 투약했을 수 있는 모든 약품, 체내수분 정도, 또 그 외에도 엄청나게 많은 요인에 따라 변화하지요. 체류시간을 예측하기란 어렵습니다.

그렇긴 하지만, '노새'는 1~3일 안에 물건을 내보내게 될

---

3   mule. 마약 운반책을 뜻하는 은어.

것입니다. 물론 콘돔은 복부 엑스레이상에서 보이므로 세관원이나 마약전담반 요원은 의심이 가는 사람에게서 이런 밀수품을 쉽게 찾아낼 수 있습니다. 그런 다음에는 설사약을 주어 체류시간을 단축시킬 것이고 머잖아 증거를, 말하자면 손에 쥐게 되겠죠.

마약 운반책들이 콘돔이나 다른 라텍스, 고무류 소재의 용기를 사용하는 까닭은 이런 물질이 아예, 혹은 쉽게 소화되지 않기 때문입니다. 그러나 위장관에서 발견되는 산과 소화효소가 장의 연동성 움직임과 짝을 이루면 콘돔이 약화되어 새거나 찢어질 수 있습니다. 이런 상황에서는 코카인, 헤로인, 기타 약물의 다량 흡입으로 인한 사망이 보통 빠르게, 극적으로 일어납니다. 코카인과 메스암페타민은 발작, 심부정맥, 심장마비, 사망을 일으킵니다. 헤로인은 혈압의 극적 저하, 무호흡에까지 이르는 호흡의 억제, 사망을 초래합니다.

아편중독으로 인해
폭력성을 띠는 경우도 있나요?

Q 도움이 필요합니다. 제 이야기에 등장하는 인물 중 한 명이 백 년 된 자살 유서를 발견했어요. 유서를 쓴 사람은 자기가 아편에 중독되었고 성격이 바뀌어 폭력적이고 심술궂어졌다면서 가족의 부담이 되기 싫어 자살을 할 생각이라고 적어놓았습니다. 제가 활동하는 소설가 모임에서는 아편이 사람을 폭력적으로 만들 수 있느냐는 질문이 나왔어요. 1800년대 후반에 누군가가 어떤 물질에 중독되어 나쁜 방향으로 성격 변화가 일어났다면, 아편이 아닐 경우 그 물질은 무엇이었을까요?

A 양귀비(*Papaver somniferum*)에서 추출한 끈끈한 물질인 아편은 중추신경계 억제제입니다. 모르핀과 헤로인의 기초이자 '진정제'죠. 아편은 무력감과 졸림, 느린 움직임, 우울증을 유발하며 다량으로 투약했을 때는 의식불명과 사망을 초래합니다. 폭력적이거나 심술궂은 행동을 자극할 가능성은 낮습니다. 그렇긴 하지만 자발적으로든 강제적으로든, 감옥에 갇혔든 물량을 다시 확보할 능력이 없어서든 간에 약을 끊어 금

단증상을 겪고 있는 아편중독자는 화를 내며 공격적이게 될 수 있고 심지어 살인까지 저지를 수 있습니다. 그러므로 네, 아편은 간접적으로 질문자님이 원하시는 효과를 일으킬 수 있습니다.

또 한 가지 생각이 드는데요. 질문자님의 시나리오에서는 자신의 행동이 변화했다고 말하는 사람이 유서를 쓴 사람 본인입니다. 실제로 그런 건가요, 아니면 그 사람이 자기가 그렇다고 상상한 건가요? 좀 더 믿음직한 정보원이나 이 진술을 확증해줄 만한 증거가 있나요? 중독자의 판단력은 정확하지 않을 수 있습니다. 어쩌면 그 사람은 본인이 현실이라고 믿는 폭력적인 꿈을 꾸거나 환각을 보고 있지만 사실은 어린 양처럼 온순할 수도 있죠. 우울증에 걸려 자살을 저지를 수 있는 상태일지도 모르고요. 아편은 이런 종류의 망상을 쉽게 일으킬 수 있습니다.

또 다른 약물을 선택한다면 코카인이 될 수 있는데, 코카인은 19세기에도 이용이 가능했습니다. 코카인 사용자는 공격적이고 성마르고 폭력적이게 되는 경우가 많습니다. 만성적인 코카인 사용은 편집증을 유발할 수 있는데, 이 편집증이 기저의 공격적 행동에 양분을 제공합니다. 질문자님의 이야기에 적합하다면 코카인이 더 나은 선택일 수 있습니다.

물론 두 약물 모두에 중독되었을 수도 있죠. 19세기에는 한때 지그문트 프로이트를 포함한 여러 사람들이 코카인을 아편 중독에 대한 치료제로서 옹호했습니다. 코카인의 각성효과를 이로운 것으로 보았죠. 이런 방식으로 치료를 받은 사람들이 코카인에 중독된다는 사실이 명백해진 다음 이 치료법은 인기를 잃었습니다. 어쩌면 유서나 그와 함께 발견된 다른 물건들을 통해 문제의 인물이 아편중독을 치료하려 노력했으나 치료법 자체가 저주로 변해버리자 실의에 빠졌다는 이야기를 언급할 수도 있겠습니다.

또 다른 가능성은 알코올인데요. 알코올은 흔하면서도 쉽게 이용할 수 있는 물질입니다. 알코올중독자들은 공격적이고 심술궂은 경우가 많으며 심지어 살인을 저지를 수도 있습니다. 자살을 할 수도 있고요.

아편, 코카인, 알코올 오남용자들은 공통적으로 자살을 저지릅니다. 너무 많은 양을 투약하거나 아편과 알코올을 섞는 등 약물을 혼합하다가 사고사를 당하는 경우도 많고요. 그러고 보면 유서를 발견한 사람이 의외의 증거물을 발견하게 될지도 모릅니다. 유서 작성자가 알고 보니 진지하게 자살을 시도한 게 아니라, 제발 좀 도와달라는 몸부림을 치던 도중 적정선을 넘어버린 것일 수도 있다는 얘기입니다. 그러면 이야기의 재미있는 전환점이 될 수 있겠죠. 중독자들이 어떻게 해야 도움을 구할 수 있는지를 모른 채, 자살을 시도하면 자신들에게 필요한 관심을 얻을 수 있게 될 거라고 믿는 경우는 지나칠 정도로 많습니다. 백 년 전에는 특히 그랬죠.

주의결핍장애(ADD)의 치료에 리탈린을 활용할 수 있나요? 오남용의 경우에는 어떤 일이 일어나나요?

Q 제 이야기 속 등장인물의 열두 살짜리 아들이 주의결핍 장애 때문에 리탈린을 투약하고 있습니다. 보통 투여량은 어느 정도 되나요? 효과는 어느 정도일 가능성이 높으며, 부작용은 있는지요? 또 이 약이 보통 오남용되고 있다는 얘기를 읽었는데, 어떤 식으로, 어떤 사람들에 의해 오남용됩니까?

A 주의결핍장애(ADD)는 그리 드물지 않습니다. 활동과 잉 혹은 운동과잉 아동 증후군이나 미세 뇌기능장애 등 여러 가지 다른 이름으로도 불리죠. 이 장애의 특징적인 증상은 짧은 주의지속시간, 주의산만, 감정적 불안정, 충동적 행동, 과잉행동 등입니다. 학습기능에는 손상이 있을 수도, 없을 수도 있습니다. ADD의 진단은 간단하지 않으며 어느 특정한 검사의 결과보다는 이러한 증상 중 몇 가지의 존재 여부에 달려 있습니다. 뇌전도검사(EEG)나 뇌 MRI, 뇌 CT 같은 신경학적 검사가 가장 흔히 이루어지는 일반적 검사입니다.

리탈린(염산메틸페니데이트)은 ADD 환자 다수에게 효과를 발휘합니다. 하루에 두 번, 보통 아침 및 점심식사 전에 복용하도록 처방되죠. 추천하는 초기 투여량은 하루에 두 번 5밀리그램씩이며 원하는 효과가 달성될 때까지 매주 5~10밀리그램씩 그 양을 늘려갑니다. 최대허용량은 하루에 60밀리그램입니다. 이를 초과해서는 안 됩니다. 리탈린은 5밀리그램(노란색), 10밀리그램(엷은 녹색), 20밀리그램(엷은 노란색)의 작은 원형 정제로 나옵니다. 아침에 한 번만 복용하는 20밀리그램짜리 지효성 정제인 리탈린 SR(흰색)도 있습니다.

리탈린은 ADD의 증상을 완화하거나 완전히 제거할 수 있습니다. 그 대신, 리탈린의 수많은 부작용 중 하나가 일어날 수도 있죠. 이 부작용에는 발진, 식욕부진, 구역, 두통, 졸림, 혈압과 맥박수의 상승 혹은 하락, 두근거림과 심지어 망상과 환각이 발생할 수 있는 중독정신병도 포함됩니다.

네, 리탈린은 수많은 오남용 약물들 가운데 새로 출현한 신참입니다. 리탈린은 갈아서 코로 흡입되며 코카인이나 메스암페타민과 유사하게 북받치는 흥분을 일으키는 경향이 있습니다. 여러 초등학교에는 학교에 있는 시간 동안 학생들이 투여하는 약은 종류를 불문하고 학교의 보건교사가 주어야 한다고 명시하는 정책이 있습니다.[4] 학교의 깡패들은 이 사실을 알고 있

4   미국의 경우에 그렇다.

으며 어떤 아이들이 매일 아침 보건교사를 방문하여 그날 분의 약을 받는지 지켜봅니다. 그런 다음 그 아이들에게 약을 넘기도록 강요하고 자기가 직접 약을 사용하거나 다른 사람에게 팔죠. 일종의 초등학교 마피아입니다.

이런 일은 고등학교와 대학교 캠퍼스에서도 있습니다. 이 약을 처방하고 제공해줄 부도덕한 의사나 약사가 발견되는 경우가 많죠. 더욱이 리탈린은 지나치게 많이 처방되는 약물이며 (과거 바륨이 그랬던 것만큼이나 이 약이 사실 별로 필요 없는 환자들에게도 주어진다는 거죠) 따라서 거리에도 많이 풀려 있습니다. 공급이 준비되어 있고 수요가 늘어나고 있다는 건 오남용이 증가하고 있다는 뜻이죠.

뱃멀미란 무엇인가요?

Q 제 소설은 빅토리아 시대의 보스턴을 배경으로 하고 있습니다. 등장인물 중 한 명은 중년 여성으로 영국으로 항해를 해야 합니다. 배에 오를 때마다 그녀는 심각한 뱃멀미를 겪습니다. 그녀가 여행을 끝까지 마칠 수 있게 하려면 의사는 그녀에게 어떤 처방을 제안할 수 있을까요?

A 당시에는 뱃멀미를 치료하는 방법이 많았지만 그중 효과가 좋은 것은 아무것도 없었습니다. 한 가지 이유는 이 질환의 생리학에 대해 알려진 것이 별로 없었기 때문입니다. 상정된 이론 중 인기 있는 것 한 가지는 뱃멀미가 뇌로의 혈액순환에 방해를 일으키는데, 이 방해가 뇌를 빈혈 상태로 만들고 따라서 구역, 구토, 현기증 등 멀미의 주요 증상을 유발한다는 것이었습니다.

현재 우리는 뱃멀미, 멀미, (무중력 상태로 인한) 우주멀미가 귓속에 있는 전정계(균형 센터)에서 받아들이는 신호가 뒤죽박죽이 되기 때문이라는 것을 알고 있습니다. 이 정교한 체계의 일부인 반고리관은 위치와 움직임을 감지하는 주요한 센서입니다. 반고리관은 입체기하학의 XYZ 평면과 비슷하게 각각이 다른 둘에 대해 90도의 평면을 이루고 있는 세 개의 관으로 구성되어 있습니다. 하나는 앞뒤로, 하나는 좌우로, 하나는 상하로 고리 모양을 이루고 있죠. 이 관들은 액체로 가득 차 있으며 이 액체에 대한 중력의 작용이 뇌에게 똑바로 서 있는지, 거꾸로 되어 있는지, 빙빙 돌고 있는지 등등을 알려줍니다.

무중력 환경에서는 중력이 없으므로 액체에도 무게가 없고 어떤 신호도 송출되지 않기 때문에 이런 신호가 상실됩니다. 그러나 방향을 잡으려면 뇌에는 이런 신호가 필요합니다. 신호가 없으면 어지럼증과 멀미의 다른 증상들이 발생합니다. 움직이는 자동차와 배에서는 이 액체들이 마구 움직여 뇌가 혼란스럽고 무질서한 신호를 받게 되어 같은 증상이 유발됩니다.

1901년 3월 16일 〈미국 의사회 저널〉에 실린 한 보고서에서 대니얼 R. 브라워 박사는 다음과 같은 치료 계획을 제안했습니다. 여행 전에는 "과도한 피로와 정신적 걱정을 피하고" 가볍게 식사를 하며 "마사 하이드라지리아(수은 덩어리)[5]를 최대로 투여하고 이후 적당한 시간에 염류하제[6]의 도움을 받아 자유로운 배출"을 해야 한다는 것이죠.("최대로 투여"하라는 말과 "적당한 시간"이라는 말이 무슨 뜻인지는 설명되어 있지 않습니다.)

---

5   수은 혼합물. 감초, 무궁화, 글리세린, 장미 꿀을 수은에 섞은 것.

6   마시면 설사를 일으키는 약

이런 식으로 창자를 비워내는 일을 완료한 다음에는 "포타씨 브로미디(브롬화칼륨)"[7]과 "액형 멘타 피페리타(민트 혹은 페퍼민트 오일)" 한 티스푼씩을 물에 타서 배에 오르기 전까지 하루에 세 번씩 마실 것을 제안합니다. 일단 탑승하고 나면 그다음부터는 10~15그레인(1그레인은 대략 65밀리그램에 해당합니다)의 "클로랄라미드"라는 것을 복용하고 누워서 배가 바다로 나아가 약효가 다할 때까지 수평 자세를 유지해야 합니다.(그 약효가 과연 무엇인지에 대해서는 이야기하지 않습니다.) 그런 다음에는 "배 위에서 흔들리거나 어지러워하지 않고 잘 다닐 수 있는지 확인하기 위해 갑판 위를 걸어다녀야" 합니다. 뱃멀미가 다시 생기면 클로랄라미드를 다시 투약해야 합니다. 그가 한 마지막 조언이자 아마도 최선의 조언이었을 법한 이야기는 "가능한 한 갑판에 오래 머무르라"는 것이었습니다. 이런 식이면 치료가 질병 자체보다 더 나쁜 경우가 될 수 있습니다.

질문자님의 소설 속 아주머니에게는 다행하게도, 뱃멀미는 며칠 안에 해소되는 경향이 있습니다. 물론 피해자가 육지에 발을 딛는 순간 반고리관 안의 액체가 마구 움직이기를 멈추면서 '육지 멀미'가 일어날 수 있겠죠. 반고리관이 불규칙한 신호에 익숙해진 그 순간 모든 것이 정상으로 돌아가면서 다시 한 번 전정계가 내동댕이쳐지는 것입니다. 참 희한한 일이죠.

7   19세기 말과 20세기 초에 항경련제와 진정제로 널리 사용된 브롬과 칼륨의 화합물

5
질병과 그 치료

**심장병과 협심증을 앓는 주인공은 활동에
어떤 제약을 받게 되나요?**

Q   제 주인공은 심장병을 앓고 있는 67세 남성입니다. 경
미한 심장마비가 자주 일어나 니트로글리세린을 사용
하는데요. 그가 주최한 디너파티에서 다른 사람이 죽자
이런 심장마비를 다시 한 번 겪게 됩니다. 그는 알약을
먹고 잠자리에 듭니다. 아침에 저는 이 사람이 일상적인
활동을 다시 시작하게 하려고 하는데요. 이게 실제로
가능한 일인가요?

A │ 용어 사용에 있어서 질문자님이 하고 계신 실수는 대
단히 흔한 것입니다. 기분 나빠하지 마세요. 항상 보
이는 실수니까요. 책이나 신문에서도 그렇고, 환자들, TV 리포
터들도 같은 실수를 합니다.

관상동맥은 심장의 표면을 타고 지나가며 심장근육에 혈
액을 공급합니다. 심장마비(심근경색, MI[1])는 이런 동맥 중 하나
가 완전히 막혀 심장근육의 일부가 죽을 때 일어납니다.(그림 8) 이
는 잠재적으로 치명적이며 긴급한 상황으로 즉각적인 입원과
치료가 필요합니다. 어떤 심근경색은 무증상인데, 그 말은 통증
이 없다는 뜻입니다. 반면 어떤 심근경색은 질문자님이 묘사하
신 것과 같은 경미하고 짧은 통증과 관련되어 있습니다. 그러나
대부분의 경우 고통은 심각하며, 치료를 받지 않으면 몇 시간씩
이어집니다. 네, 심장마비를 겪고도 하던 일을 계속하는 사람도
있긴 하지만 그게 표준은 아닙니다.

질문자님이 묘사하신 것은 협심증입니다. 이것은 부분적으
로 가로막힌 관상동맥(그림 8) 때문에 혈액 공급이 원활히 이루어
지지 않아 심장근육에서 발생하는 통증입니다. 협심증은 심장
근육 자체의 손상이나 죽음으로 이어지지는 않습니다.

질문자님이 말씀하셨듯 협심증에 먹는 약은 니트로글리세
린(줄여서 니트로)입니다. 이 약은 혀 아래에 넣으면(삼키지 않습니

1   myocardial infraction의 약자

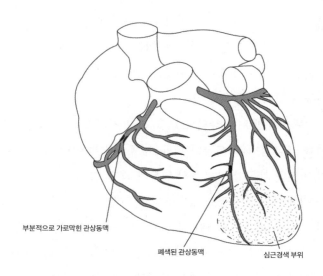

부분적으로 가로막힌 관상동맥

폐색된 관상동맥

심근경색 부위

[그림 8] 관상동맥 질환과 그 합병증
관상동맥의 질환은 심각한 질병과 사망으로 이어질 수 있다. 관상동맥이 부분적으로 폐색되면 극심하고 괴로운 흉통인 협심증으로 이어질 수 있다. 완전폐색은 심근경색이라는, 심장 조직의 죽음으로 이어질 수 있다.

다) 빠르게 녹고 입의 내벽을 통해 혈류로 직접 흡수됩니다. 니트로는 관상동맥을 확장(개방)시키는데, 이렇게 하면 심장근육으로 들어가는 혈액과 산소의 공급량이 증가하고 혈압이 낮아집니다. 결과적으로 이는 몸 전체에 피를 돌리기 위해 심장이 해야 하는 일을 줄여줍니다. 심장이 수행해야 하는 작업량은 직접적으로 혈압에 관계됩니다. 혈압이 높을수록 작업량도 늘어납니다. 역기를 드는 것과도 같죠. 니트로는 공급량을 늘려 수요를 줄이고, 그럼으로써 협심증의 통증을 완화합니다.

협심증의 통증은 보통 가슴 한복판을 짓누르는 듯한 묵직한 느낌인데, 왼팔 혹은 왼쪽 턱으로 불편감이 번져가는 것도 가능합니다. 이와 연관된 다른 증상으로는 숨참, 땀, 춥고 축축한 느낌, 구역, 위약감, 경미한 현기증이 있을 수 있습니다. 질문자님의 주인공을 본 사람이라면 누구나 뭔가 잘못됐다는 것을 알 수 있을 겁니다. 겁에 질려 땀을 흘리는 것처럼 보일 가능성이 높고, 어쩌면 창백해 보이기도 할 것입니다.

협심증 발생은 치료하지 않으면 1회에 보통 1~5분 지속됩니다. 니트로는 1~2분 안에 협심증을 해소하고요. 협심증이 한 차례 발작한 다음에는 피곤하거나 피로한 느낌을 받을 수 있지만 5~10분 안에 괜찮아진 기분을 느끼며 정상적인 행동을 계속할 수 있을 가능성이 높습니다.

이런 통증 발생은 모두 완전한 심근경색으로 진화할 수 있으므로 협심증이 있는 사람들에게는 진짜 심근경색이 올 가능성이 분명히 있습니다. 즉시 복용한다면, 니트로글리세린이 그럴 가능성을 줄여줍니다. 협심증이 있는 환자들에게 항상 니트로를 가지고 다니라고, 즉시 사용할 수 있도록 차 안 글러브박스나 책상 서랍, 약장이 아니라 주머니나 핸드백에 넣어 다니라고 말하는 이유가 그것입니다.

협심증을 동반하는 관상동맥 질환이 등장인물의 상황에 잘 어울립니다. 이야기를 진행시켜나가는 내내 질문자님께서는 등장인물이 육체적으로나 감정적으로 스트레스를 받는 상황에서는 항상 협심증 발작을 일으키게 하여 위험스러운 조짐을 더

할 수 있습니다. 언덕을 올라간다든지, 말다툼을 한다든지, 싸우다든지, 감정적으로 누군가와 재회하거나 이별한다든지 하는 상황에서요. 질문자님이 제안하셨듯 친구나 사랑하는 사람이 죽으면 발작이 촉발될 수 있습니다. 어쩌면 협심증 에피소드가 일어나되 니트로글리세린이 주머니에 없어 그 발작을 그대로 겪어내야 할 수도 있죠. 이것은 엄청난 공포를 일으키는 상황입니다. 이후에는 약을 항상 가지고 다니지 않으면 바보라고 느끼게 될지도 모르겠습니다.

벌침에 알레르기가 있는 등장인물의
생활방식은 어떤 영향을 받게 될까요?

Q 벌침에 잠재적으로 치명적인 알레르기가 있는 등장인물이 있습니다. 이 사람은 어떤 식으로 살아가게 될까요? 의료경보 팔찌[2]를 가지고 있거나 냉장고에 해독제를 보관할까요? 벌들이 알레르기가 없는 사람에 비해 이 등장인물에게 더 꼬일까요? 이 인물은 방충제를 뿌리고 다닐까요?

A 벌침은 몇 가지 반응을 일으킬 수 있습니다. 알레르기가 없는 사람이라면 물린 자리가 뜨거워지고 부풀겠지만 이런 반응은 국소적으로만 일어나며 며칠 안에 서서히 사라집니다. 알레르기가 있는 사람에게서는 다리나 팔 전체 등 해당 부위에 더욱 심하고 고통스러운 부종이 생길 가능성이 높습니다. 이 부위는 소시지처럼 부풀어 올라 불타는 듯한 빨간색이

---

2 위급한 상황에서 번호를 보고 구조를 요청할 수 있게 되어 있는 팔찌로, 응급 시 911 상황실에 팔찌에 적힌 숫자를 불러주면 사전등록된 정보를 보고 적절한 조치를 취해준다. 비슷한 제도로 우리나라에도 119생명번호 팔찌가 있다.

되며 아프고 가려울 것입니다. 더욱 심한 알레르기 반응에는 기관지의 경련(좁아짐)으로 인한 호흡 문제가 포함될 수 있습니다. 심각한 천식 발작과 비슷하죠. 신속한 치료가 이루어지지 않으면 피해자는 이 때문에 죽을 수도 있습니다. 최악의 반응은 과민증의 완전한 발현입니다. 이때는 부종과 기관지 경련에 심혈관 허탈이 더해지는데, 이는 곧 혈압이 지하로까지 떨어진다는 뜻입니다. 쇼크와 사망이 빠르게 이어집니다.

벌침용 키트가 시중에 나와 있습니다. 여기에는 주사 가능한 에피네프린(아드레날린)이 들어 있는 작은 주사기가 포함되어 있는데, 이것은 알레르기 효과를 빠르게 역전시킵니다. 그다음에는 응급실로 가 좀 더 결정적인 치료를 받게 되는데, 이 치료에는 (베나드릴과 같은) 항히스타민제 및 스테로이드와 더불어 필요할 경우 더 많은 에피네프린의 투여가 포함될 것입니다.

벌침용 키트는 핸드백이나 주머니에 넣어 가지고 다닐 수 있습니다. 이런 키트가 필요하다면 그건 '즉시' 필요한 것이므로, 알레르기가 있는 사람들은 심장병 환자들이 항상 니트로글리세린을 가지고 다니듯 언제나 이 키트를 소지하고 다니는 것이 최선입니다.

알레르기가 있는 사람은 정상적인 삶을 살아가겠지만 벌을 피하는 편이 현명하겠죠. 공원을 산책할 때 더욱 경계할 필요야 있겠지만 그렇게 많은 위험이 뒤따르지는 않습니다. 방충제는 유용할 거예요. 어떤 사람들은 특정한 향수, 비누, 데오도란트 등 향기가 좋은 제품이 벌을 끌어들인다고들 믿지만 이 문제에는 논쟁의 여지가 있습니다.

알레르기가 있는 사람들이 벌을 끌어들이는 경향이 더 높다는 증거는 제가 알기로는 없습니다. 옷의 색상이 문제가 되는 것처럼 보이긴 하지만 그렇게 간단한 문제는 아닙니다. 많은 사람들은 빨간색이나 노란색 같은 밝은 색깔이 벌을 끌어들일지도 모른다고 생각하지만 저는 검은색이나 다른 어두운 색 계열의 옷도 벌을 끌어들인다는 것을 증명한 연구 자료를 최근에 읽었습니다. 이상한 일이죠.

말라리아의 종류에는 어떤 것이 있나요?

Q 제 이야기의 배경은 1800년대의 루이지애나 주이고 주인공은 말라리아를 앓습니다. 말라리아에는 다양한 종류가 있는 걸로 아는데, 저는 등장인물이 완전히 치료되지는 않으나 서서히 악화되는(빈혈? 점진적 허약? 결과적 사망?) 종류의 말라리아를 앓는 것으로 그리려 합니다. 이건 어떤 종류의 말라리아인가요? 그리고 열이 나기 전에 항상 오한이 일어나나요? 주인공에게 물을 타서 희석시킨 퀴닌을 주면 이 약이 증상을 억제하고 오한과 열도 덜해질까요? 등골나무라는 해열제에 대해서도 들어본 적이 있는데, 이게 말라리아에도 효과적일지요?

A 말라리아는 과거에도 그랬고 현재도 세계에서 가장 치사율이 높은 질병 중 한 가지입니다. 현재 최소 3억 명이 매년 말라리아에 감염되며 3천 명이나 되는 사람들이 매일 죽어갑니다. 오늘날의 미국에서는 희귀해졌지만 19세기 루이지애나 주의 늪지대에서는 그리 드물지 않았죠.

말라리아는 원충병이라고도 부르는 질병입니다. 원충이란

동물계의 가장 낮은 단계에 있는 초소형의 단세포 유기체인데요. 말라리아 원충계의 원충이 말라리아를 일으킵니다. 형태는 네 가지가 있습니다. 삼일열 말라리아 원충(*Plasmodium vivax*), 열대열 말라리아 원충(*P. falciparum*), 사일열 말라리아 원충(*P. malariae*), 난형 말라리아 원충(*P. ovale*) 등이죠. 미국 남동부와 남미에서 가장 흔한 유형은 삼일열 말라리아 원충입니다. 열대열 말라리아 원충이 가장 치명적이며 치료를 하더라도 치사율이 20퍼센트에 이릅니다. 질문자님의 시나리오에는 삼일열 말라리아 원충이 최고의 선택입니다.

말라리아의 생애주기와 감염주기는 매우 복잡하며 종류에 따라 달라집니다. 저는 삼일열 말라리아 원충에 초점을 맞추어 이를 단순화시켜보도록 하겠습니다.

말라리아와 수많은 다른 질병은 '매개체' 혹은 운반자에 의해 인간에게로 전염됩니다. 말라리아의 경우 매개체는 말라리아모기입니다. 감염된 사람을 물 때 모기 자체가 감염됩니다. 말라리아 유기체가 모기가 빨아들인 혈액과 함께 모기에게 들어가죠. 그런 다음 말라리아 유기체는 번식하여 모기의 침에 집중됩니다. 그 모기가 다른 사람을 물면 이 유기체들이 그 사람의 혈류에 주사됩니다. 여기에서 두 가지 발육주기가 발생합니다.

첫 번째 발육주기는 간의 주기이며 두 번째 주기는 적내형(적혈구세포) 발육주기입니다. 간의 주기에서는 혈류에 주입된 말라리아 유기체가 간으로까지 가서 간세포 내에 살림을 차리는

흑인에게 볼 수 있는 유
전성 질환. 혈색소의 구
조에 이상이 있는 것으
로, 적혈구가 낫 모양으
로 변형한다. 이 겸상적
혈구는 파괴되기 쉬우며,
집합하여 혈관에 혈전증
이 나타나기 쉽다. 이에
따라 각종 장기나 조직에
순환장애가 생기며, 빈
혈·황달·백혈구 증가·복
통·심장비대·신경증상·골
변형·하퇴궤양 등이 일어
난다.

데, 이곳이 번식하는 장소입니다. 이때가 잠복기이며 피해자에게는 보통 증상이 없습니다. 이 기간은 보통 대략 8일 정도 이어지지만 유기체는 간세포에 수개월 혹은 수년까지도 휴면 상태로 남아 있을 수 있습니다. 머잖아 이 유기체들이 번식을 해 간세포를 파열시키고 혈류에 다시 들어갑니다. 증상은 이 단계에서 시작됩니다.

이후 유기체들은 적혈구세포에 들어가고 적내형 발육주기가 시작됩니다. 유기체들은 적혈구 내에서 번식하며 마침내 적혈구세포를 파열시키고 혈류로 돌아가 더 많은 적혈구세포를 감염시키는데, 이 주기가 계속됩니다. 감염 초기에는 기간이 불규칙할 수 있으나 삼일열 말라리아 원충의 경우 이 적내형 발육주기가 48시간마다 발생합니다. 결국에는 모든 원충이 같은 일정표대로 움직이는 것으로 보입니다.

흥미롭게도 겸상적혈구빈혈*은 말라리아 감염으로부터 사람들을 지켜주는 것으로 보입니다. 기생생물이 겸상적혈구에서는 적절히 번식을 하지 못하는 것일 수 있습니다. 겸상적혈구빈혈은 대체로 아프리카계 사람들에게서 발견되는데, 아프리카의 많은 지역에서 말라리아가 흔하기 때문에 아프리카 혈통의 사람들이 생존상의 이점으로 이런 돌연변이를 발전시켰을 가능성이 있습니다.

최초의 증상은 독감과 비슷합니다. 열, 오한, 권태감, 두통, 근육통과 근육의 결림, 식욕부진, 구역, 구토 등이죠. 머잖아 열, 오한, 경직(통제 불가능한 떨림)이라는 고전적 주기가 적혈구세포가 파열되고 다수의 유기체가 혈류로 방출되는 48시간마다 발생합니다. 이런 식으로 일어나는 적혈구세포의 지속적 파괴는 빈혈로 이어지는 게 분명합니다. 피해자는 황달(피부의 노란 색조)이 있는 것처럼 보일 수도 있습니다. 시간이 지나면 간부전이나 신부전, 혹은 둘 모두가 일어나 사망으로 이어질 수 있습니다.

퀴닌은 기나나무의 껍질에서 나오는 것으로, 이 나무는 원래 페루에서 발견되었습니다. 1712년부터는 이 껍질을 갈아서 '간헐적 열'을 치료하는 데에 사용되었습니다. 1820년에는 프랑스 화학자인 피에르 펠티에와 조제프 카방투가 껍질에서 퀴닌을 추출해 껍질 자체보다 열을 치료하는 효과가 더 뛰어난 것으로 판명된 퀴닌 황산염 가루를 만들어냈습니다.

19세기에는 퀴닌이 말라리아의 주된 치료법이었습니다. 기분 좋은 약은 아닙니다. 맛이 쓰고 구역과 구토, 설사, 피부의 발진, 이명, 심지어는 고음역대의 청각 상실까지도 유발하거든요. 질문자님께서 제안하셨듯 소량을 사용하면 이런 부작용이 덜 일어날 테고, 추측하신 대로 오직 말라리아의 증상만을 무디게 해줄 것입니다. 완전하고 공격적인 치료를 하지 않으면 말라리아는 절대로 해결되지 않으며 그 사람은 평생 동안 감염된 채로 있게 됩니다. 아프리카와 남미에는 그냥 이런 식으로 살아가는 사람이 수백만 명이나 됩니다. 수많은 사람들은 결국 빈혈과 간부전이나 신부전, 혹은 폐렴과 같은 다른 감염으로 사망합니다. 말라리아의 피해자들은 정상인보다 다른 감염병에도 취약하기 때문입니다.

등골나무(*Eupatorium perfoliatum*)는 등골나물이라고도 하는데, 말려서 쓴맛이 나는 차를 만드는 데 썼던 꽃식물입니다. 이 식물은 홍조와 발한을 일으키며 열을 치료할 목적으로, 또한 완하제*로도 쓰였습니다. 북아메리카의 몇몇 인디언 부족이 이 식물이 유용하다는 사실을 알아냈고, 유럽인 정착민들은 그 인디언들에게서 이 식물을 들여왔습니다. 이 식물이 말라리아에 효과적이라는 증거는 제가 아는 한 없습니다. 지금도 그때도 이 식물이 민간요법으로 쓰이는 것은 땀을 흘리게 하는 효능 때문인데, 예전에는 이런 효능이 도움이 되는 것처럼 보였습니다. 실제로는 그렇지 않습니다.

카리브해 인근에 퍼져 있는 이국적인 질병에는 어떤 것이 있나요?

Q 제 이야기에서는 여주인공의 딸이 카리브해 인근 지역으로 여행을 떠났다가 입원을 해야 할 만큼 매우 아파져서 돌아옵니다. 가능한 질병으로 심각한 물갈이 설사[3]와 간염을 생각했지만 좀 더 이국적인 질병이었으면 좋겠습니다. 생각나시는 게 있나요?

A 주혈흡충병이요. 충분히 이국적인가요?

혀가 꼬이는 건 분명하죠, 발음하려면요. 이것은 흡충(디스토마 족에 속하는 벌레) 때문에 발생하는 감염병이며 전 세계적으로 종류가 몇 가지 됩니다. 카리브해 지역에서 감염될 가능성이 가장 높은 종류는 만손주혈흡충(*Schistosoma mansoni*)일 거예요. 만손주혈흡충은 카리브해 인근의 여러 지역에서 발생하는 풍토병이며 이 기생충에 감염되어 있는 물에서 수영이나 목욕을 하면 감염됩니다. 담수로 이루어진 모든 연못과 개울에 만손

---

3   외국 여행자가 앓는 설사병

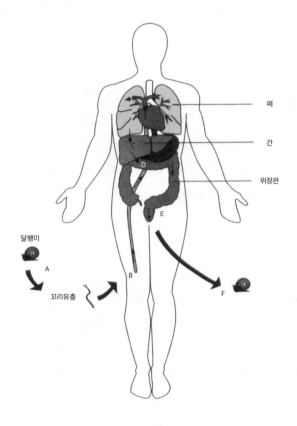

[그림 9] 주혈흡충의 생애주기

감염된 달팽이가 물속으로 꼬리유충을 방출하고(A), 꼬리유충은 상처가 없는 피부를 통해 인체에 침투한다(B). 꼬리유충은 주혈흡충 유충으로 변하여 혈류를 타고 폐와 간으로 이주한다(C). 이 형태는 이후 성숙하여 주혈흡충 성충이 되는데, 주혈흡충은 위장관으로 이동해 짝짓기를 하고 알을 낳는다(D). 알은 궁극적으로 배설된다(E). 다시 한 번 물과 접촉하면 이 알은 흡충섬모유충 형태로 변화해 달팽이에게 침입하고(F), 꼬리유충으로 변해 생애주기를 완성한다.

주혈흡충이 들어 있을 수 있습니다.

이 기생충의 생애주기는 복잡하고 흥미롭습니다.(그림 9) 여기에는 두 숙주(인간과 달팽이)의 협력과 유기체의 특정한 몇 가지 형태로의 변신이 필요한데요. 감염되는 형태는 꼬리유충이라고 합니다. 꼬리유충은 두 갈래로 꼬리가 갈라져 있는 벌레 형태의 초소형 유기체예요. 꼬리유충은 감염된 물과 접촉할 경우 상처가 없는 피부를 통해 체내에 들어옵니다. 들어온 다음에는 주혈흡충 유충이라는 형태로 변화해 혈류를 타고 폐로, 그다음에는 간문맥으로 이주하는데, 이곳에서 주혈흡충 성충으로 성숙합니다. 그런 다음 암수가 짝을 이루어 장 내벽으로 이주하는데, 그곳에서 살림을 차리고 짝짓기를 한 다음 알을 낳기 시작하죠. 알은 장 조직에 남아 있거나 다시 간으로 쏠려 갑니다. 어쨌거나 이 알은 궁극적으로는 배설되며 다시 물과 만나면 섬모(노 젓는 역할을 하는, 체외의 털처럼 생긴 구조물)를 이용해 자유롭게 유영하는 형체인 흡충섬모유충으로 부화합니다. 이 형태는 특정한 종류의 달팽이를 찾아 침투합니다. 달팽이 안으로 들어가면 꼬리유충으로 발전하여 물속으로 방출되고 이 주기는 반복됩니다.

인체 내에서는 침투, 이주, 성숙 주기가 4~5주 정도 지속됩니다. 이 기간 동안 피해자는 최초로 노출되었을 때 하루 정도 약간 가려울 수 있지만 보통 아무런 증상이 없습니다. 증상은 알을 낳는 단계에서 시작됩니다. 가장 흔한 증상은 열, 오한, 두통, 두드러기나 혈관부종(손, 발, 얼굴, 특히 입술과 눈이 두둑하게 부어오름), 기침, 체중 감소, 피로, 복통, 설사입니다. 가끔씩은 설사에 피가 섞여 있을 수도 있습니다.

진단은 어려운데, 그 이유는 대부분 주혈흡충병이 아예 고려되지 않기 때문입니다. 주혈흡충병은 장티푸스, 아메바성 이질 및 다른 설사병 혹은 유열성 질환의 연장이라는 혼동을 일으킵니다. 혈액검사와 요검사에서는 백혈구세포(WBC) 수치의 증가가 보일 텐데, 특히 호산 백혈구(백혈구의 한 종류입니다)가 모든 백혈구세포의 50퍼센트 이상으로 치솟게 됩니다(정상 수치는 3~5퍼센트입니다). 진단은 대변 검체에서 알을 찾아내거나 직장 조직의 생체검사를 통해, 또는 면역형광 항체검사의 양성반응을 통해 확정됩니다.

일단 진단되면 치료는 상당히 간단합니다. 옥삼니퀸(체중 1킬로그램당 15밀리그램)을 한 번, 프라지퀀텔(체중 1킬로그램당 20밀리그램)을 여섯 시간 간격으로 세 번 투여합니다. 질문자님의 등장인물이 대략 55킬로그램이라고 해보죠. 이 사람에게는 옥삼니퀸 825밀리그램이 한 번에, 프라지퀀텔 1,100밀리그램이 여섯 시간 간격을 두고 세 번에 걸쳐 투여될 것입니다.

질문자님의 이야기에서 감염된 젊은이는 아마도 낭만적인 폭포나 나무 그늘이 드리워진 시냇가 근처 웅덩이에 수영을 하러 갔을 수 있습니다. 온갖 이야깃거리를 가지고 완전히 정상적인 기분을 느끼며 집으로 돌아오겠죠. 6주 후, 그녀는 '독감'에 걸릴 수 있습니다. 열, 오한, 기침, 경미한 설사 등의 증상으로 그런 진단이 나오겠죠. 의사는 아스피린, 수액, 닭고기 수프로 그녀를 치료하려 하겠지만 상태는 악화될 겁니다. 열과 오한이 더 나고, 체중이 감소하며, 피가 섞인 설사가 진행됩니다. 입원하여 간염, 아메바성 이질, 어쩌면 장티푸스에 대해서도 검사를 하겠죠. 혈액검사, 바륨관장*, 혈액 배양을 해봐도 백혈구세포와 호산성 백혈구 수치의 증가를 제외하면 아무것도 드러나지 않을 것입니다. 간과 신장을 검사해도 정상일 거고요. 마지막으로 아메바 유기체를 찾기 위해 실험실로 보내진 대변 검체에서 주혈흡충의 알이 보이고, 혈액 샘플을 가지고 면역형광 항체검사를 할 것입니다. 등장인물이 반하게 된 귀엽고 젊은 의사가 진단을 내리고 치료를 할 것이며 등장인물은 더 이상 나빠질 일 없이 인생을 계속 살아나가게 되겠죠.

*
대장의 병터를 발견하기 위해서 항문으로 바륨이라는 물질을 집어넣고 촬영하는 X-선 촬영방법

척수근위축의 증상은 무엇인가요?

Q 제 책에 나오는 주요 등장인물에게 만성 척수근위축이라는 고통을 주었습니다. 이 책은 15세기 브르타뉴와 프랑스를 배경으로 하고 있는데요. 이 질병을 선택한 이유는 등장인물을 쇠약하게 만들되 전염성이 없고 상당히 희귀해 이 병을 어떻게 다루어야 할지 아는 사람이 아무도 없는 병을 원했기 때문입니다.

여주인공과 만날 때쯤 이 사람은 20대이고 다리는 이미 위축되어 있습니다. 그는 자기 형제가 그랬듯 자기도 죽게 되리라는 것을 알고 있지만 질병의 진전이 일시적으로 더뎌졌기에 몇 년을 더 살 수 있을 거라는 희망을 품고 있습니다.

이 사람의 힘이 점점 쇠약해져가고 있으며 몸의 아래에서부터 마비가 진행되어 위로 올라오고 있고, 이런 일이 벌어질 때 등장인물이 고통을 겪는다고는 이야기해줬습니다만 제 글을 읽은 비평 모임의 친구들이 이 사람이 겪는 병의 증상을 더 보여달라고 계속 요구합니다.

이 이야기가 말이 되는 것처럼 들리는지요? 이 희귀질환에 대해 더 이야기해주실 수 있는 내용이 있나요?

A | 네, 질문자님의 시나리오는 말이 됩니다. 자료 조사를 제대로 하신 게 분명하네요.

척수근위축(SMA)에는 최소한 세 가지 종류가 있습니다.

1. SMA I, 유아 SMA 혹은 웰드니히호프만병은 출생 시부터 나타나며 빠르게 죽음으로 이어집니다. 유아는 약하게 늘어지는 사지를 가지고 있으며 반사작용이 거의 없습니다. 보통은 태어난 지 1년도 안 되어 죽습니다. 질문자님의 이야기에는 어울리지 않죠.

2. SMA II, 만성 아동 SMA는 아동기 후기에 시작되어 천천히 진행됩니다.

3. SMA III, 청소년 SMA 혹은 쿠겔베르그-웰란더병은 아동기 후기에 시작되어 천천히 진행됩니다. 아마 이게 질문자님의 시나리오에 가장 잘 맞을 겁니다.

이것들은 모두 '하위운동신경원 질환'이라고 부르는 질환입니다. 이런 질환은 뇌보다는 척수 하부의 신경원(신경세포)에 영향을 끼칩니다. 운동신경원은 감각과 반대되는 의미로 운동에 관여하는 신경원입니다(감각에 관여하는 신경원은 감각신경원이라 합니다). 이 계열에 속하는 다른 질병으로는 근위축성 측색(ALS 혹은 루게릭병)이 있습니다. 천재적인 이론물리학자 스티븐

호킹이 ALS를 앓고 있죠.

SMA는 유전질환이므로 등장인물의 형제가 같은 병으로 죽었다는 것은 완벽하게 들어맞는 이야기이며, 등장인물이 앞으로 무슨 일이 일어날 것인지 알고 있다는 점에서 공포의 조짐을 더할 수 있습니다. 물론 1400년대에는 이 질병에 대해 알려진 것이 절대적으로 없었으며 이 질병의 이름조차 없었던 게 분명합니다. 등장인물은 죄인이나 귀신 들린 사람 혹은 다른 류의 위험한 인물로 생각되었을 가능성이 대단히 높습니다. 그 시대에는 과학보다 종교가 사람들이 믿는 내용에 더 강한 영향을 미쳤으니까요.

질문자님도 지적하셨듯 등장인물에게서 나타나는 원심성 신경원 자극의 상실은 진행성 근위축으로 이어집니다. 이는 보통 어깨와 골반의 커다란 중심 근육에서 더욱 두드러지게 나타납니다. 달이 가고 해가 갈수록 허벅지와 상완, 어깨가 점차적으로 무력해지고 쇠약해집니다.

감각신경원보다는 운동신경원에 관계되어 있으므로 이 증후군에서 통증은 보통 나타나지 않습니다.

증상은 그저 근육의 힘과 크기가 점점 줄어드는 것뿐입니다. 큰 근육에서 시작해 작은 근육으로 진행되죠. 무력함이 진행될수록 조정력과 예컨대 손의 움직임 같은 좀 더 섬세한 움직임이 약화됩니다. 손으로 글쓰기, 그림 그리기, 작은 물건을 가지고 놀기 등이 어려워질 거예요. 식기나 다른 도구를 다루는 행동도 어색하고 서툴러지겠죠. 걸음은 보폭이 넓어질 것이며

(균형을 더 잘 맞추기 위해서요) 발을 좀 더 끌게 될 것입니다. 걸리고 넘어지는 일이 흔하게 벌어질 테고요. 서고 걷고 의자에서 일어나는 게 점점 더 힘들어질 겁니다. 마침내 피해자는 의자나 침대에 매인 몸이 될 것이고 식사, 목욕, 옷 입기 등등에서 점점 더 다른 사람의 도움에 의존하게 될 것입니다. 이 질환은 뇌에 영향을 미치지 않으므로 이러는 내내 피해자의 정신은 온전할 거예요. 물론 우울증, 시무룩함, 분노와 같은 감정을 느끼거나, 자살에 대한 생각을 할 수는 있겠죠.

세균성 수막염 중 청소년들에게 감염될 가능성이 가장 높은 것은 무엇인가요?

Q 특이한 질문을 하고자 합니다. 넓은 의미에서 자서전적이라고 할 만한 소설을 쓰고 있는데요. 열두 살 때, 여름 캠프에 갔을 때 저는 매우 아파서 두어 주 동안 입원했고 거의 죽을 뻔했습니다. 그 경험에 대해 기억나는 것은 거의 없지만 그 당시 제가 세균성 수막염에 걸렸으며 그 캠프에 참가했던 다른 아이들 중에서도 여러 명이 같은 병에 걸렸다는 이야기를 나중에 들었어요. 이 사건을 제 이야기에 쓰고 싶은데, 이게 어떤 일이었을지에 대한 선생님의 생각을 듣고 싶습니다.

A 수막염이란 수막에 일어나는 염증인데, 수막이란 뇌와 척수를 덮고 있는 막입니다. 열두 살짜리에게 가장 흔한 수막염은 (몇 가지 다른 종류의 바이러스 때문에 일어나는) 바이러스성 수막염이거나(둘 다 박테리아인 헤모필루스 인플루엔자[4] 혹은 수막염균[5] 때문에 일어나는) 세균성 수막염이었을 거예요 질문자님이 묘사하신 시나리오에서 가장 가능성 높은 용의자는 수막구균성 수막염일 텐데, 이 병은 수막염균에 의해서 발생합니다.

수막구균성 수막염은 3세 이하의 아동 혹은 14~20세의 청소년에게서 가장 흔하게 발생합니다. 캠프나 병영, 학교 등 폐쇄된 공동체에서, 특히 사람들이 다양한 지방에서 와 모여 있는 곳에서 유행할 수 있습니다. 왜 그렇게 되는지 설명해드릴게요.

수막염균에는 다양한 유형 혹은 종류가 있습니다. 우리는 모두 코인두(코와 목구멍)에 이 수막염균을 비롯한 여러 박테리아를 가지고 다녀요. 우리와 가깝게 붙어 있는 지리적 공간에 사는 사람들이 대부분 그렇듯 우리는 이 박테리아에 면역이 되어 있습니다. 어쨌거나 우리는 매일 이것들과 함께 사니까요. 다른 지방으로 가면 우리는 같은 박테리아의 다른 종을 가지고 있는 사람들에게 노출됩니다. 우리는 이 다른 종류의 박테리아에 정기적으로 노출된 적이 없고 그에 따라 항체를 발달시키지 못했으므로 이 박테리아에 대한 면역력도 없을 수 있습니다. 또는 다른 사람이 다른 지역에서 우리 지역으로 와 우리를 그들이 가지고 있는 특정한 종류의 박테리아에 노출시킬 수도 있죠. 어느 경우든 우리는 이 외래 박테리아에 감염될 위험에 처하게 됩니다.

특히 바이러스에 대해서는 이런 설명이 더욱 잘 적용됩니다. 휴가나 여행을 다녀왔다가 독감이나 감기에 걸린 사람을 본

4　　Haemophilus influenzae

5　　Neisseria meningitidis

게 도대체 몇 번입니까? 비행기를 타고 국내의, 혹은 전 세계의 다른 지역을 방문할 때면 우리는 평소에 익숙한 환경의 일부가 아닌 바이러스에 노출됩니다. 이런 바이러스에 대한 면역력이 최소화되어 있거나 아예 없기 때문에 병에 걸리는 거죠.

수막염균은 코인두에 있는 흔한 박테리아입니다. 캠프에서나 병영에서 그렇듯 다양한 지역에서 온 사람들이 모이면 누군가가 대부분의 사람들, 적어도 다수의 사람들이 면역력을 갖추지 못한, 특히 병독성을 띠는 종을 가져올 수 있습니다. 그 말은 보균자는 면역력을 갖추고 있지만 해당 단체의 다른 구성원들은 그렇지 않다는 뜻이죠. 박테리아는 (음식이나 음료를 공유하거나 입을 맞추는 등) 직접적인 접촉을 통해 사람에게서 사람으로 퍼지거나 기침이나 재채기를 통해 공기로 퍼질 수도 있습니다. 이게 면역력이 없는 사람들에게는 목구멍 감염을 일으키는 무대가 됩니다. 이 박테리아는 코인두로부터 혈류로 들어가 뇌까지 번지고 수막염이 됩니다. 이것이 사람에서 사람으로 번져나가면 유행성 수막구균성 수막염이 발생합니다. 질문자님과 친구들에게 일어났던 일이 바로 이것일 겁니다.

잠복기가 24시간 정도로 짧으므로 유행병은 빠르게 번집니다. 첫 번째 사람이 아플 때쯤이면 다른 많은 사람들도 이미 노출되어 즉시 증상을 보이게 됩니다.

주된 증상은 열, 오한, 인후통, 심각한 두통, 목의 경직, 광선눈통증(빛에 노출되었을 때 눈에 발생하는 과민증), 전신의 통증과 구역입니다. 수막염은 뇌의 감염이므로 기면, 방향감각 상실, 혼란, 심지어 혼수까지도 일어날 수 있습니다. 질문자님이 이 사건을 잘 기억하지 못하는 이유가 이렇게 설명됩니다.

이 질병에는 몇 가지 중요하고 심지어 치명적이기까지 한 합병증이 있습니다. 뇌농양, 폐렴, 수막구균성 관절염, 심내막염(심장판막의 감염)과 수막알균혈증(빠른 사망을 초래할 수 있는 혈류의 심각한 감염)도 드물지 않죠.

치료법은 박테리아가 대단히 민감하게 반응하는 페니실린을 정맥주사로 고용량 투여하는 것입니다. 이 질환을 앓는 사람들은 대부분 적절한 치료를 받으면 완전히 회복됩니다.

심각한 우울증을 치료할 때 충격요법은 효과적인가요?

Q 우울증에 대한 충격요법이 알고 싶습니다. 제 등장인물 중 한 명이 심각한 우울증을 앓고 있어 모든 약물을 다 투여해본 상태입니다. 충격요법이 지금도 실시되나요? 어떻게 실시되죠? 효과는 있는지요? 합병증은 무엇인가요?

A 주요우울장애는 흔하고도 중요한 의학적 문제입니다. 이런 우울증은 환자에게서 삶의 좋은 것을 모두 앗아갑니다. 환자는 슬퍼지고 외로워지며 아무런 미래를 보지 못하고 누구와 같이 있어도 즐겁지 않으며 사회적 활동을 피하고 울고 자신을 돌보지 못하는 경우도 많습니다. 가장 심각한 형태의 우울증을 앓는 사람은 옷이 더럽습니다. 씻지도 않고, 뭘 먹는다 하더라도 형편없이 먹습니다. 이런 개인적 방임으로 인해 건강이 쇠약해지죠. 심각한 우울증의 치사율은 15퍼센트에 달하는데, 대체로 자살로 인한 것입니다.

전기경련요법(ECT)은 1930년대에 발명되었습니다. 여러 해 동안 이런 유형의 치료에 필요한 경련을 일으키기 위해 수많은 방법이 사용되었습니다. 처음에는 약물이 사용되었고 그다음에는 발작이 일어날 정도로 혈당 수치를 떨어뜨리기 위해 인슐린이 사용되었습니다. 마지막으로는 뇌에 전기충격을 주는 방법이 활용되었죠.

전기경련요법이 작동하는 방식과 그 효과에 대한 메커니즘은 잘 알려져 있지 않습니다. ECT가 만들어내는 전신발작(대발작)이 활성화시킨 전기적 신호가 어떻게인지는 몰라도 뇌의 '기분 중추'를 바꾸어놓는 것처럼 보입니다. 아무도 확실한 건 모르지만 결과는 극적일 수 있습니다.

마취 없이 ECT를 실시하던 초기에는, 발작이 일어나면 수용자가 가끔씩 심각하게 혀를 깨물거나 구토하여 토사물을 흡인하거나 심지어 유발된 경련의 격렬한 속성으로 인해 말단부의 뼈가 부러지는 일까지 있었습니다.

1975년 〈뻐꾸기 둥지 위로 날아간 새〉라는 영화가 개봉되어 ECT에 대한 부정적인 인식이 퍼졌습니다. 여기에서는 ECT가 치료적 노력의 일환이라기보다는 처벌 장치로 사용되었죠. 현재 ECT는 재기하는 중입니다. 간단히 말하면 효과가 있기 때문이죠. ECT는 반응률이 80~90퍼센트에 이르는, 안전하고도 효과적인 일차치료의 한 방법입니다. 질문자님의 등장인물처럼 의료적 치료법이 성공을 거두지 못한 사람들에게서도 ECT는 50~60퍼센트의 사례에서 효과를 보입니다. 모든 치료법이 그렇듯 ECT 이후에도 우울증은 재발할 수 있습니다.

치료 과정은 예전보다 훨씬 덜 야만적입니다. 환자는 들것

*
기도 확보를 위해 기관 내
에 관을 삽입하는 것

에 눕혀지고 정맥주사를 꽂은 뒤, 심장관찰용 전극이 가슴에, ECT 전극 패치가 머리 양쪽에 부착됩니다. 치료 과정 중에도, 마취 및 근육마비용 약효가 다 떨어질 때까지 환자에게 공기를 제공할 수 있도록 안면 마스크가 달린 앰부 주머니[6]로 입과 코를 덮거나 기관내삽관*을 합니다.

그런 다음 환자에게는 단기 작용 전신마취제와 근육이완제가 투여되는데, 이는 발작으로 인한 사고를 막을 수 있으며 따라서 과거에 일어나던 혀 깨물기와 뼈의 골절을 예방할 수 있습니다. 이런 상황에서 사용되는 단기 작용 마취제에는 정맥주사로 투여되는 디프리반(프로포폴) 25~50밀리그램과 필요한 만큼 반복적으로 정맥주사를 통해 투여되는 베르세드(미다졸람 염화수소) 2~5밀리그램이 포함될 수 있습니다. 이 약물은 즉시 효과가 나타나며 빠르게 소진됩니다. 사용되는 근육마비제에는 정맥주사를 통해 투여되는 1킬로그램당 0.10밀리그램의 노큐론(베크로늄 브롬화물) 혹은 정맥주사를 통해 투여되는 파불론(판큐로늄 브롬화물) 1~4밀리그램이 포함될 수 있고요. 투여는 필요한 만큼 반복될 수 있으며 20~30분 안에 효과가 소진됩니다.

ECT를 실시하는 의사는 흡인이나 심장부정맥을 예방하기 위해 환자의 심장율동과 기도 확보에 세밀한 관심을 기울입니다. 전류가 뇌에 작용하면 발작이 유도됩니다. 환자가 마취

6   자동 팽창하는 주머니가 붙은 환기마스크

및 마비되어 있으므로 전신성 발작에서 발생하는 강직간대 발작*은 일어나지 않습니다.

발작이 일어날 때 근육이
수축하며 움찔거리는 현상

심각한 우울증에는 원하는 반응이 일어날 때까지 일주일에 3회를 실시하는 방식으로 6~12회의 치료를 하게 됩니다. 장기적 부작용은 아예 없거나 최소한으로만 나타나는 것으로 보입니다. 단기적으로는 인지기능(사유 능력 혹은 문제해결 능력)이 며칠에서 몇 주간 둔해질 수 있습니다. 기억상실도 발생할 수 있는데, 기억상실은 역행성일 수도 있고(ECT 전에 일어난 사건을 기억하지 못하는 것) 전향성일 수도 있습니다(ECT 직후에 일어나는 사건을 기억하지 못하는 것). 어떤 경우에든 이런 기억상실은 며칠 혹은 몇 주 안에 해결되는 경향을 보입니다.

이 치료법은 효과적일 뿐만 아니라 장기적으로 우울증 치료에 사용되는 수많은 향정신성 의약물과 관련된 문제도 일으키지 않습니다. 이런 약물은 심각한 부작용이 있을 뿐만 아니라 다른 약물이나 특정한 음식과도 서로 영향을 미칠 수 있습니다.

심각한 우울증을 치료할 때 충격요법은 효과적인가요?

유산의 증상은 무엇인가요?

Q 저는 1900년대 초반에 병을 앓는, 아마도 유산을 하는 과정에 있는 여성 등장인물이 나오는 장면을 쓰고 있는 데요. 유산을 하면 어떤 기분이 드는지 알려주실 수 있을까요? 심각하게 배가 뭉치나요? 출혈은? 주의할 만한 징후는 뭐죠?

A 유산은 태아가 더 이상 생존할 수 없어 자궁이 태아를 내보낼 때 발생합니다. 이런 일은 여러 가지 이유로 초래될 수 있는데요. 태아에게 유전적인 결함이 있어 임신 기간을 다 채우고 생존하는 것이 잉태 순간에서부터 불가능할 수도 있고요. 태반이 빈약하게 형성되었거나 부적절하게 기능하여 태아 사망으로 이어질 수도 있습니다. 과거의 감염이나 경관확장과 자궁소파술(D&C, 52쪽 참조) 혹은 낙태와 같은 외상 때문에 자궁에 흉터가 나 있어 자라나는 태아를 지지하지 못할 수도 있고요. 혹은 건강한 태아가 외상이나 감염으로 인해 손상을 입을 수도 있습니다. 할리우드 영화에서 주로 나오는 장면은 여성이 계단에서 넘어지거나 떠밀리거나 말에서 떨어지는 것이

죠. 이런 것들을 포함해 여러 가지 유형의 복부 둔상이 태아에게 손상을 입히거나 태아를 죽여 태아의 소실이라는 결과로 이어질 수 있습니다.

유산이 임박할 때의 증상은 분명하지 않은, 혹은 근육이 뭉치는 듯한 하복부의 통증과 구역, 발한(땀), 현기증, 질의 출혈입니다. 속옷에 점처럼 묻어 나오는 정도의 경미한 출혈이 있을 수 있는데, 이는 유산이 임박하지 않더라도 임신 과정에서 발생할 수 있는 일입니다. 혹은 출혈이 활발하게, 심하게 일어날 수도 있습니다. 궁극적으로는 출혈이 심각해질 것이며 상당량의 양수가 만들어질 정도로 임신이 진행된 경우에는 '양수 터짐'으로 이어질 수 있습니다. 이것은 태아와 태반 조직의 배출로 이어질 거예요. 초기, 그러니까 겨우 몇 주 정도 된 임신에서는 이런 조직이 무정형에 너덜너덜하여 커다란 피떡에 더 가까워 보입니다. 두 달 이상이 되면 형태를 갖춘 태아가 배출될 수 있습니다.

여러 가지 요소에 따라 유산은 상당히 갑작스럽게 일어나거나 몇 주에 걸쳐 찔끔찔끔 진행될 수도 있습니다. 예컨대 여성은 한두 시간에 걸쳐 심각한 하복부 통증, 구역, 땀, 위약감과 혈액 및 조직의 배출을 경험할 수 있습니다. 말할 필요도 없지만, 이 경험은 고통스럽고도 잠재적으로 치명적인 사건이므로 공포와 불안을 동반할 것입니다. 한편으로는 며칠 혹은 몇 주 동안 경미하게 배가 뭉치는 느낌과 약간의 질 출혈을 경험할 수도 있습니다. 궁극적으로는 배의 뭉침이 더욱 심해질 것이고, 여기에 좀 더 심각한 출혈과 조직의 배출이 뒤따를 겁니다.

　이후 산모는 소량 혹은 다량, 심지어 실혈사(출혈로 인한 사망)로까지 이어지는 출혈을 일으킬 수 있습니다. 고열과 몸이 떨리는 오한을 동반하는 자궁 내 감염을 일으킬 수도 있으며, 이 감염으로부터 회복할 수도 있고 그러지 못할 수도 있습니다.

　백 년 전에는 할 수 있는 일이 거의 없었으며 생존은 유산의 심각성과 실혈의 정도, 감염의 발생 여부(치료법이 존재하지 않았으므로), 행운 등의 요소에 달려 있었습니다. 이런 상황에서는 여성을 자리에 눕히고 가벼운 음식과 따뜻한 차를 준 뒤 열을 떨어뜨리기 위해 물에 적신 스펀지로 닦아주었을 것입니다. 가족들이 모이고 사제가 방문할 것이며 의사가 있는 경우에는 의사가 호출될 것입니다. 할 수 있는 일은 별로 없겠지만요.

**임신 중에 어떤 문제가 발생할 때
병원 신세를 지게 되거나 입원하게 되나요?**

임신후기에 관찰되는 중
독증으로서, 주요 증상은
고혈압, 단백뇨 및 부종
이다. 자간전증에서는 용
혈, 간효소 증가, 혈소판
감소 등의 증상이 나타난
다. 임신중독증이라고도
한다.

Q 16세 미혼모의 임신을 둘러싸고 돌아가는 이야기를 쓰
고 있습니다. 이 등장인물이 구역, 체중감소, 우울증을
경험하기 때문에 이 임신은 까다롭습니다. 구상한 플롯
상 저는 등장인물이 임신 마지막 몇 주 동안 침대에만
누워 있었으면 좋겠는데요. 몇 가지 문제가 있을 때 의
사가 이런 권고를 할 수 있다는 사실은 알고 있습니다.
그런 것 중 제가 고려해봐야 할 평범한 문제로는 뭐가
있을까요?

A 가장 가능성이 높은 네 가지 문제는 조기산통(진통),
조기양막파열(양수 터짐), 자간전증*, 분만전후심장근
육병입니다. 하나씩 살펴보도록 하죠.

조기산통은 출산예정일로부터 수 주 혹은 수개월 전에 자
궁이 수축을 시작하는 경우입니다. 이런 수축이 지속되면 조산
으로 이어질 수 있는데 그 경우 아이의 생존이 문제가 됩니다.
보통 수축은 경미하고 간헐적인 하복부의 불편감으로 시작되
어 빈도와 강도가 며칠에 걸쳐 발전됩니다. 처음에는 임신부가

이런 수축을 무시하거나 부인할 수 있지만 수축이 진행되면 의료적 도움을 찾을 수밖에 없을 겁니다. 약간의 질 출혈이 발생할 수 있습니다.

화장실 사용이나 목욕, 식사를 위해 자리에서 일어날 수 있을 가능성은 높겠으나 조산에 대비해 임신부는 침대에서 요양해야 합니다. 이때의 주된 관심사는 임부가 가능한 한 활동을 피하는 것입니다. 이런 보존적 방법으로 수축이 진정되지 않으면 조기자궁수축을 멈추기 위해 임신부는 입원하여 정맥주사로 마그네슘 황산염[7]을 투여받게 됩니다. 이것도 성공적이지 않으면 아마도 제왕절개(c-섹션)를 통한 출산이 이루어질 수 있습니다.

조기양막파열은 출산예정일로부터 수 주 혹은 수개월 전에 양수가 터지는 것을 말합니다. 이것은 조기산통보다도 위험합니다. 양막이 파열되면 양수가 소실되고 태아가 살고 있는 '고치'가 망가지게 됩니다. 이것은 많은 경우 출산으로 이어지는 '진짜' 진통을 촉발하거나 자궁이 감염될 가능성을 높입니다. 가끔은 적절한 치료와 행운이 뒤따라 양막이 치유되고 양수가 재형성되어 임신이 계획대로 지속될 수 있습니다.

조기양막파열에 대비해 산모는 입원하여 감염의 징후(열, 오한, 질 분비물)나 태아절박가사*의 징후(태아의 심박수 증가 및 감

소 혹은 비정상적인 태아의 움직임)가 있는지 관찰을 받게 됩니다. 엄격하게 침상에서 절대안정을 취하게 될 것이며 정맥주사로 항생제를 투여받을 가능성도 높습니다. 임신 28~36주 사이라면 의사가 이런 치료를 통해 시간을 벌려고 노력할 겁니다. 임신 36주 이상이라면 의사가 진통을 유도하기로 선택할 수도 있습니다. 어느 경우에든 감염이나 태아절박가사의 징후가 나타나면 머잖아 출산이 이어지게 됩니다.

자간전증은 흔하지만 잘 알려지지 않은 질환입니다. 매년 전 세계적으로 5만 명 이상의 여성이 이 질환으로 사망하는 것으로 추산되는데요. 이 질병은 면역체계와 관련되어 있을 가능성이 높은, 산모와 태아 간의 복잡한 상호작용 때문에 일어납니다. 첫 임신 때에, 산모에게 당뇨병이 있을 때 더욱 흔하게 발병하고요. 어머니나 아버지가 자간전증 임신으로 태어났을 경우에도 발병 가능성이 높습니다. 이상하게도 흡연을 한 여성에게서는 덜 발생합니다.

자간전증의 증상 및 징후에는 혈압의 상승, 발목, 발, 손과 눈 주변의 부종(부어오름), 과민성*, 두통, 기면, 혼란, 단백뇨 등이 포함됩니다. 치료를 하지 않으면 자간증**으로 발전할 수 있는데, 자간증의 특징은 발작, 혼수, 심각한 혈압 상승, 높은 치사율입니다.

자간전증에 걸린다면 질문자님의 이야기 속 젊은 여성은 입원하여 엄격하게 침상에서 절대안정을 취하게 될 것이며 정맥주사로 마그네슘 황산염을 투여받고 혈압을 조절하기 위해

임신 중에 어떤 문제가 발생할 때 병원 신세를 지게 되거나 입원하게 되나요?

이뇨제를 비롯한 여러 약물을 쓰게 될 것입니다. 이때도 역시 태아가 36주 이상이 될 때까지 시간을 벌기 위해 이 치료를 계속할 수 있고, 그다음에는 출산이 이루어질 것입니다.

또 다른 가능성은 분만전후심장근육병인데, 영어로는 페리파르툼 카디오마이오패시(Peripartum Cardiomyopathy)입니다. 발음만 하려고 해도 참 어렵죠. 번역을 하자면, '페리'는 근처라는 뜻입니다. '파르툼'은 출산의 시간을 말하는 것이고요. '카디오'는 심장을 뜻하며 '마이오'는 근육을 가리킵니다. '패시'는 질환이라는 뜻이죠. 그러니까 페리파르툼 카디오마이오패시란 출산 시간 즈음에 발생하는 심장근육의 질환을 뜻합니다. 따지고 보면 그렇게 어렵지 않아요.

심장병학에는 몇 가지 서로 다른 유형의 심장근육병이 있습니다. 대부분은 펌프로서의 심장기능, 즉 심장의 주요 기능이 빈약해진다는 것이 공통점이죠. 이것을 지칭하는 전문용어가 '심부전'입니다. 쇠약해진 심장은 더 이상 마땅히 그래야 하는 정도로 활발하게 혈액을 펌프질해 몸 전체로 보내지 못합니다. 그러면 혈압은 낮은 수치로 떨어지며 폐에 압력이 형성되고[8] 폐가 물로 가득 차고 피가 쏠리게 됩니다. '울혈성 심장기능상실(심부전)'이라고 알려진 질환이죠. 주된 발병원인은 고혈압, 심장마비를 동반하는 관상동맥 질환, 알코올과 같은 독소, 심장근

---

8   심장의 작용으로 인해 폐로부터 온몸으로 혈액이 돌아야 하는데, 폐에서 들어오는 혈액을 심장이 몸으로 뿜어내지 못해 혈액이 폐로 돌아오기 때문이다.

육의 바이러스 감염 등입니다.

분만전후심장근육병은 울혈성 심장기능상실의 특수한 형태입니다. 발병원인은 알려지지 않았으나 3~4천 건의 임신 중 한 건꼴로 발생합니다. 이유는 알려지지 않았지만, 임신 마지막 달에서 출산 후 5개월에 이르기까지 산모는 심장근육의 약화를 일으켜 심부전에 빠질 수 있습니다. 증상은 숨참, 피로, 다리의 부종입니다. 치료는 휴식, 염분 제한, 이뇨제를 통해 합니다. 가끔은 심장근육을 강화하는 디기탈리스를 주기도 합니다.

보통 분만전후심장근육병은 임신 마지막 몇 주 동안에 시작되어 출산 후 며칠 안에 해결됩니다. 이후에 임신을 할 때마다 이 병은 악화되기 때문에 이 병을 앓은 여성들은 보통 미래에는 임신을 하지 말라는 조언을 받습니다. 이 병의 발생을 예측하거나 예방할 수 있는 방법은 알려지지 않았습니다.

며칠에서 일주일에 이르는 기간 동안 질문자님의 이야기 속 등장인물은 점차적으로 피로를 느끼고 (신체가 수분 속의 염분을 계속 보유하기 때문에) 체중이 좀 증가할 것이며 점점 숨이 차게 되고 발목이 부어오르며 병원에 입원하여 치료를 받아야 할 것입니다.

이 등장인물이 집에 있기를 원하신다면 조기산통으로 가세요. 병원에 있기를 원하신다면 이 중 어느 것도 괜찮습니다.

어떤 의학적 비상상황이 일어나야 젊은 여성의 비밀 임신이 드러나게 될까요?

Q 제 이야기에서는 16세 소녀가 부모에게서 임신을 숨기려고 시도하며 몇 달 동안은 그렇게 하는 데 성공합니다. 그 시점에서 저는 이 등장인물의 비밀이 극적이고도 목숨에 위협이 되는 방식으로 밝혀졌으면 하는데요. 저는 유산을 생각했습니다만, 이 등장인물의 목숨이 위험하게 되는 다른 상황을 제안해주실 수 있을까요? 저는 이 등장인물이 살아남기는 하되 그냥 겁에 질렸으면 좋겠습니다.

A 몇 가지 상황이 떠오르네요.

질문자님이 제안하셨듯 유산이 괜찮을 겁니다. 유산은 단 한 차례의 극적인 사건을 통해서나 며칠에 걸쳐 찔끔찔끔 진행되는 방식으로 일어날 수 있습니다. 갑자기 하복부에서 출혈과 태아 조직의 배출을 동반하는 쥐어짜는 듯한 통증을 느낄 수 있겠죠. 임신 수개월이 되었다면 태아는 형체를 갖추었을 것입니다. 등장인물이 실신하여 쇼크 상태에 빠질 수도 있는데, 이때는 혈압이 낮고 손가락, 발가락, 입술 주변의 청색증을 동반하는 창백한 안색을 보일 것이며 차갑고 축축한 땀을 흘릴 겁니다. 병원 응급실로 이송될 테고, 거기에서는 정맥주사를 꽂고, 혈액과 체액을 투여하겠죠. 그런 다음에는 긴급 D&C(경관확장과 자궁소파술)을 위해 수술실로 이송될 겁니다. 의사는 아마 산부인과 의사일 가능성이 높은데, 이 과정에서 그가 자궁의 잔류 조직을 제거할 것입니다.

그렇지 않으면 등장인물은 약간의 질 출혈을 동반하거나 동반하지 않는 간헐적인 통증을 겪을 수도 있는데, 이 통증은 유산이 발생하는 시점까지 점차 진행될 것입니다. 병원 방문과 D&C가 이어지겠죠. 어느 상황에서든 등장인물은 며칠간 병원에 머물 것이나 장기적으로는 문제없이, 그러니까 적어도 신체적인 문제는 없이 완전히 회복하게 될 가능성이 높습니다. 심리적 반응은 장기적이고 심각할 수 있죠.

또 다른 가능성은 자궁외임신입니다. 수정 시에 난자는 난소를 떠나 난관 입구로까지 나아간 다음 자궁을 향해 내려가기 시작합니다. 정자는 자궁경부 개구부(자궁경부 끝에 있는 구멍)로 들어와 경부를 헤엄쳐 자궁 안으로 들어가고요. 그런 다음 정자는 난관으로 이동해 내려오던 난자와 만납니다. 그중 한 마리가 경쟁에서 이기고 실제 수정이 난관 안에서 일어납니다. 수정된 난자는 계속해서 아래로, 자궁 안으로 내려오며 여기에서 자궁벽의 안쪽을 이루고 있는 자궁내막에 착상되면서 임신이 시작됩니다.

가끔은 수정된 난자가 난관에 걸리기도 합니다.(그림 10) 접합

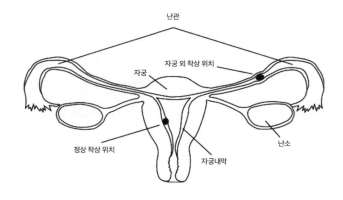

[그림 10] 자궁외임신
정자에 의한 난자의 실제 수정은 난관에서 이루어진다. 그 결과로 만들어진 접합체는 자궁으로 이동해 자궁내막에 착상된다. 가끔은 접합체가 적절히 내려오는 대신 난관에 걸려 자궁외임신을 초래한다. 이런 상황에서는 궁극적으로 수술을 통한 제거가 필요해진다.

체(태아로 자라날, 세포로 이루어진 구체)는 정상적으로 발달하여 자궁에 착상되었을 경우와 마찬가지로 계속 커집니다. 초기에 산모의 증상은 정상적으로 자궁 내 임신을 한 것과 정확히 똑같습니다. 아침에 구역질을 하게 되고 감정기복이 심해지며 가슴이 부드러워지는 것을 포함해 임신의 모든 증상이 나타납니다. 임신검사를 하면 양성반응이 나올 것이며 아무도 뭔가 잘못되었다는 사실을 알거나 짐작할 수 없습니다. 그러나 태아가 발달하고 성장하면서 난관은 자궁과 달리 점점 커지는 태아를 품을 정도로 확장할 수가 없습니다. 궁극적으로 난관이 파열하게 됩니다. 이렇게 되는 데에는 6~12주가 걸리죠.

증상은 복통이 더 심각하며 통증이 하복부 중앙에 집중되기보다는 어느 난관에 자궁외임신이 이루어졌는지에 따라 하복부의 좌측이나 우측에서 발생한다는 점만 제외하면 유산과 비슷합니다. 파열된 난관이 복강 내로 출혈을 일으킵니다. 다만 유산의 경우와는 달리 자궁경부가 열려 피가 체외로 나가게 될 가능성이 낮기 때문에 질 출혈은 덜 극적으로 일어나거나 아예 발생하지 않을 수도 있습니다.

자궁외임신은 보통 난관 파열이 일어나기 며칠 전부터 좌측이나 우측 복부에 통증을 유발합니다. 증상이 비슷하기 때문에 이 통증은 충수염*으로 오인되는 경우가 많습니다. 골반내진**으로 보통 하복부의 우측 혹은 좌측에 뚜렷한 덩어리가 드러나는데, 이곳이 난관과 난소가 있는 부위로 명칭은 자궁부속기라 합니다. 이 단계에서 산부인과 의사를 방문하면 의사는 등장인물이 임신검사에서 양성반응이 나왔다는 사실과 자궁부속기에 부드러운 덩어리가 있다는 사실을 알아내고 복부 초음파(음파를 활용한 복부 내용물의 사진촬영)를 실시해 자궁외임신이라는 진단을 내릴 것입니다. 수술이 이어지겠죠. 영향을 받은 난관은 제거될 것입니다. 다른 난관과 난소, 자궁이 온전하게 남아 있으므로 미래에도 임신은 가능합니다.

등장인물이 복부 통증을 무시하거나 부인했다면 이 통증은 점차적으로 심해지고 잦아지겠으나 약간의 질 출혈이 일어날 가능성은 낮습니다. 결과적으로 난관 파열이 일어나겠죠.

또 다른 시나리오는 임신을 들킬지 모른다는 두려움 때문

*
흔히 맹장염으로 잘못 사용하고 있으며, 충수돌기라는 기관에 염증이 생기는 질환

**
산부인과 진찰 방법 중 기본이 되는 검사로, 자궁 및 자궁 부속기를 만져보아 이상 유무를 판별하는 방법

— 어떤 의학적 비상상황이 일어나야 젊은 여성의 비밀 임신이 드러나게 될까요?

*
자궁에 구멍이 뚫리는
일. 인공임신중절 때 의
료기구에 의해 발생하는
경우가 많다.

에 등장인물이 묻지도 따지지도 않고 낙태를 실시하는 비양심적 무면허 의원으로 향하는 경우입니다. 물론 비용은 꽤 비싸죠. 이곳에서는 자격이 없는 의사나 간호사, 혹은 아무런 의료 훈련을 받지 않은 누군가가 임시방편으로 부적절한 장비를 사용해 소독도 제대로 하지 않은 채 D&C를 실시하게 됩니다. 여기에 뒤따를 수 있는 생명에 위협이 되는 합병증은 수도 많고 심각합니다.

등장인물은 이 과정에서 일어난 외상으로 인해, 혹은 D&C가 완전하게 이루어지지 않는 경우 남아 있는 조직 때문에 계속해서 출혈을 일으킬 수 있습니다. 통증과 출혈이 며칠 동안 계속될 것이며 등장인물은 점점 더 약해지고 빈혈이 심해질 것입니다. 결국 비밀이 드러나게 될 가능성이 높습니다.

옷걸이로 낙태를 하던 시절에 흔하게 일어나던 사건인 자궁 천공*을 겪을 수도 있겠죠. 이때는 원치 않는 임신을 제거하기 위한 기구가 자궁벽을 통과해 복부로 들어갑니다. 자궁은 사실 상당히 쉽게 천공이 일어나는데, 치료적 목적의 낙태나 D&C를 실시하는 의사들은 이 사실을 매우 잘 알고 있고 이러한 합병증을 피하기 위해 엄청나게 신경을 씁니다. 자궁 천공은 매우 고통스러운 일이며 심각한 출혈이나 쇼크로 이어집니다. 이런 방식으로 손상되는 경우 자궁은 엄청난 양의 출혈을 일으키는 경향이 있으므로 사망도 흔하게 일어납니다. 이런 경우에 목숨을 구하려면 자궁을 고치거나 제거하는 응급수술을 해야 합니다.

등장인물은 낙태에서 살아남는다 하더라도 며칠 뒤에는 그만 감염을 일으키고 말 수도 있습니다. 자궁 내의 감염은 특히 위험합니다. 자궁에는 감염을 억제하는 능력이 거의 없으므로 부적절한 소독기술로 인해 자궁 내부에 들어온 세균성 유기체들은 빠르게 혈류로 들어가 패혈증(혈류의 감염)과 패혈쇼크로 이어질 수 있습니다. 패혈쇼크는 박테리아의 독소가 혈압에 대한 심혈관의 제어 능력과 산소를 사용하는 신체조직의 능력에 심각한 장애를 일으킬 때 발생합니다. 패혈쇼크의 증상과 징후에는 저혈압, 고체온, 몸이 떨리는 오한, 혼란, 방향감각 상실, 궁극적으로는 죽음이 포함됩니다. 이런 유형의 감염은 치사율이 높습니다. 현실적으로 목숨을 구하려면 자궁의 수술적 제거와 고용량의 항생제 투여, 스테로이드 정맥주사와 혈압을 유지하기 위한 약물이 필요합니다.(도파민, 에피네프린, 도부타민이 이런 목적으로 흔하게 사용되는 정맥주사제입니다.)

걸프전 증후군이 무엇인가요?

Q 지금 쓰고 있는 단편소설을 위해서 걸프전 증후군에 관한 정보가 좀 필요합니다. 제가 읽은 모든 내용은 정리가 되지 않고, 이 증후군이 실재하는 것인지 아닌지를 놓고 많은 토론이 벌어지고 있는 것 같습니다. 이 증후군은 실재하는 건가요? 걸프전 증후군을 일으키는 것은 무엇이며 이 증후군이 있는 사람들은 어떤 영향을 받나요? 걸프전 증후군에 대한 치료법이 있습니까?

A 잘 정리가 되지 않으시는 것도 당연합니다. 전문가들조차도 걸프전 증후군이 실재하는 것인지, 만일 실재하는 것이라면 이 증후군을 유발하는 것은 무엇인지를 두고 논쟁을 벌입니다. 걸프전 증후군은 광범위하고도 복잡한 주제이며 이 증후군에 대한 우리의 이해는 아직 진화해나가는 단계입니다.

페르시아 만의 걸프전쟁에서 귀환한 수많은 미군들이 비정상적인 증상을 나타내기 시작하면서부터 이 논란은 시작되었습니다. 가장 흔한 증상은 피로, 두통, 기억상실, 불면증, 다양한 발진, 발과 손의 부종 및 화끈거림, 관절의 통증과 부종, 만성적 기침, 근육의 위약, 협응 능력 상실, 말단부의 얼얼함과 저림, 직장의 출혈, 두근거림을 동반하는 심장부정맥 등입니다. 이런 증상들의 집합이 걸프전 증후군(GWS)이라고 알려지게 되었죠.

의학에서 '증후군(syndrome)'이라는 용어는 개별적인 질환으로 인정될 만큼 잦은 빈도로 함께 발생하지만 인과적, 생리학적 관계가 밝혀지지 않은 집합적인 징후와 증상을 의미합니다. 남녀가 손을 잡고 거리를 걸어간다고 해서 그 사람들이 결혼을 했다는 뜻은 아니죠. 증후군에서는 이처럼 징후와 증상이 손을 붙잡고 있지만 둘 사이에는 결혼이나 그 외의 어떤 관계도 과학적으로 확립되지 않습니다. 걸프전 증후군의 경우도 그렇습니다.

걸프전 증후군의 원인은 알려지지 않았습니다. 어떤 사람들은 걸프전 증후군이 전적으로 정신·신체적 질환이라고 보는 반면 또 어떤 사람들은 이라크 군대가 사용했던 화학적·생물학적 무기에서 유발되었다거나, 이라크 군대의 화학무기 저장고를 미군이 파괴했을 때 약품이 공기로 누출되어 사병들을 유독 가스에 노출시킨 결과로 나타난 것이라고 이야기합니다. 그 외의 사람들은 미군들이 맞았던 탄저병과 보툴리누스균 백신 혹은 다수의 알려진 화학무기 혼합물의 효과를 상쇄하기 위해 보급되었던 피리독신 브롬화물 알약과 관련되어 있다고 믿습니다. 가장 가능성 높은 설명은 이 모든 주장을 결합한 것일 겁니다. 즉, 독성과 관련된 증상은 군인들이 배급받았던 백신과 약품 및 군인들이 노출되었던 화학적·생물학적, 혹은 두 성격을 모두 가지고 있는 물질의 복합적 영향으로 나타난 것일 수 있습니다.

당시 이라크 군대가 소유하고 있던 유독 화학물질에는 사린, 소만, 타분, VX, 시안화수소, 염화 시아노겐, 머스타드 가스, 티오디글리콜(머스타드 가스의 전신이 되는 화학물질), 루이사이트 등이 포함됩니다. 가능한 생화학 물질에는 보툴리누스 독소와 탄저병이 포함됩니다.

사린, 소만, 타분, VX는 빠르게 작용하여 노출된 사람의 신경계를 손상시키는 강력한 신경독입니다. 걸프전 증후군의 증상 중 상당수가 성격상 신경학적이므로 이러한 화학물질의 연관성을 쉽게 밝힐 수 있습니다. 머스타드 가스, 티오디글리콜, 염화 시아노겐, 루이사이트는 피부와 폐에 손상을 입힐 수 있습니다. 보툴리누스 독소와 탄저병은 심각한 신경학적 장애를 일으킬 수 있습니다. 피리독신 브롬화물은 물론 위에서 언급된 백신에도 신경학적 부작용이 있습니다.

불행히도 걸프전 증후군의 원인이라고 사람들이 믿거나 이야기하거나 의심하는 것들 중 상당수는 과학적 근거가 전혀 혹은 거의 없습니다. 어쨌든 아직까지는 그렇죠. 이 분야에 대한 연구가 진행 중입니다. 이 증후군을 더 잘 이해하게 되는 날이 오기까지는 완치나 효과적인 치료가 불가능합니다.

II

살인과
상해의
방법들

6
총, 칼, 폭발물, 기타 살상무기의 효과

전기충격기가 살인무기로 사용될 수 있나요?

Q 두 사람 모두 군중이 많이 몰려 있는 곳에 있는데 한 사람이 다른 사람을 죽여야 하는 이야기를 쓰고 있습니다. 제 생각은 살인범이 전기충격기를 사용한다는 것이었는데요. 이런 장비는 치명적이어서는 안 되는 것으로 되어 있긴 하지만, 피해자에게 심장병이 있거나 피해자가 심장박동조율기(페이스 메이커)를 쓰고 있을 경우 보통보다 오랜 시간 동안 전기를 흘려보내면 사람이 죽을 수도 있을까요?

A | 흥미로운 질문이네요.

전기충격기는 치명적이지 않으며 아주 드문 경우에만 정상적이고 건강한 성인의 죽음을 초래하게 된다는 질문자님의 가정은 맞는 말입니다.

전기충격기와 테이저건[1]은 고(高)전압, 저(低)전류의 충격을 전달합니다. 보통은 5만 볼트 정도지만 어떤 전기충격기는 30만 볼트까지도 전달하죠. 이는 근육의 격렬한 수축을 유발하며 대단히 고통스럽습니다. 대부분의 사람들은 땅으로 쓰러져 고통 속에 몸부림치죠. 어떤 사람들은 아주 강인해서 테이저건의 전극을 뜯어내거나 공격자의 손에 들려 있던 전기충격기를 쳐낼 수도 있습니다. PCP나 메스암페타민 같은 특정한 약물을 투여했거나 덩치가 크고 화가 나 있는 사람들이 전류의 영향을 극복할 가능성이 더 높죠.

심장박동조율기는 파발생기(장치 자체)와 심장과 조율기를 이어주는 전극(전선)으로 이루어져 있습니다.(그림 11)

조율기는 보통 쇄골 바로 아래에 삽입되며 겉으로는 흉벽에 솟아나 있는 시계 문자반 정도 크기의 혹 형태로 보입니다. 전극은 쇄골 바로 아래에 있는 쇄골하정맥을 지나 상대정맥을 통해 전진시킨 다음 심장의 오른쪽으로 들여보낸 뒤 이곳에서부터 우심실의 아래쪽 끝부분에 꽂아 넣습니다. 그런 다음 전

---

1 경찰이 사용하는 권총 모양의 전기충격기. 전극이 들어 있는 침을 발사하여 맞은 사람을 감전시킨다는 점에서, 별도의 침을 발사하지 않고 전류로 충격을 주는 전기충격기와는 구분된다.

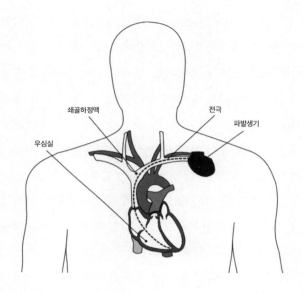

[그림 11] 심장박동조율기
심장율동을 조정하는 데 도움을 주는 장치인 영구적 심장박동조율기는 쇄골 근처의 피부 아래에 삽입되며 정맥을 지나 우심실로 들어가는 전극을 통해 심장과 연결된다. 이 장치는 위험할 정도로 낮은 심장박동수를 예방하기 위한 안전망이다.

우심실 · 쇄골하정맥 · 전극 · 파발생기

극이 조율기와 연결됩니다.

전기충격기에서 나온 전류는 파발생기 자체에 직접적으로 영향을 미칠 때만 심장박동조율기에 영구적 손상을 입힐 수 있습니다. 이렇게 하면 파발생기의 전자장치가 타버리거든요. 이런 일이 일어나려면 전기충격기를 가슴에 대거나 테이저건의 전선이 심장박동조율기 바로 위의 피부를 뚫어야 할 것입니다. 그 외의 다른 신체 부위에 전하가 걸리면 파발생기 자체에 피해를 줄 가능성이 낮습니다.

그렇긴 하지만 전류는 실제로는 심장이 뛰지 않는데 심장이 뛴다고 생각하게 만드는 방식으로 조율기의 감지기능에 간섭할 수 있습니다. 조율기는 '요구형 장치'인데, 그 말은 조율기가 심장의 전류를 읽어내 심장이 일을 하지 않을 때에만 전류를 내보낸다는 뜻입니다. 심장이 정상적으로 뛰면 조율기는 그냥 가만히 관찰만 합니다. 전기충격기의 전류를 조율기가 심장의 활동으로 감지한다면 조율기는 작동하지 않을 것입니다.

하지만 심장박동조율기를 착용한 대부분의 사람들은 우리가 '조율기 의존적'이라고 부르는 상태가 아닙니다. 조율기에 의존적이라는 말은 원래의 심장율동이 없거나 아주 느려서 조율기가 없으면 심박수가 대단히 낮은 수치로(분당 30회 혹은 그 미만) 떨어져 사망으로 이어질 수 있다는 뜻입니다. 대부분의 사람들은 심박수의 간헐적 저하에 대비한 안전장치로서 조율기를 착용합니다. 이런 환자들에게는 생존하기에 충분할 정도의 원래 심장율동이 있으므로 이 경우에는 전기충격이 조율기의 감지기능에 간섭을 한다 해도 치명적이지 않을 것입니다.

전기충격기는 심장박동조율기를 차고 있는 사람을 죽일 수도 있지만 그럴 가능성은 낮습니다.

심장병이 있는 사람의 경우, 관상동맥 질환이나 어떤 형태의 위험한 심장율동이 있어 약을 먹고 있었다면 공격이 주는 고통과 충격이 심장마비나 치명적인 부정맥을 촉발할 수 있습니다. 통증, 충격, 공포, 분노는 부신에서 혈류로의 아드레날린 분비를 일으킵니다. 이는 심박수와 혈압의 급속한 상승을 유발하는데, 이것이 심장마비로 이어지거나 심장율동의 치명적 변화를 촉발할 수 있습니다.

질문자님의 이야기 속 살인자가 피해자에게 심장병력이 있다거나 그의 심장이 '좋지 않다는'(어쩌면 피해자는 매일 협심증 발작을 일으키거나 육체적·감정적으로 스트레스가 심한 상황에서 니트로글리세린을 자주 사용할 수 있습니다) 사실을 알고 있다면 그는 테이저건이나 그와 유사한 공격을 통해 피해자의 사망을 초래할 수 있다는 예상을 합리적으로 할 수 있습니다. 이런 배경을 설정해두시면, 질문자님의 살인 방법은 완벽하게 개연적입니다.

전기충격기에 공격당한 피해자는
어떤 일을 겪게 되나요?

Q 제가 지금 쓰는 책에서는 등장인물이 전기충격기로 공격을 당합니다. 어떤 일이 일어날까요? 의식을 잃을까요? 언제쯤 일어날 수 있게 될까요? 자기가 다쳤다는 사실을 기억할까요?

A 전기충격기는 주된 기능을 하는 끝부분을 공격자 혹은 피해자의 피부에 대야만 하는, 손으로 들고 다니는 접촉성 장비입니다. 반면 테이저건은 손에 들고 있는 장치와 철사로 연결되어 있는 작은 화살 한 쌍을 발사하는, 손으로 들고 다니는 발사체 무기죠. 테이저건의 화살은 피부를 뚫고 들어가며 심지어 옷도 관통할 때가 있습니다. 상업적으로 이용 가능한 대부분의 테이저건에서 철사의 길이는 대략 460센티미터가량입니다.

전기충격기와 테이저건은 모두 피해자의 모든 근육을 수축시킴으로써 그를 마비시키는 고전압, 저전류의 전하를 전달합니다. 전압은 종류별로 5만 볼트에서 30만 볼트까지로 다양합니다. 어떤 테이저건에서는 최초의 전하가 5~10초 정도 지속되다가 그보다 짧은 전하가 연달아 뒤따라 총 지속시간이 대략 30초에 이릅니다. 장비별로, 제조사별로 다양하죠.

피해자는 영구적인 손상을 입지 않으나 충격에서 회복하는 데에는 몇 분 정도가 필요할 수 있습니다.

피해자는 보통 바닥에 쓰러지며, 근육이 수축함에 따라 등이 굽고 사지는 발작을 일으킬 때처럼 경련합니다. 이것을 강직간대 발작이라고 부릅니다. 피해자는 비명을 지르거나 신음소리를 낼 수는 있지만 일어나거나 뛰거나 기는 등 어떤 것이든 의도가 있는 움직임을 보일 수 있을 가능성은 적습니다. 몇 분이 지나면 피해자는 다시 정상이 되겠죠. 어쩌면 약간 더 지친 상태이겠으나 모든 신체적 움직임과 활동을 할 수 있을 겁니다. 남아 있는 장애는 없어야 합니다.

피해자는 의식을 잃지 않으며 아마도 모든 것을 기억할 것입니다. 아마 엄청나게 고통스러운 세부사항까지도 말이죠.

전기충격기는 피해자와 몸이 닿아 있는 다른 사람에게도 충격을 주나요?

Q 통증을 느끼지 못하는 등장인물이 바닥에 쓰러져 야경 봉과 전기충격기를 들고 있는 간수들에게 구타를 당하는 장면이 있는데요. 이 싸움이 벌어지는 동안 간수 중 한 사람이 등장인물을 전기충격기로 공격합니다. 전기 충격기를 들고 있는 간수가 피해자에게 닿아 있다면 그 사람도 전하에 의해 충격을 받게 될까요? 등장인물과 닿아 있는 다른 간수들도 충격을 받을까요?

A 정답은 두 경우에 모두 '그렇다'입니다.

전류를 받아들이고 있는 사람과 닿아 있는 사람은 누구든 마찬가지로 충격을 받게 됩니다. 심폐소생술(CPR)을 할 때, 전류를 방출하는 버튼을 누르기 전 "클리어!(비켜!)"라고 소리치는 이유가 그것입니다. 드라마 〈이알(ER)〉[2]에서 이 장면을 보신 적이 분명히 있으실 거예요. 그렇게 하지 않으면 흉부압박

미국의 의학드라마. ER은 Emergency Room의 약자로 응급실을 뜻한다.

을 하고 있는 사람, 혈압을 재고 있는 사람, 그 외의 무슨 이유로든 환자와 접촉하고 있는 사람이 제세동기의 전류에 충격을 받게 될 것입니다.

오늘날은 수많은 환자들이 체내 삽입형 제세동기(기본적으로 상자 속에 들어 있는 구급대원이라고 할 수 있습니다)를 장착하고 있습니다. 이것은 흉부의 피부 아래에 삽입되어 전극으로 심장에 연결되어 있는데요. 이 장치는 환자의 심장율동을 관찰하고 잠재적으로 치명적인 비정상적 율동이 발생할 경우 내적으로 심장에 충격을 전달합니다. 바람직한 경우에는 이렇게 하면 심장 율동이 정상으로 돌아옵니다. 이럴 때 환자와 접촉하고 있던 사람들은 경미한 충격을 느끼게 됩니다. 해롭거나 고통스러운 것은 아니지만 분명히 느껴지죠.

'뱅스틱'에 의한 상처는 어떻게 생겼나요?

Q 누가 상어에 대비해 쓰는 것과 같은 '뱅스틱'을 살인무
기로 사용한다면 상처는 어떤 모습일까요? 이 무기를
겨누기에 가장 치명적인 부위는 어디인지요?

A '뱅스틱'은 기본적으로 끝부분에 폭약이 들어 있는
막대기처럼 생겼습니다. 폭약은 보통 산탄총 총알이
고요. 이런 장치는 상어를 만났을 때의 방어구 혹은 악어 사냥
용 도구로 쓰입니다. 주된 기능을 하는 끝부분을 표적에게 누르
고 발사합니다. 어떤 뱅스틱에서는 발사물(납으로 된 작은 알갱이)
이 총알 안에 남아 있으면서 산탄총처럼 작용하고, 다른 종류
의 뱅스틱에서는 발사물이 튀어나가면서 폭발하는 화약의 진
탕력으로 상대를 죽이게 됩니다.

상처는 접사총상*과 비슷한 종류일 것입니다.(이후 '경찰과
범죄현장' 장에 나오는 "근거리 총격으로 인한 부상은 어떤 모습인가요?"
라는 질문을 보세요.) 발사물이 쏘아졌다면 상처는 산탄총을 피
부에 접촉시킨 채로 발사한 것과 비슷할 겁니다. 상처는 가스가
팽창할 때 발생한 상처, 그러니까 피부를 성상(별 모양)으로 찢어

놓은 상처와 총에 맞은 상처, 즉 조직을 관통하고 광범위한 파괴를 일으키는 상처가 섞인 형태겠죠.

발사물이 쏘아지지 않았다면 상처는 가스가 팽창할 때에만 발생할 것입니다. 그 결과로 일어나는 상처의 모양은 뱅스틱이 어느 부분에 접촉해 있었느냐에 따라 달라지겠죠. 두개골 같은 뼈 위에 대고 있었다면 가스가 측면으로 팽창하면서 조직을 찢어 고전적인 성상의 상처로 만들어놓을 것입니다. 복부 같은 부드러운 조직에 대고 있을 때에도 상처는 성상이겠지만 상처가 좀 더 깊고 범위가 비교적 덜 넓어 보이는 경향이 있습니다.

목표 대상인 희생자를 확실히 죽이기 가장 좋은 부위는 피해자의 관자놀이나 목이 될 텐데, 그래야 피해자의 경동맥이나 경정맥이 손상될 수 있기 때문입니다.

두부 강타는 심장병 환자에게
특히 더 치명적인가요?

Q 제 이야기에서는 한 노인이 지팡이로 머리를 강타당합니다. 이 노인은 쓰러져 죽는데, 머리를 가격당한 것 때문일 수도 있고 심장이 좋지 않아서일 수도 있습니다. 심장이 좋지 않은 사람을 단 한 번 강타해서 죽인다는 게 실현 가능한 일인가요? 주변에 피가 많이 있을까요? 그렇지 않았으면 좋겠는데요. 상당히 깔끔한 현장을 원하거든요.

A 지팡이나 다른 무슨 물건으로든 머리를 한 차례 강타당해 죽는 건 가능한 일입니다. 특히 피해자가 노인일 때는 더 그렇죠. 노인들은 뼈가 좀 더 잘 부서지기 때문에 넘어지거나 머리를 강타당했을 때 두개골 골절에 유달리 취약합니다. 하지만 골절이 없다 하더라도 두개내출혈(뇌 내 혹은 뇌 주변의 출혈)이 사망을 유발할 수 있습니다.

두개내출혈로 인한 사망은 타격의 힘, 손상된 뇌의 부위, 출혈의 속도와 양에 따라 거의 즉시 일어날 수도 있고 좀 더 느린 속도로 일어날 수도 있습니다. 피해자가 몇 시간 동안 다른 사람에게 발견되지 않았으며 두개내출혈이 광범위하게 일어났다면 거의 확실하게 사망합니다.

심각한 심장질환이 있는 사람을 어떤 식으로든 공격하면 심장마비나 심장부정맥으로 인한 돌연사가 촉발될 수 있는데, 이런 일은 그러한 공격에 동반되는 공포와 고통이 아드레날린을 솟구치게 만들기 때문입니다. 강타만으로도 피해자를 해치울 수 있기 때문에 질문자님께는 사실 필요하지 않은 일이죠.

두부 강타는 많은 경우 두피에 열상(베이거나 찢어진 상처)을 내는데, 보통 이 상처에서는 다량의 출혈이 일어납니다. 그러나 외적인 출혈을 전혀 일으키지 않거나 아주 조금만 일으키면서 오직 멍이나 찰과상만 내는 강타도 많이 있습니다. 어떤 경우든 광범위한 두개내출혈이 발생하여 사망으로 이어질 수 있으므로, 질문자님의 현장이 '상당히 깔끔한 현장'이 되는 것도 합리적인 일입니다.

음식에 유릿가루가 들어 있으면 사람이 죽나요?

Q 식탁 소금통에 유릿가루를 넣어 먹이는 방법으로 남편을 살해하기로 작정한, 학대당한 아내의 이야기를 쓰고 있습니다. 이렇게 하려면 유릿가루가 얼마나 필요할까요? 오랜 시간에 걸쳐서 진행해야 할까요? 남편의 증상은 어떤 것일까요? 남편에게 궤양이 있다면 속도가 더 빨라질까요?

A 나쁜 소식 먼저 전해드리죠. 이 방법은 효과가 있을 가능성이 낮습니다.

유리는 아주 미세하게 갈아야 합니다. 그러지 않으면 피해자가 먹자마자 알아차릴 테니까요. 음식을 씹으면서 우리는 자갈, 모래, 유리, 오돌뼈 등등의 아주 작은 조각도 감지합니다. 소금은 물에 녹지만 유리는 녹지 않으므로 유리를 가루처럼 갈지 않는다면 음식이 모래가 든 것처럼 느껴질 겁니다. 하지만 아주 미세한 유리는 위장관에 어떤 치명적 손상도 일으키지 않을 가능성이 높습니다. 조금 불편한 정도에 가깝겠죠. 무슨 일이라도 일어난다면 경미한 출혈 정도겠고요. 피해자가 간 유리 대신

부수어놓은 유리 등 좀 더 거친 유리 조각을 먹게만 할 수 있다면, 유리 파편이 위와 장에 손상을 주고 출혈을 일으킬 수 있습니다.

개들에게는 이런 방법이 통할 것입니다. 개들은 음식을 사실상 씹지 않고 뼈와 연골을 그냥 베어 삼키는 데에 익숙해져 있는데다가 어쨌든 유리가 뭔지도 모르니까요. 개들은 손상을 입힐지도 모를 커다란 유리 조각을 그냥 삼킨 다음 어디론가 가서 천천히 출혈을 일으키며 죽습니다. 사람이라면 음식이 뭔가 잘못되었다는 것을 알게 될 테고, 그렇지 않다면 출혈 때문에 의사를 찾아갈 겁니다.

좀 더 거친 유리의 경우에도 출혈은 아마 다량으로, 목숨을 위협할 정도로 일어나기보다는 느리게 일어나 빈혈과 피로를 일으킬 겁니다. 혈액 때문에 대변은 검어질 테고 피해자는 병원에 가겠죠. 네, 궤양이 있으면 피해자에게는 잠재적인 출혈 지점이 두 군데 있는 셈이므로 일이 더욱 심각해지겠습니다. 그러나 둘 중 목숨이 위태로울 정도의 심각한 출혈을 일으킬 잠재력이 있는 건 궤양뿐입니다. 간 유리가 기저의 궤양에 손상을 주어 심각한 출혈을 일으킬 거라는 생각은 들지 않네요.

자, 이제 좋은 소식입니다.

만일 피해자에게 관상동맥 질환(CAD) 등 심각한 심장질환이 있고 그가 과거 몇 차례 심장마비(심근경색, MI)를 겪은 적이 있으며 현재에도 지속적인 협심증(혈액 공급이 원활하지 않아서 발생하는 흉통으로, 보통 꽉 조이거나 쥐어짜는 듯한 느낌입니다)을 앓고 있다면 느린 출혈로 인한 빈혈이 심장마비로 이어져 피해자를 죽일 수 있습니다.

관상동맥 질환에서는 심장에 혈액을 공급하는 동맥이 죽상경화증으로 인해 좁아집니다. 이 말은 심장근육에 도달하는 혈액이 혈관이 좁아진 까닭에 감소한다는 뜻이에요. 빈혈은 혈액에서의 적혈구 감소라는 특징을 나타내는 질환입니다. 산소를 운반하는 것이 적혈구이므로 빈혈이 있을 때에는 혈액이 산소를 덜 운반합니다.

이 두 가지 질병이 동시에 발생하면 폐쇄된 동맥으로부터 더 적은 혈액이 심장근육으로 흘러가게 될 뿐 아니라 그렇게 받아들인 혈액에도 산소가 적게 들어 있게 됩니다. 위험한 조합이죠. 이런 경우를 자주 봅니다. 관상동맥 질환과 경미한 빈혈이 있는 환자는 대단히 불안정해질 수 있으며 출혈성 궤양이나 다른 이유로 인해 빈혈이 발전할 경우 심장마비를 일으키거나 죽을 수도 있습니다.

빈혈이 진행되면 협심증이 악화될 것이며, 피해자는 가정폭력을 휘두르는 얼간이인 만큼 의사를 찾아가지 않을 수도 있습니다. 협심증 발작이 점점 더 진행되어 자주 일어날 것이며, 그중 어느 한 번이라도 완전한 심근경색으로 발전한다면 그를 죽일 수 있습니다.

아내가 피해자의 협심증이 점점 악화되어왔으며 의사를 찾아가지 않으려 했고 마침내 가슴을 부여잡고 쓰러져 죽었다고 이야기할 것이므로 피해자의 의사는 사망진단서에 서명을 해

줄지 모릅니다. 이렇게 되면 부검이 실시되지 않을 것이고 피해
자의 빈혈과 유리 조각으로 가득 차 염증을 일으킨 위장관은
검시관의 눈에 띄지 않게 될 것이며 아내의 삶은 이어져나가겠
지요.

　　그러니까 질문자님의 이야기에서도 간 유리가 사용될 수
있습니다. 직접적으로 사용되지 않을 뿐이죠.

베개로 사람을 질식시키는 데는
시간이 얼마나 걸리나요?

Q 제 피해자는 질식으로 살해당합니다. 얼굴에 베개가 덮여서요. 이때 시간은 얼마나 걸릴까요? 피해자는 나이가 많은 여성이며 딱히 힘이 세다고는 할 수 없습니다. 자동차사고로 두 다리가 부러졌기 때문에 요양원에 있고요. 저는 이게 피해자를 죽이는 빠른 방법이 될 거라고 생각해 이런 이야기를 썼습니다. 그러다가 어딘가에서 이런 식으로 사람을 죽이려면 10분까지도 걸릴 수 있다는 얘기를 읽었어요. 실제로는 어떤가요? 이야기를 처음부터 다시 써야 할지요?

A 아뇨, 처음부터 다시 쓰실 필요는 없습니다. 나이 든 여성이라면 2~5분 안에 사망하게 될 것이며 아마 이 범위에서도 빠른 시간 안에 사망하게 될 거예요. 더 젊고 힘이 센 피해자라면 꽤나 강력하게 저항해 질식이 간헐적으로만 일어나게 됩니다. 그 말은 피해자가 몇 차례쯤 베개를 치거나 밀어내 공기를 한 모금씩 집어삼킬 수 있다는 거예요. 이런 피해자는 혈중 산소 농도가 충분히 떨어져 힘이 빠지고 의식을 잃어

죽을 때까지 계속해서 이런 행위를 할 수 있습니다. 질문자님의 이야기 속 나이 든 여성은 싸우려고 하기는 하겠지만 아마 공기를 헉 하고 들이쉴 수 있을 만큼 베개를 치울 힘이 없을 거예요. 두 다리가 부러져 있어 지렛대의 힘을 사용할 수도 없으므로 특히 그렇습니다.

피해자의 고군분투와 그녀가 극단적으로 겁에 질려 있다는 사실은 혈류의 산소를 빠르게 소비하는 결과로 이어져 사망이 더욱 빨라질 것입니다. 또한 질문자님의 등장인물 같은 나이 든 피해자는 최소한으로 보아도 어느 정도의 심폐질환이 있을 가능성이 높으며, 이런 질환은 산소 부족에 대한 피해자의 내성을 더욱 약화시킬 거예요. 2~3분이면 아마 될 겁니다.

피해자는 아마 심폐정지(심장이 멈춤)로 사망하게 될 것입니다. 외상의 징후가 전혀 보이지 않는다면 환자를 계속 보아온 주치의는 피해자의 사망을 자연사로 판단할 것입니다. 노인들이 수면 중 사망하는 경우가 자주 있기 때문이죠. 자동차사고를 당해 요양원이 있을 때는 특히 그렇고요. 환자를 처음 보는 의사라면 치명적인 심장마비나 폐색전증(PE)[3]이 일어났다고 생각할지도 모르겠습니다. PE란 다리나 골반에서부터 이동해 온 피떡이 폐 혈관을 막는 증상입니다. 이것은 침대에서만 생활하는 환자들과 하지에 부상을 입은 사람들의 흔한 사망원인입니

---

3   pulmonary embolism의 약자

다. 이 등장인물에게는 PE를 일으키는 이 두 가지 위험요인이 모두 있습니다. 그러니 의사는 사망진단서에 서명을 할지도 모르며 그 경우 사태는 종결되는 거지요.

하지만 법의관이 부검을 실시한다면 눈의 결막(분홍색 부분)에서 특징적인 점상출혈(초소형 모세혈관의 파열로 인한 붉은 점과 작은 반점들)을 발견하게 될 가능성이 높습니다. 이런 출혈은 눌러서 질식시키는 경우와 손 혹은 끈을 이용한 교살에서 모두 발견됩니다. 부검의가 점상출혈을 발견하는 경우에는 살인이라고 의심하겠죠.

누군가의 목 뒷부분에 아이스픽[4]을 꽂는 경우 그 사람은 어떤 식으로 사망하게 되나요?

Q 제 이야기에서는 살인자가 아이스픽을 어떤 남자의 목 뒤, 두개골 바로 아래에 꽂아 넣어 그를 즉사시킵니다. 이게 말이 되나요? 어떻게 말이 되는 거죠?

A 생명이란 뇌와 몸의 온전한 의사소통에 달려 있으므로 경부에 있는 척수의 손상은 모두 잠재적으로 치명적입니다. 아이스픽이나 칼날이 목뼈(경추) 두 개 중 하나 사이에 억지로 들어가 척수를 건드린다면(엉망으로 부수어버린다면), 사망은 상당히 확실하게 보장됩니다. 척수의 경부는 여덟 개의 층위로 나뉘어져 있으며 이 사이에 일곱 개의 경추가 위치합니다. 경부 척수의 층위는 C1~C8로 지칭됩니다.[5]

경부 신경의 어느 층위에 손상이 발생하더라도 '효험'이 있겠습니다만 층위가 높을수록 좋습니다. 왜냐고요? C3과 C5 사

---

4   얼음을 깨는 데 쓰는 송곳 모양의 도구

5   경추의 개수는 7개이고, 경부 척수의 개수만 8개이다. (73쪽 참조)

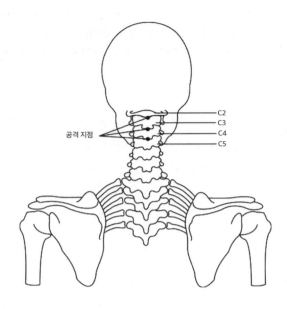

[그림 12] 경부 척수
뇌는 척수를 통해 몸과 연결된다. 수많은 필수적인 신체기능은 이 의사소통이 온전하게 이루어지는지 여부에 의존한다. 어느 공격자에게든 경부의 상부가 공격하기에 가장 치명적인 부위일 것이다. C2와 C3 사이에 날카로운 도구를 밀어 넣는다면 기능적으로 뇌와 몸의 연결을 끊어놓고 거의 즉각적인 사망으로 이어지게 할 수 있다.

이의 층위는 호흡을 제어하므로 이 층위 혹은 이보다 높은 층위에 가해진 손상은 호흡을 정지시켜 사망으로 이어지게 하기 때문입니다.

질문자님의 살인자는 2번과 3번 경추 사이에 무기를 밀어 넣는 방법으로 일을 가장 잘 완수할 수 있습니다.(그림 12) 삽입 지점은 두개골이 목과 결합되는 부분 바로 아래의, 목 뒤에 조그맣게 움푹 들어간 공간과 일치할 것입니다. 이곳을 베면 해부학적으로나 기능적으로나 뇌가 척수와, 그러므로 몸과 분리됩니다. 머리를 완전히 제거하지 않고 척수를 끊어버리는 국부적인 단두대라고 생각하세요. 결과는 같으니까요.

척수의 가로절단(베기)이 이루어지면 전신의 근육이 즉시 이완되며(축 늘어지며), 피해자는 바닥으로 털썩 쓰러집니다. C3~C5에서 시작해 횡격막으로 이어지는 신경이 간섭을 받기 때문에 말을 하거나 숨을 쉴 수 없을 거예요. 또한 몸의 기력을 잃기 때문에 혈관이 빠르게 확장하여(개방되어) 혈압이 떨어지고 쇼크와 의식불명, 죽음이 뒤따르게 됩니다.

피해자는 몇 초 동안 의식이 있을까요? 그럴 수 있습니다만 허수아비처럼 이완된 상태로 움직이거나 말을 하거나 숨을 쉬거나 도움을 요청하며 울부짖을 수는 없을 겁니다. 사망은 가능한 만큼 빠르게 일어납니다.

칼을 사용해서 가할 수 있는
가장 치명적인 부상은 무엇인가요?

Q 제 이야기에서는 아주 날카로운 15센티미터짜리 칼을 든 오른손잡이 살인자가 단 한 번 '그어서' 한 남자를 죽입니다. 피해자가 쇼크를 일으켜 즉시 죽을 수 있다는 건 알고 있어요. 제가 모르는 것은 이런 결과를 낳기 위해 칼이 잘라야 하는 것이 무엇이냐는 겁니다. 시체검안서에는 사인이 뭐라고 적혀 있을까요?

A 질문으로 보아 질문자님께서는 피해자가 상당히 빨리 죽기를 원하시는 것 같군요. 여기에 몇 가지 가능한 방법이 있습니다.

전문적인 암살자는 경추(목뼈) 사이에 칼날을 집어 넣어 단 한 번의 동작으로 척수를 그어버릴 수 있습니다. 보통 이런 공격은 등 뒤에서 이루어집니다. 암살자는 피해자의 입을 손바닥으로 막고 칼날을 목 뒤로, 뼈 사이에 살짝 미끄러뜨려 집어넣습니다. 피해자는 축 늘어져 넘어지고 거의 즉시 죽습니다.

비슷한 자세로 살인자는 피해자의 목 전체를 칼로 그어 경동맥과 기도(그림 13)를 벨 수 있습니다. 경동맥은 뇌에 혈액을 공급

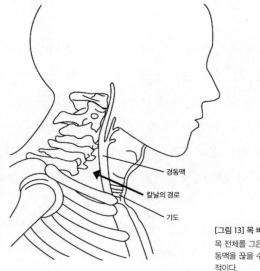

경동맥

칼날의 경로

기도

[그림 13] 목 베기의 해부학
목 전체를 그은 칼날은 기도(숨통)와 경동맥을 끊을 수 있다. 사망은 거의 즉각적이다.

하므로 피해자는 빠르게 사망하며, 성대 아래에 있는 기도를 베면 피해자가 소리치는 일을 막을 수 있습니다. 니콜 브라운 심슨에게 일어난 일이 바로 이것이죠.[6]

심장에 칼을 밀어 넣은 자상*은 대부분의 경우 치명적이며 상당히 빠릅니다. 주요 동맥이 절단되는 경우 폐에 대해서도 같은 말을 할 수 있습니다. 하지만 사람들은 흉부자상, 심지어 심

---

6 니콜 브라운 심슨은 O. J. 심슨의 전 부인이다. 유명 미식축구 선수였던 O. J. 심슨은 니콜 브라운 심슨과 그녀에게 놓고 간 시계를 전해주러 갔던 식당 종업원 R. 골드만을 살해했다는 의혹을 받았으나 무죄평결을 받아 풀려났다.

장에 자상을 입고도 살아나는 경우가 많으며 당연히 도움을 요청할 수 있습니다.

복부를 베거나 찌른 상처는 대동맥이나 대정맥이 끊어지는 경우 효과가 있을 수 있습니다. 문제는 이 두 혈관이 모두 복부의 뒤쪽에 놓여 있어 15센티미터짜리 칼날은 닿을 수 없을지도 모른다는 점입니다. 하지만 공격자의 힘이 세다면 칼날을 깊숙이 밀어 넣어 칼날로 전체를 훑어내는 동작을 할 수는 있겠죠. 피해자가 과다출혈로 사망해야 하므로 사망에는 몇 분이 걸릴 것입니다.

경부 척수의 절단, 목 긋기, 심장 찌르기가 가장 효과적인 방법이며 피해자를 죽일 가능성이 가장 높습니다.

검시관 혹은 법의관은 어려움 없이 사인을 판별할 수 있을 것입니다. 경부의 절개는 '경부 수준 척수 가로절단'이라고 불릴 것이고요. 목 베기는 '경동맥 가로절단'이라는 용어로 적힐 겁니다. 심장의 자상은 심낭막(심장을 둘러싸고 있는 주머니)에 피가 차는 결과로 이어질 텐데, 이것이 심장을 압박하여 심장기능에 간섭합니다. 이것은 '칼로 인한 관통상에 의한 이차적 심장막 눌림증'이라고 불릴 겁니다. 복부의 자상은 '대동맥(이나 대정맥, 혹은 둘 모두)의 천공을 동반하는, 복부의 칼 관통상에 의한 이차적 실혈로 인한 사망'을 유발하겠죠.

섬뜩하죠?

등 부위에 가해진 자상이 치명적이려면
어떤 구조물이 손상되어야 하나요?

Q 사무실로 들어간 탐정이 종이칼[7]이 등에 꽂힌 채로 죽
어가는 상관의 모습을 발견하게 되는 시나리오입니다.
폐 안이나 근처에 동맥이 있나요? 피해자가 등을 찔려
이 동맥을 공격당하면 문자 그대로 자기 피에 익사하게
되는지요? 피해자가 말을 하면서, 어쩔 수 없이 수수께
끼처럼 들리긴 하겠지만 들어온 탐정에게 단서를 줄 수
있을까요? 동맥이 다치지 않는다면 폐 한쪽의 자상만
으로도 죽을 수 있는지요?

A 일단 해부학과 생리학을 간단히 복습해봅시다. 우리
폐는 가스교환을 하도록 설계되어 있습니다. 가스교
환이란 간단히 말하면 혈액에 산소를 실어주고 그로부터 이산
화탄소와 다른 독소들을 제거하는 것인데요. 이렇게 하려면 혈
액과 공기가 서로 가깝게 접촉해야 합니다. 폐는 수십억 개의

7   주로 편지봉투를 여는 데 쓰는 칼

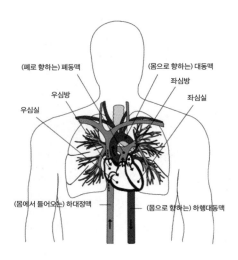

[그림 14] 혈액의 순환
체순환과 폐순환은 혈액에 산소를 공급하고 그것을 신체의 모든 부위로 전달하는 하나의 연속적
순환체계로서 작동한다. 신체의 혈액은 상대정맥(상체)과 하대정맥(하체), 우심방, 우심실을 지나
폐동맥으로 나와 폐로 향한다. 산소를 모은 다음 이 혈액은 폐정맥을 지나 좌심방, 좌심실로 가는
데, 좌심실에서는 이 혈액이 동맥을 통해 몸 전체로 펌프질 된다.

초소형 공기주머니와 이 공기주머니들을 둘러싸고 있는 수십억
개의 작은 혈관을 갖춤으로써 이 일을 가능하게 해줍니다.

　기본적인 신체의 순환계는 체순환과 폐순환으로 나누어집
니다.(그림 14) 체순환은 좌심실이 대동맥을 통해 신체의 다양한 동
맥으로 혈액을 펌프질해 내보내는 것으로, 궁극적으로 이 혈액
은 구석구석에 모두 미친 다음 정맥을 통해 심장의 우측으로
돌아옵니다. 폐순환은 우심실이 이 혈액을 펌프질해 폐동맥으
로 밀어 넣는 것인데, 폐동맥은 점점 더 작은 혈관으로 계속해
서 나누어져 마치 부채처럼 폐의 모든 부분으로 퍼집니다. 산소

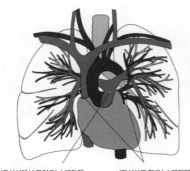

[그림 15] 폐로의 혈액 공급
폐는 맥관성 장기로 폐순환을 통해 혈량 전체를 받아들이고 그 혈액에 산소를 공급한다. 더불어 폐는 산소를 공급받은 체순환 혈액 일부를 공급받는다. 폐에 가해진 모든 관통상은 다량의 출혈을 일으킨다.

(우심실에서 들어오는) 폐동맥　　　(좌심실로 향하는) 폐정맥

를 모으고 나면 혈액은 폐정맥을 통해 심장의 왼쪽과 좌심실로 흘러갑니다.

　　여기서 질문자님이 제기하신 문제에 중요한 두 가지 사실을 지적하게 됩니다. 첫째, 체내의 혈액 전량은 계속 폐순환을 합니다. 혈액에 필수적인 산소를 실어주는 유일한 방법이 폐이므로 이것은 필수적인 일입니다. 둘째, 폐는 체내의 다른 장기와 마찬가지로 체순환을 통해 혈류를 일부 공급받게 됩니다. 이런 역할을 하는 것은 폐 조직 자체를 계속 살아 있게 해주는, 산소를 공급받은 동맥혈입니다. 그러므로 폐라고 알려진 장기는 극도로 맥관성인(동맥, 정맥, 모세혈관 등 혈관으로 가득 찼다는 뜻입니다) 장기로, 손상을 입으면 다량의 출혈을 일으킵니다.(그림 15)

　　다시 질문으로 돌아가죠. 자상이나 총상으로 인해 발생하는 폐의 관통상은 폐 내로의, 이후에는 입과 코를 통한 외부로의 출혈을 야기합니다. 이러한 구멍에서 나오는 혈액은 피해자

가 숨을 쉬려고 애쓸 때마다 폐 안으로 흘러들어갔다가 나오는 공기와 섞여 있을 것이므로 밝은 빨간색에 거품이 떠 있을 것입니다. 폐가 혈액으로 가득 차게 되면 피해자는 문자 그대로 자기 혈액에 익사하게 됩니다. 손상된 폐는 허탈을 일으킬 수도 있고 일으키지 않을 수도 있는데, 허탈을 일으키면 숨을 쉬려는 피해자의 고통이 더욱 심해질 뿐입니다.

폐 안팎으로 공기를 움직일 수 있는 한 피해자는 말을 할 수 있을 것이므로 탐정에게 비밀을 드러내는 단서를 전달할 수 있을 것입니다. 탐정이 뭘 좀 아는 사람이라면 피해자를 부상을 입은 쪽이 땅으로 가게 눕혀 중력을 동맹으로 활용하겠죠.

예컨대 피해자가 왼쪽 폐를 찔렸는데 오른쪽을 땅에 대고 누워 있으면 손상된 왼쪽 폐에서 나온 혈액이 중력의 법칙을 따라 왼쪽 기관지(왼쪽 폐로 들어가는 기도에서 나오는 주요한 숨길)에서 오른쪽 기관지로, 오른쪽 폐로 흘러내릴 것입니다. 그러므로 '멀쩡한' 폐도 혈액으로 가득 차고, 피해자는 두 폐가 모두 어려움을 겪게 되어 더 빨리 사망할 것입니다. 질문자님의 이야기 속 탐정이 피해자를 왼쪽이 땅에 닿게 눕혀놓는다면 중력이 이미 손상된 왼쪽 폐에만 혈액을 담아둘 것이고, 손상을 입지 않은 오른쪽 폐는 혈액으로 차지 않아 계속해서 정상적으로 기능하겠지요. 이러한 조치는 피해자의 목숨을 살릴 수도 있고, 최소한 필요한 단서를 획득할 수 있을 만큼은 그의 생명을 연장시킬 수 있습니다.

목을 찔리거나 목에 총을 맞은 사람은
어떤 소리를 내게 되나요?

Q 제 등장인물은 문이 열려 있는 방 옆을 지나던 중 식식
대는, 혹은 꾸르륵대는 소음에 이끌려 들어갔다가 시
체를 발견해야 합니다. 피해자가 목에 총을 맞으면 이런
소리가 날까요? 총격이 있고 나서 얼마 동안이나 소리
가 이어질까요?

A 짧게 답하자면 네, 소리가 납니다.
총상(GSW)을 포함하여 (칼, 화살, 도끼, 마체테[8] 등등으로
인한) 모든 종류의 관통상으로 인해 폐 자체나 폐의 숨길 중 한
곳에 상처가 나면, 오직 그럴 때에만 이런 소리가 날 수 있습니
다. 질문자님이 묘사하신 소리가 나려면 공기가 혈액 등의 액체
를 통과해 이동해야 합니다. 커다란 풀무로 걸쭉한 액체 안쪽에
펌프질을 한다고 생각해보세요. 바로 그게 지금 벌어지고 있는
일입니다.

8   정글에서 덤불을 벨 때 쓰곤 하는 큰 칼

익사 피해자들, 심부전을 앓거나 (염소나 다른 자극성 기체 등의) 독성 물질에 노출되거나 다른 과정을 통해 폐부종(문자 그대로 폐가 물로 가득 차는 경우입니다)으로 고생하는 사람들도 같은 종류의 소리를 냅니다. 다시 말씀드리지만, 이 소리는 기저의 원인과는 관계없이 공기가 액체 안에서 부글부글 거품을 일으키면서 나는 소리입니다.

목구멍 혹은 가슴을 통해 폐까지 관통한 총상이나 자상이 이런 소리를 만들어낼 수 있습니다. 이러면 혈액이 기도(기관과 기관지의 관)에 흘러넘쳐 피해자가 숨을 쉬려고 노력할 때마다 공기가 안팎으로 드나들며 거품이 끓는 듯한, 혹은 꾸르륵대는 것 같은 소리를 만들어냅니다. 당연히, 이런 소리가 나려면 사람이 방 옆을 지나갈 때 피해자가 계속 살아 있어 숨을 쉬려고 노력하고 있어야겠죠. 지나가던 사람은 피해자의 마지막 숨결을 듣고 나서 시체를 발견할 수 있을 것입니다.

상처를 입은 시간과 사망시간 사이의 시차는 극도로 가변적이며 상처의 속성, 부위, 깊이에 더해 피해자의 나이, 튼튼함, 건강 정도에 의해 달라집니다. 후자보다는 전자의 요인이 더 중요하고요. 피해자가 부상을 입은 뒤 몇 분에서 몇 시간 안에 죽을 것인지는 질문자님의 재량에 달려 있습니다.

목을 찔린 사람이 말을 할 수 있나요?

Q 목에 총상이나 자상을 입은 사람이 죽기 전에 알아들을 수 있는 말 몇 마디를 하는 게 가능한가요?

A 네, 후두(목소리통)나 성대가 손상되거나 후두나 성대 아래의 기도가 끊어지지만 않았다면요. 후두는 울대라고 부르는 곳이며 성대는 후두 안쪽의 기도를 가로질러 있습니다. 소리를 내려면 성대를 진동시킬 수 있도록 상당량의 공기가 상당한 속도로 성대 사이를 움직여야 합니다. 성대가 심각하게 손상을 입으면 이것이 불가능할 수 있습니다.

또한 기도가 성대 아랫부분에서 잘리게 되면 폐에서 내쉰 공기가 상처를 통해 밖으로 나가게 되고 진동을, 이에 따라 소리를 만들어낼 만큼 충분한 양의 공기가 성대에 도달하지 않게 됩니다.(그림 16) 후두에 외상을 입은 적이 있거나 영구 기관절개술(후두 바로 아래의 기관에 구멍을 뚫는 것)이 필요한 심각한 폐질환이 있는 사람들은 말을 하려면 기관절개술로 생긴 구멍을 막아야 합니다. 그러지 않으면 공기가 그 구멍으로 빠져나가기에 절대 성대를 통과하지 못합니다. 이것이 위에서 묘사한 것과 비슷

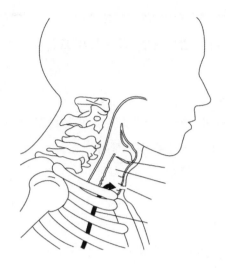

[그림 16] 끊어진 기도의 해부학
소리가 나려면 상당량의 공기가 성대에 도달해야 한다. 성대 아래의 기도(숨길)에 베인 상처가 나면 공기가 성대에 도달하기 전 빠져나가게 되므로 말하기가 불가능해진다.

한 상황입니다.

성대와 기도가 온전하다면 소리를 내거나 말을 하는 것이 가능합니다. 거품이 끓는 듯하고 축축하고 거칠게 들리긴 하겠지만 그래도 말은 말이죠.

만취한 사람이 이틀 동안 혼수상태에 빠지려면 어느 부위에 총을 맞아야 하나요?

Q 사악한 악당이 만취해 기절한 사람을 쏘려고 합니다. 전문적인 암살자가 아니므로 그는 남자를 쏘아놓고, 그 사람이 죽었을 게 틀림없다고 생각하며 현장을 떠납니다. 질문드릴 것은 이겁니다. 몇 시간 동안 발견되지 않고도 이 남자가 계속 살아 있기는 하되 하루나 이틀쯤 의식불명 상태로 있을 수 있을까요? 만일 그렇다면, 몸의 어떤 부위에 총을 맞아야 할까요?

A 질문자님이 설정하신 시나리오는 실제로 있을 수 있는 일입니다. 알코올은 신체에 의해 신속하게 대사작용을 거치므로(분해되므로) 알코올로 인해 이틀 동안 의식불명 상태로 있을 수는 없으며, 피해자는 몇 시간이면 깨어나게 됩니다. 이틀 동안 정신이 나가 있을 정도의 알코올을 섭취했다면 그 많은 에탄올 섭취의 억제 효과 때문에 금방 사망할 거예요.

신체 대부분의 부위에 입은 총상(GSW)은 이틀 동안의 의식불명으로 이어지지 않습니다. 머리에 총상을 입으면 그럴 수도 있죠. 총알이 두개골 안으로 들어가 뇌에 손상을 입히거나

*
아주 심한 부조화나 충격
또는 그와 같은 상해로부
터 초래된 상태

(이때는 수술과 긴 요양 등등이 뒤따르게 됩니다) 두피만을 관통하여 두개골의 골절을 동반하는, 혹은 동반하지 않는 뇌진탕을 일으킬 수 있습니다. 뇌진탕은 질문자님의 이야기에 어울리는 대로 잠시 동안의 의식불명, 방향감각 상실, 혼란, 기억상실 혹은 이 모든 증상을 다양하게 일으킬 수 있습니다.

이런 유형의 진탕손상*은 이틀 동안의 의식불명으로 이어질 수 있습니다. 더 가능성 높은 상황은 의식불명이 몇 시간 정도 이어지다가 이어지는 이틀 동안에는 피해자가 기면(졸림과 깨어나기 힘듦)에서부터 혼란과 방향감각 상실로 넘어갔다가, 깨어나 정신이 점점 명료해지는 기간을 거쳐, 온전한 기억을 갖춘 채로, 벌어진 사건에 대한 아무런 기억이 없는 채로, 혹은 기억이 드문드문한 채로 완전히 각성하는 것입니다. 심지어는 역행성 기억상실이 일어날 수도 있는데, 그 말은 총상 이전의 사건들을 전혀 기억하지 못한다는 뜻입니다. 이런 역행성 기억상실이 일어나면 충격 직전의 몇 분이나 몇 시간, 극단적인 경우에는 그 이전의 모든 과거를 기억하지 못할 수 있습니다.

제 생각에는 이런 형태의 총상이 질문자님의 시나리오에서 가장 말이 되며 전적으로 개연성이 있기도 합니다. 총알이 두피 아래로 파고들게 하시거나(이 경우에는 국소마취를 하고서 외과의사가 총알을 제거할 수 있습니다) 두개골에 부딪혔다가 튕겨 나와 두피에서 완전히 탈출하게 하세요. 의식불명 상태로 발견되면 피해자는 병원의 응급병동으로 이송될 것이고, 그곳에서 응급실 의사와 외과의사가 그를 돌볼 것입니다.

엑스레이로 두개골에 골절이 있었는지, 두강에 총알이 들어갔는지, 아니면 총알이 빠져나간 다음 총알 파편이 두피 내에 남아 있는지 여부를 쉽게 판별해낼 것입니다. 총알이 두강에 들어가거나 두개골을 골절시키지 않았다면 외과의사가 총알과 모든 총알 파편을 제거하고 상처를 닦아내 드레싱하며 수술용 배출관(짧은 고무관)을 상처에 삽입하여 손상된 부위에서 나오는 체액을 배출할 수 있게 할 것입니다. 이렇게 하면 감염의 확률이 줄어듭니다. 이런 '너덜너덜한 상처'를 봉합해 닫으면 상처 내에 체액이 고일 수 있습니다. 이런 체액은 좋은 배양기가 되어 감염성 박테리아의 증식을 촉진하게 됩니다.

피해자는 며칠 동안 병원에 머물면서 정맥주사로 항생제를 투여받게 됩니다. 상처는 최소 하루에 두 번 감염의 징후(붉어짐, 부종, 통증, 고름의 형성 등)가 있는지 살펴보고 닦아낸 다음 새로 드레싱을 해줍니다. 며칠이 지나면 배출관이 제거됩니다. 뇌진탕은 해결될 것이고 피해자는 본질적으로 다시 정상이 될 것입니다.

다윗이 골리앗을 죽인 방법은 무엇인가요?

Q 재미있는 질문이 있습니다. 다윗과 골리앗의 전투에 관한 것인데요. 『구약성경』을 제외하면 제가 알고 있는 한 이에 대한 역사적 기록은 존재하지 않습니다. 제가 이 전투의 의학적 세부사항을 정확하게 알 수 있도록 선생님께서 도와주실 수 있었으면 좋겠는데요. 다윗이 던진 돌은 골리앗을 죽이지 못하고 오직 골리앗이 땅에 쓰러질 정도로만 그를 실신시켜 다윗이 골리앗의 머리를 목에서 분리할 시간을 벌어준 것으로 보입니다. 좀처럼 마음이 놓이지 않는 한 가지 세부사항은 돌덩이가 골리앗의 (관자놀이가 아니라) 이마에 박혔다는 이야기인데요. 문헌 근거는 사무엘기 상권의 17장 48절에서 51절입니다. 돌을 맞기 직전에서부터 목이 잘린 직후까지 골리앗에게 일어난 일은 구체적으로 무엇인가요?

A 훌륭한 질문입니다.

짧은 전투에 대한 사무엘기 상권의 묘사를 보면, 돌덩이가 골리앗의 이마에 박혀 들어가 골리앗이 "얼굴을 아래로

하여 땅으로 쓰러집니다".[9] 머리에 돌을 맞으면 그냥 아프기만 할 수도 있고 죽을 수도 있습니다. 이런 결과 사이의 어딘가에서 뇌진탕을 일으킬 수도 있죠. 뇌진탕은 권투경기에서의 레프트훅처럼 공격을 받은 사람을 실신시키거나 의식불명으로 만들 수 있습니다.

보통 돌과 같은 물건은 총알처럼 '관통상'을 일으키기보다는 '둔상'을 일으킵니다. 머리의 둔기손상(둔상)은 두개골을 골절시킬 수도, 골절시키지 않을 수도 있습니다. 의식불명을 일으킬 수도, 일으키지 않을 수도 있고요. 뇌내출혈을 일으킬 수도, 일으키지 않을 수도 있습니다. 사람을 죽일 수도, 죽이지 않을 수도 있죠.

두부 관통상은 정의상 어떤 물체가 두개골을 깨뜨렸거나 관통했다는 의미입니다. 그 물체에 의해 두뇌 자체가 직접적으로 외상을 입었으므로 이것이 좀 더 심각한 손상입니다. 이러한 관통상은 두개골을 골절시키지만 의식불명을 일으킬 수도, 일으키지 않을 수도 있습니다. 뇌내출혈을 일으킬 수도, 일으키지 않을 수도 있고요. 사람을 죽일 수도, 죽이지 않을 수도 있습니다.

여기에서의 법칙은 어쨌든 일어날 일은 일어난다는 겁니다. 예전에 연마기에서 금속제 원판이 날아와 이마에 꽂히는 산업재해로 부상을 입은 사람을 본 적이 있는데요. 이 사람은 정신을 잃었으나 짧은 시간 동안만 그랬습니다. 병원에 도착했을 때 그 사람은 미니어처 비행접시한테 공격이라도 당한 것처럼 이마에서 원판이 튀어나와 있었는데요. 추가적인 검사를 통해 저는 원판의 앞쪽 가장자리가 두개골을 관통하여 그의 뇌에 박혔다는 사실을 알게 되었습니다. 그 사람은 정신이 있었고 각성도가 높았으며 신경학적으로 정상이었어요. 신경외과 의사가 원판을 제거했고 그 사람은 후유증 없이 잘 회복했습니다. 즉시 죽었을 수도 있을까요? 네. 뇌내출혈이 일어나 좀 더 광범위한 수술이 필요했거나, 그 합병증으로 죽을 수도 있었을까요? 그럼요. 영구적인 뇌 손상으로 고통을 겪었을 수도 있을까요? 그렇습니다. 요점은 이런 일이 하나도 일어나지 않았다는 거예요. 어쨌든 일어날 일이 일어나게 돼 있습니다.

이제 다윗과 골리앗 얘기로 돌아가보죠. 사무엘기 상권 17장 4절에서는 골리앗의 키가 "여섯 암마하고도 한 뼘이나 더 되었다"고 하는데요. 많은 전문가들은 '암마'가 대략 43센티미터이고 한 뼘이란 대략 23센티미터일 것이라고 생각합니다. 즉 골리앗의 키가 270센티미터 이상이었다는 거죠. 이 이야기가 단순한 우화가 아니라 사실이라면 골리앗은 거인증과 말단비대증으로 고통을 받았을 가능성이 대단히 높습니다. 이런 질환은 보통 뇌하수체의 종양 때문에 발생하는데, 이런 종양은 성장호르몬을 과량으로 분비합니다. 성장호르몬은 뼈와 근육을 길고 두꺼워지게 합니다. 사춘기가 와 뼈의 성장판이 닫히기 전에 이런 영향을 받는 사람들은 키가 매우 커지고 팔과 다리가 길어집니다. 성장판이 닫힌 다음에는 뼈가 더 이상 길어지는 방향으로 성장할 수 없지만 과도한 성장호르몬의 영향을 지속적으로 받기에 두꺼워집니다. 손, 발, 턱, 이마가 특히 그렇죠. 말단비대증 환자들은 손과 손가락이 두꺼우며 턱은 사각에 주걱턱이 되고 튀어나온 이마는 눈 위로 불거져 나온 구조물처럼 보입니다. 프로레슬러인 앙드레 더 자이언트[10]를 기억하시나요? 그 사람이 완벽한 예시입니다. 앙드레처럼 골리앗도 어린 나이에 성장호르몬을 만들어내는 뇌하수체 종양이 생겼을 것이며 키가 매우 커졌을 것이고, 10대와 20대 시절에는 성장호르몬의 지속적 과잉 분비 탓에 근육질에 뼈대가 굵은 몸을 갖게 되었을 것입니다.

골리앗이 실제로 말단비대증을 앓았다면 다윗의 돌이 거인의 이마의 살 속으로 파고들기는 했지만 두개골을 관통하지는 못했을 가능성이 높습니다. 달리 말하면 둔기손상이 있었던 거죠. 골리앗은 진탕손상을 일으킨 타격에 의해 실신하거나 의식불명이 되었을 것이고 다윗이 검으로 그의 척수를 절단했을 때에야 사망했을 것입니다. 프랑스에서는 단두대를 활용해 이런 유형의 죽음을 사형수에게 선사했습니다.

물론 다윗이 (신의 손이 도와주었건, 그렇지 않았건 간에) 충분한 속도를 실어 돌을 던졌다면 이 발사체가 두개골을 관통하여 두부 관통상을 일으켰을 수도 있습니다. 사망은 여기에서 기인했거나 이후의 참수로 발생했을 수도 있겠죠.

이 전투를 다루는 구절은 다소 혼란스럽습니다. 50절에서는 "이렇게 다윗은 돌팔매와 돌멩이 하나로 승리를 거두고 그 필리스티아 사람을 세게 쳐서 죽였다."라고 합니다. 51절에서는 "다윗이 그 필리스티아 사람에게로 달려가 그 위에 선 채, 그의 칼집을 가로채고 칼집에서 칼을 뽑아 그를 죽였다."라고 하죠. 돌로 죽였다는 걸까요, 칼로 죽였다는 걸까요? 돌로는 그저 골리앗에게 '승리를 거두기만' 하고 죽일 때는 칼로 죽인 걸까요?

제 생각에는 다윗이 돌을 사용해 둔력으로 골리앗을 의식 불명 혹은 그와 비슷한 상태로 만들고, 이 돌이 골리앗 이마의 살에 박혀 들어갔지만 그의 두개골을 관통하지는 못했으며, 이후 다윗이 참수로 골리앗을 끝장낸 것 같습니다. 하지만 제 생각이 틀릴 수도 있겠죠.

7
독극물과 약물

먹으면 사망한 것처럼 보이지만
사실은 그 사람이 계속 생존할 수 있게 하는
약이나 독극물이 있나요?

Q 이후에는 피해자가 회복되지만 그리 신중하지 않은 의사라면 사망을 선고하고 떠나버릴 수 있을 정도로 진짜 사망한 것처럼 보이게 하는 약물이 있나요? 만일 그렇다면 그 약물은 어떻게 사용하며, 효과는 얼마 동안 지속되나요? 해독제는 있나요?

A 이 얘기를 들으면 아주 좋아하실 겁니다. '좀비 가루'라는 게 있어요. 네, 좀비 가루입니다.

이것은 '복'이라고도 불리는 복어(*Arothron meleagris*)의 독소인데요. 이 독소는 테트라오돈톡신 혹은 테트로도톡신이라고 불리며(저는 이 두 가지 이름이 모두 사용되는 것을 보았는데, 둘 다 약자로 TTX라고 표기합니다) 복어의 난소에서 발견됩니다. 이 독소는 요리를 해도 파괴되지 않지만 요리를 하기 전에 창자를 제거하면 물고기 자체는 무해합니다.

일본에서는 약간의 독소를 남겨두는 방식으로 복어를 요리합니다. '후구'라고 하는 별미죠. 소량으로 남아 있는 독소는 식사를 하는 사람에게 달아오르는 듯한, 저린 듯한 느낌을 줍니다. 복어 요리는 완벽하게 준비하지 않으면 치명적일 수 있습니다. 미식가 전용 러시안 룰렛이라고나 할까요. 이 요리를 하는 요리사들은 특별한 훈련을 받고 자격증을 취득하는데, 이 사람들조차도 가끔씩은 실수를 합니다. 최근에, 아마 1~2년쯤 전에 이런 이유로 일본에서 몇 건의 사망사건이 발생했다는 이야기를 읽었습니다.

아이티에서는 이 독소가 특정한 부두교 의식에 사용되며, 생산 노동자들을 비롯한 사람들을 '좀비화' 하는 데에 사용되었습니다. 이 독소는 피해자의 피부에 흩뿌리거나 그가 먹을 음식에 첨가할 수 있으며 몇 분에서 4시간 정도까지 효과를 발휘합니다. 독소는 피부나 위장관을 통해 흡수됩니다.

TTX는 기본적으로 (신경계에 영향을 주는) 신경독으로서, 약하고 가느다란 맥박과 함께 마비와 언어장애, 느리고 밭은 호흡, 심박수의 저하를 야기합니다. 피해자는 죽은 것처럼 보일 수 있으며 실제로도 상당히 죽은 것에 가깝습니다. 피부는 차고 창백하며 호흡은 느리고 밭은 데다 맥박도 거의 느껴지지 않으니 피해자가 죽었다고 쉽게 생각할 수 있죠.

첫 24시간을 살아남는다면 피해자는 치료를 받지 않아도 이후의 이삼일 동안 점차적으로 정신이 돌아오게 됩니다. 적절한 치료는 뇌 손상을 예방하는 데에 초점을 맞추며(아래를 보세요) 입원 및 산소의 투여, 독소의 효과가 소진되는 동안 혈압을 유지해줄 약물의 투여로 구성될 것입니다.

"좀비는 어떻게 만드나요?"라고 물으시겠죠. 간단합니다. 피해자의 음식이나 신발에 이 가루를 조금 뿌립니다. 그러면 피해자는 현기증을 느끼고 숨차하다가 위약해져 실신할 것입니다. 그런 다음 피해자를 얕은 도랑에 눕히고 낙엽으로 덮은 다음 대략 열두 시간 후에 돌아옵니다. 피해자는 얌전하고 조종 가능한 상태가 되어 쓸모 있는 노동자가 될 것입니다.

이런 일을 일으키는 것은 무산소 뇌병증인데 그 말은 산소 공급이 충분히 이루어지지 않아 뇌가 손상을 받는다는 뜻입니다. 익사, 심장마비, 일산화탄소중독, 기타 원인으로 인한 질식 피해자들에게 일어나는 것과 같은 종류의 뇌 손상이죠. 테트라오돈톡신중독이 일어나면 낮은 심박수와 혈압, 느려진 호흡 때문에 혈중 산소 농도가 매우 낮은 수준까지 떨어지며 이것이 뇌에 손상을 줍니다. 대사작용을 통한 '전전두엽절단술'*인 셈이

*
1940~50년대에 정신분열증 치료를 목적으로 시행하던 수술이다. 전전두엽과 뇌의 다른 부분의 연결을 끊는 방법으로, 항정신병약이 개발된 이후 더 이상 시행되지 않고 있다.

죠. 영화 〈뻐꾸기 둥지 위로 날아간 새〉에서 잭 니콜슨이 이 절단술을 외과수술의 형태로 받습니다.

1980년대에 제가 돌보던 환자 중 한 명에게 이런 일이 일어났습니다. 그 사람의 이름은 조였는데(물론 실명이 아닙니다) 조의 말에 따르면 그는 아이티에 공장을 소유하고 있었다고 합니다. 그런데 장클로드 뒤발리에[1], 일명 '베이비 닥'이 그 공장을 가지고 싶어 했으나 조가 매각을 거부했다고 합니다. 그러자 베이비 닥은 톤톤 마쿠트[2] 깡패 몇 명을 동원해 조를 '좀비화' 하고 그의 공장을 가로채게 했습니다. 이자들이 밤중에 조의 집으로 몰래 들어와 신발에 가루를 뿌렸습니다. 조의 다음 기억은 사흘 후, 300년 된 감옥에서 쥐들이 발가락을 갉아 먹는 바람에 깨어난 일이었습니다. 미국 국무부가 그를 아이티에서 빼내 오기까지 한 달이 걸렸죠.

어디서 이런 물질을 얻을 수 있느냐고요? 아이티에서는 확실하게 얻을 수 있을 것이고 아마 뉴올리언스 주의 알제(Algiers) 지역에서도 구할 수 있을 겁니다. 여기에서는 부두교 관습이 여전히 성행하고 있거든요.

---

1   아이티의 제33대 대통령

2   줄여서 마쿠트라고도 불린다. 아이티의 민병대로, 1959년 독재자인 프랑수아 '파파 닥' 뒤발리에에 의해 창설되었다. 1970년에는 국가보안 자원의용군으로 이름을 바꾸었다. 톤톤 마쿠트는 원래 말 안 듣는 아이들을 망태기에 납치해 가 아침마다 잡아먹는다고 하는, 아이티 민화 속 괴물이다.

유리병 속에 담을 수 있는 독극물 중 삼켰을 때
즉시 죽을 만한 것이 있나요?

Q 제 이야기에서는 독극물이 유리잔 안에 들어 있습니다.
그때 피해자가 유리잔 안에 물을 따라 마시고 즉시 죽습
니다. 처음 보기에는 심장마비처럼 보이죠. 하지만 탐정
은 그가 독살당했다고 의심합니다. 이런 시나리오에는
어떤 독극물이 어울리며 탐정은 어떤 단서 덕분에 피해
자가 실제로 독살을 당했다는 사실을 눈치채게 될까요?

A 질문자님의 시나리오에 가능한 상황은 몇 가지가 있
지만 그중에서도 최고의 선택지가 하나 있습니다. 바
로 시안화물이죠. 시안화물은 빠르고 고약하며 효과적입니다.
누가 피해자를 구하려 시도한다 할지라도 그 시도가 성공하기
란 거의 불가능합니다. 생존 확률이 조금이라도 있으려면 치료
를 즉시 시작해야 하거든요. 왜냐고요? 시안화물은 기본적으로
체세포의 산소활용 능력을 정지시킨다는 의미에서 '대사독'이
기 때문입니다. 적혈구세포는 조직으로 산소를 운반하지 못하
게 되고, 설령 운반한다 하더라도 신체조직이 산소를 사용하지
못합니다. 마치 모든 산소가 신체에서 일시에 제거되는 것과 같

습니다. 이 과정은 즉각적이며 심각하고 시안화물의 용량에 따라 1~10분 안에 사망으로 이어집니다. 그러므로 즉시 심폐소생술이 시작된다 할지라도 체세포는 이런 과정을 통해 제공된 산소를 사용할 수 없습니다.

증상으로는 빠른 호흡, 숨참, 현기증, 홍조, 구역, 구토, 의식소실이 있으며 발작성 활동이 발생할 수도 있고 마침내는 사망이 일어납니다. 심장마비에서도 흔하게 보이는 증상이죠. 이런 일련의 증상은 매우 빠르게, 수 초 혹은 수 분 안에 일어납니다. 피해자에게서는 갑작스럽고 심각한 숨참과 안면홍조가 나타납니다. 그는 가슴을 부여잡고 바닥으로 쓰러져 죽을 수 있으며, 그 과정에서 발작이 일어날 수도, 일어나지 않을 수도 있습니다. 또한 피해자의 피부는 매우 붉게 보일 것이며 피해자가 머리를 부딪히거나 팔꿈치를 긁혀 피를 흘릴 경우 그 혈액은 눈에 띌 정도로 밝은 선홍색일 것입니다. 일산화탄소에 중독되었을 때도 같은 일이 일어납니다.

질문자님의 이야기 속 탐정은 갑작스러운 호흡곤란의 시작과 뒤이어 일어난 갑작스러운 실신을 통해 시안화물중독을 의심할 수 있습니다. 피해자의 분홍빛 피부색과 혈액의 밝은 빨간색도 추가적인 단서가 될 테고요.

시안화수소는 기체이기 때문에 구상하신 상황에는 어울리지 않을 것입니다. 이 기체는 주로 훈증에 활용되며 흡입되거나 피부를 통해 흡수되는 경우 치명적일 수 있습니다. 가스실 처형에서 사용되는 기체가 바로 이것이죠.

질문자님이 하실 수 있는 최고의 선택은 시안화칼륨(KCN, 청산가리)과 시안화나트륨(NaCN)입니다. 이것들은 희미하게 씁쓸한 아몬드 냄새가 나는 흰색 가루로, 대부분의 사람은 그 냄새를 알아차리지 못합니다. 두 가루 모두 쉽게 유리잔에 뿌릴 수 있습니다. 유리잔이 불투명하거나 색이 들어가 있거나 무늬가 아로새겨져 있는 것이라면 특히 그렇고요. 둘 다 매우 강력하며 아주 소량만이 필요할 것입니다. 이 물질은 쉽게 물이나 알코올, 혹은 둘이 혼합된 음료에 녹아듭니다.

한 가지 경고할 게 있습니다. 질문자님의 이야기 속 살인자는 시안화칼륨이나 시안화나트륨을 다룰 때 조심해야 합니다. 이 약물은 둘 다 피부로 쉽게 흡수되기에 살인자를 끝장내버릴 수 있습니다. 고무장갑을 끼고 이 가루와의 직접 접촉을 완전히 피하는 편이 현명할 겁니다.

시안화칼륨과 시안화나트륨은 원광석에서 금이나 은을 추출해낼 때처럼 금속을 회수할 때나 금, 은, 동, 백금 등의 금속을 전기도금할 때에 상업적으로 활용됩니다. 보석상이나 금속 도금 회사에서 조금씩 빼돌릴 수 있습니다. 몇몇 화학물질 공급 회사에서 판매되기도 하고요.

질문자님의 이야기에서는 소량의 가루를 유리잔에 넣어 빙빙 돌림으로써 잔의 내부에 칠을 할 수 있습니다. 여기에 물을 따라 섭취하면 피해자는 아주 빠르게 쓰러져 죽을 것입니다.

코카인을 먹으면 죽을 수도 있나요?

Q   제 이야기에서는 피해자가 마시던 술, 그러니까 맨해튼[3]에 들어 있던 코카인을 삼켜서 살해당합니다. 베르무트[4]가 아마 가능한 모든 맛을 숨기게 되겠죠. 저는 독극물에 관한 책을 읽고서 이게 실현 가능한 일이라고 생각했습니다. 정말 가능한가요? 시안화물이 좀 더 쉽고 빠르겠지만 제 이야기에서는 코카인이 더 손쉽게 이용 가능한 물질이라서요.

A   간단히 답하자면, 네, 코카인으로도 살인이 가능하며 용량만 충분하다면 효과도 아주 빠를 것입니다.

코카인은 뇌를 활성화시켜 발작을 일으킬 수 있으며 이런 발작은 치명적일 수 있습니다. 특히 간질지속상태라는 질병을 촉발하는 경우에는 더욱 그렇죠. 보통 발작에는 자체적인 제약

---

3   위스키에 베르무트를 섞은 칵테일

4   포도주에 향료를 넣어 우려 만든 술

이 있어 몇 분 동안 주어진 과정을 밟아나가다가 멈추게 됩니다. 하지만 간질지속상태에서는 몇 시간, 심지어 며칠 동안이나 발작이 이어집니다. 다이란틴, 페노바르비탈, 혹은 그 외의 항경련제(항발작제) 약물로도 가끔은 이 상태를 벗어나게 할 수 없습니다. 때때로 이런 유형의 환자들을 아넥틴(모든 근육을 마비시키는 쿠라레[5] 같은 물질입니다. 발작을 일으키는 근육뿐 아니라 호흡을 위해 필요한 근육까지도 마비시키죠.)으로 마비시키고, 사태가 진정될 때까지 환자들에게는 인공호흡기를 착용시킵니다. 이렇게 하면 환자들이 환기 부족 혹은 위장 내용물의 흡인으로 사망하지 않도록 예방할 수 있습니다. 심각한 상황에서는 이런 유형의 발작에서 벗어나게 하는 데에 며칠이 걸립니다.

발작은 호흡에 간섭하거나 구토 혹은 흡인으로 이어질 수 있으므로 간질지속상태가 없을지라도 치명적일 수 있습니다. 하지만 더욱 가능성이 높은 상황은 코카인이 다음과 같은 몇몇 심장 문제를 일으키는 경우입니다.

1. 치명적인 심장부정맥(정상적인 심장율동에 발생하는 불규칙성) 코카인의 자극적 성질에서 오는 직접적 효과의 결과로 심실빈맥 혹은 심실세동이 발생할 수 있습니다. 코카인 사용 이후 갑자기 죽는

5 　쿠라레는 방기과나 마전과 따위 식물의 나무껍질에 들어 있는 알칼로이드를 통틀어 이르는 말이다. 독성이 강하여 남아메리카 인디언들이 독화살을 만드는 데에 이용하기도 하였다. 외과 수술 시 근육이완제로 쓴다.

대부분의 사람들은 이런 유형의 심장율동 변화 때문에 그렇게 되는 것입니다. 심장부정맥은 코카인의 섭취, 코를 통한 흡입, 정맥주사, 프리베이스 즉 코카인의 흡연 이후에 발생할 수 있습니다. 흡연을 통하여 코카인을 투여하는 경우 코카인은 정맥주사로 투여했을 때와 거의 비슷할 정도로 빠르게 폐를 통해 흡수됩니다.

2. 관상동맥경련(동맥벽의 근육 수축으로 인한 동맥의 좁아짐)   관상동맥은 심장근육에 혈액을 공급하는 혈관입니다. 이 혈관이 경련을 일으키면 혈액의 흐름이 심각하게, 심지어 완전히 막힐 수 있으며 그 동맥에 의해 혈액을 공급받는 심장의 부위가 죽거나(심장마비, 심근경색, 즉 MI) 위에서 묘사했던 것과 같은 치명적인 부정맥이 심장근육으로 가는 혈류의 빈약에 따른 이차적 결과로서 나타날 수 있습니다. 관상동맥경련은 그리 드물지 않으며 지난 몇 해 동안 저도 이런 환자를 여러 명 보았습니다.

크랙 코카인[6]은 농도가 더 높고 폐를 통해 전달되기 때문에 특히 위험합니다.

구상하신 시나리오에서는 누군가 손을 댄 술을 통해 코카인을 섭취할 경우 위에서 말한 모든 일이 발생할 수 있습니다.

---

6   소량의 코카인을 소다와 물에 섞어 건조시켜 만든, 매우 중독성이 강한 마약의 한 종류

발작이나 심장마비, 심장부정맥이나 이런 질환의 가능한 모든 조합으로 사망이 일어날 수 있죠. 피해자는 가슴을 움켜쥐고 숨이 차다고 불평을 할 수 있으며 창백해져 다량의 땀을 흘릴 수도 있습니다. 심장마비와 정확하게 같죠. 전신발작*을 일으키며 바닥으로 쓰러질지도 모릅니다. 등이 굽어지고 눈은 뒤로 돌아가며 강력하게 팔과 다리를 움찔거리게 됩니다. 혀를 깨물어 출혈을 일으킬 수도 있고 구토를 한 다음 토사물을 흡인할 수도 있습니다. 부정맥의 경우 피해자는 그냥 쓰러져 죽게 될 겁니다. 시야가 어두워지는 것으로 커트, 이 장면을 새겨놓은 채 엔딩 크레디트를 올리게 되는 거죠.

한 가지 더 생각해보죠. 코카인은 쓴맛이 나며 피해자의 입을 얼얼하게 만드는 국소마취제입니다. 그러나 피해자가 세 잔째, 혹은 네 잔째로 마시는 술이라면 이 맛은 가려질 수 있습니다. 그리고 위장관에 의한 코카인 흡수 속도는 상당히 빠르기 때문에, 피해자가 얼얼한 효과를 느끼거나 다른 방식으로 뭔가가 잘못되었다는 걸 알아차렸을 때쯤에는 이미 맥박이 없는 상태로 바닥에 쓰러져 있을 수 있습니다. 더욱이 피해자가 원래 마약을 사용하던 사람이 아니라면 코카인의 급성 투여에 대한 내성이 대단히 저하되어 있을 것이므로 적은 투여량만으로도 치명적일 수 있습니다.

발작을 일으키는 병소가 특정 영역에 분명히 제한되지 않고 뇌의 대부분이 관련되는 경우

일산화탄소에 중독될 경우
어떤 일이 벌어지나요?

Q 자고 있던 방에 휘발유 엔진 배기가스를 파이프로 흘려 넣는 방식으로 등장인물 중 한 사람이 살해당하는 이야기를 쓰고 있습니다. 이 상황에서는 정확히 어떤 일이 일어나나요? 사망을 초래하는 것은 무엇이죠? 이런 방식으로 죽는 사람들은 피부가 밝은 빨간색으로 변한다는 이야기를 읽었습니다. 사실인가요? 왜죠? 피해자가 발견되었을 때 여전히 생존할 확률이 있는 건 의식을 잃은 뒤로 어느 정도 시간이 지날 때까지인가요?

A 휘발유로 동력을 공급받는 엔진의 배기가스에 노출되었을 때 사람이 죽는다면, 용의자는 일산화탄소(CO)입니다. 일산화탄소는 망가진 휘발유 난로 혹은 휘발유나 나무 등이 불완전연소된 난로에서도 나올 수 있는데요. 휘발유나 나무의 완전연소는 이산화탄소(CO_2), 즉 숨을 내쉴 때마다 우리가 뱉어내는 것과 같은 기체를 만들어냅니다. 높은 이산화탄소 수치도 유해하고 심지어 치명적일 수 있지만(자동차 트렁크나 버려진 냉장고, 지하 금고 등등에서 사람들이 질식할 때 일어나는 일이

바로 이것입니다) 유독성에 있어 이산화탄소는 일산화탄소 근처에도 가지 못합니다.

우리의 적혈구세포(RBC)에는 헤모글로빈이 들어 있는데, 헤모글로빈이란 산소를 결합하여 신체조직으로 운반한 다음 그곳에서 산소를 방출하는, 철분을 함유한 분자입니다. 그러면 조직세포가 모든 중요한 과정에서 이 산소를 사용합니다. 흡입된 일산화탄소는 빠르게 폐로 흡수되어 혈류로 들어가는데, 혈류에서는 산소보다 210배 높은 친화력으로 헤모글로빈과 결합합니다. 이 말은 즉 일산화탄소를 함유한 공기가 흡입되는 경우 헤모글로빈은 산소가 아니라 일산화탄소를 받아들이는 편을 선호한다는 뜻입니다. 세포들은 일산화탄소를 사용할 수 없으므로 결국 세포들이 산소 부족으로 질식하는 효과가 발생합니다.

일산화탄소와 헤모글로빈의 결합은 일산화탄소 헤모글로빈을 만들어내는데, 이 물질이 혈액에 밝은 선홍빛을 띠게 합니다. 일산화탄소중독으로 사망하는 사람들의 피부와 입 안쪽 점막이 밝은 빨간색일 수 있다는 이야기는 사실이지만 항상 그런 것은 아닙니다. 청색증은 피부가 청회색을 띠게 만드는 증상으로 산소가 부족할 때 발생합니다. 이런 탁한 색깔이 일산화탄소 헤모글로빈의 붉은 색조를 가릴 수 있습니다.

가장 치명적인 경우는 혈중 일산화탄소 헤모글로빈 수치가 50퍼센트 이상인 경우에서 발견됩니다. 노약자, 연소자, 만성 질환자는 25~30퍼센트 정도에서도 무릎을 꿇을 수 있지만요. 만

사후에 시체의 피부에서
볼 수 있는 옅은 자줏빛
또는 짙은 자줏빛의 반점

성적 심장질환 혹은 폐질환이 있는 사람들은 특히 그렇죠.

부검에서 법의관은 병력(피해자가 자동차 엔진이 켜져 있는 상태에서 차고에서 발견되었으니까요)과 내부 조직의 붉은 빛깔, 혈액의 선홍색 색조를 통해 일산화탄소중독을 의심할 것입니다. 이때 혈액의 선홍빛은 보통 헤모글로빈 농도가 30퍼센트 이상은 될 때 나타납니다. 중력의 영향을 받는 아래쪽 신체 부위, 그러니까 사망 후 혈액이 자리를 잡는 부분의 피부는 특징적인 붉은 빛을 나타낼 가능성이 높지만 이 색깔은 시반*의 청보라빛 빛깔 때문에 감추어질 수 있습니다. 그러나 이런 상황에서도 시반의 경계선에서는 붉은 빛깔이 보일 수 있습니다. 이후 법의관은 일산화탄소가 사인이었는지 판단하기 위해 혈액의 일산화탄소헤모글로빈을 검사할 것입니다.

의식을 잃을 정도로 일산화탄소를 흡수했을 즈음이면 피해자는 영구적인 뇌 손상과 사망에 대단히 가까이 가게 될 것입니다.

의식을 잃은 뒤 얼마나 오랜 기간 동안 질문자님의 피해자가 살아남을 수 있느냐에 대해서는 너무 많은 변수가 관련되어 있으므로 정답이 없습니다. 고려해보아야 할 문제를 몇 가지만 들어도 피해자의 나이, 몸무게, 일반적인 건강상태, 일산화탄소의 농도, 방의 밀폐 정도, 노출 전에 피해자가 소비한 약물이나 알코올, 그러한 약물 및 알코올의 종류 등등이 있겠죠. 대략적으로는 길어야 한 시간일 것이고, 15분이 더 적절하겠습니다. 한 시간 정도로 해야만 한다면 차고에 일종의 환기구를 만들어

주세요. 살인자가 발견하지 못한, 사망시간을 약간 늦출 정도
의 신선한 공기만을 공급해줄 환기구 말입니다. 그 환기구는 열
려 있는 창문일 수도 있고 어쩌면 악당이 떠난 뒤 가족이 키우
는 개가 상황을 살펴보러 왔다가 집에서 차고로 이어지는 문을
밀어 여는 바람에 신선한 공기가 약간 들어간 것일 수도 있습
니다.

천연가스에 얼마나 오래 노출되어야
사람이 죽을 수 있나요?

Q 저는 살인미수 사건을 설정하는 중입니다. 등장인물이 집으로 가 만취한 다음 정신을 잃습니다. 그때 누군가가 집으로 몰래 들어와 가스레인지를 켜놓고 점화용 불씨를 꺼버립니다. 가스가 누출되어 이 사람이 죽을 때까지는 얼마나 걸릴까요? 바꿔 말하면, 이 경우 피해자가 죽지 않고 그 집 안에 있을 수 있는 시간이 어느 정도인지 알고 계시나요? 저는 피해자가 아프기는 하되 아무런 후유증 없이 살아남기를 원합니다.

A 대답하기가 불가능한, 혹은 까다로운 질문인데요. 이야기를 만들어내는 데 있어서는 오히려 좋은 점이죠. 선택지가 아주 많습니다.

가스가 사람에게 미치는 영향은 일반적으로 세 가지 요소에 달려 있습니다. 흡입한 가스의 농도, 노출의 지속시간, 사건 발생 전 피해자의 상태 등이죠.

가스의 농도는 화구로부터 나오는 가스의 흐름, 방 혹은 집의 크기, 환기구의 양과 성격 등에 좌우됩니다. 작은 원룸은

140평짜리 집에 비해 가스로 가득 차는 속도가 빠르겠죠. 또한 피해자가 가스가 발원하는 지점에 더 가까이 있을 가능성도 높고요. 침실이 복도 저편에 있거나 부엌에서 위층으로 올라가야 있는 집과는 반대로 원룸 아파트에서는 취사 공간과 취침 공간이 같은 방 안에 있을 테니까요. 열려 있는 창문, 천장의 팬, 또는 에어컨도 어느 정도의 환기를 제공하고 대상이 된 피해자의 생존시간을 연장시킬 것입니다. 물론 가스 농도가 어느 수준에 도달하는 순간 팬이나 에어컨의 전기회로가 폭발을 일으킬 수도 있겠지만 이런 일은 질문자님의 시나리오와는 어울리지 않습니다.

노출 시간에는 따로 설명이 필요 없습니다. 어느 농도의 가스에 노출되더라도 노출 시간이 길수록 사망 가능성은 높아집니다.

심장이나 폐질환, 당뇨병, 간이나 신장에 문제가 있거나 다른 질병이 있는 사람들은 평균적인 사람보다 더 취약할 것이므로 피해자의 상태도 어느 정도 영향을 미칩니다. 또한 알코올과 다른 진정제 효과가 있는 약물을 투여했다면 그 약물이 기침반사에 간섭하게 됩니다. 그러면 노출에 수반되는 증상(기침, 숨참, 두통, 입에서 느껴지는 불쾌한 맛, 시야의 흐림 등등)을 알아차리는 피해자의 능력이 저해되겠죠. 너무 늦기 전에 무슨 일이 벌어지고 있는지 알아차릴 가능성이 낮아진다는 뜻입니다.

이런 혼란이 글쓰기에 좋은 이유는 무엇일까요? 플롯을 다룰 때 엄청난 자유를 누릴 수 있다는 것입니다. 한 시간인지 여러 시간인지, 피해자가 살아남을 것인지 아닐 것인지는 전부 질문자님에게 달려 있습니다. 저라면 피해자를 밤새도록 혹은 하루 종일 그 방 안에 내버려두지는 않을 거예요. 특히 피해자의 집이 작은 아파트라면 더욱 그렇고요. 대부분의 사람들은 그 정도 시간이 걸리면 보통 수준의 노출에도 사망합니다. 하지만 질문자님이 원하시는 대로 하셔도 문제는 없습니다.

사막에서 표류하고 있는 사람의 죽음을
앞당기려면 물에 어떤 물질이 첨가되어야 하나요?

Q 제 이야기에서는 젊은 남자가 오직 물 한 병만을 가진 채 사막 한가운데에 버려집니다. 물에 넣으면 탈수와 사망을 촉진할 수 있는 물질이 있을까요?

A 아주 간단한 물질이 두 가지 있습니다. 알코올과 이뇨제지요.

맥주를 한두 잔 마셔본 사람이라면 누구나 알고 있겠지만 알코올은 이뇨제처럼 작용합니다. 기억해두세요, 맥주라는 건 돈을 주고 살 수가 없는 물건입니다. 그저 빌릴 수 있을 뿐이에요. 알코올은 뇌하수체의 후엽을 억제하는데, 뇌하수체는 항이뇨호르몬(ADH)라는 호르몬을 만들어냅니다. 이 호르몬은 신장이 수분을 보유하고 있도록 하죠. 알코올의 억제작용은 ADH 분비량을 감소시키고 따라서 신장에 도달하는 ADH의 양도 감소시킵니다. 그 결과 신장이 '열리게' 되고 소변량이 극적으로 증가합니다. 그러므로 알코올은 이뇨제입니다.

이뇨제는 몇 가지 서로 다른 기전을 통해 신장이 혈류에서 더 많은 수분을 걸러내도록, 그러니까 더 많은 소변을 만들어내도록 하는 약물입니다. 흔한 이뇨제로는 하이드로클로로타이아자이드(HCTZ), 디아자이드, 라식스(프로세미드) 등이 있습니다. HCTZ와 디아자이드는 가벼운 반면 라식스는 강력한 약입니다. 사실 라식스를 한 번만 투여해도 수분 몇 리터의 손실이 일어날 수 있습니다. 심부전과 폐부종이 있는 사람들을 치료할 때 이 약물이 유용하고 생명을 구하기까지 하는 이유가 바로 그 것입니다. 심부전과 폐부종은 신체에 체액이 심각할 정도로 과하게 쌓여 폐가 물로 가득 차게 되는 질환이거든요.

구상하신 상황에서는 40밀리그램짜리 라식스 한 정을 물에 녹일 수 있겠습니다. 라식스는 맛이 거의 나지 않지만 이상한 맛을 전혀 눈치채지 못하도록 확실히 해두고 싶다면 게토레이나 과일주스를 사용해도 되겠습니다. 이 경우에는 살인자가 피해자에게, 피해자로서는 목숨을 구해줄 거라고 생각하는 액체를 주지만 사실은 이 혼합물이 상황을 악화시킬 뿐입니다. 기온, 피해자가 거쳐 가야 하는 지형, 습도, 피해자의 체구, 나이, 건강상태에 따라 목숨이 위험한 수준의 탈수에 도달할 때까지는 며칠가량이 걸릴 수 있습니다. 피해자의 수원(水源)에 라식스를 첨가하면 이 시간이 몇 시간으로 줄어들게 됩니다.

피해자를 제압할 뿐만 아니라
기억까지 지울 수 있는 약물이 있나요?

Q 상황은 이렇습니다. 한 여성이 자기 집 차고로 들어가 자동차 문을 열다가 그녀를 잠시 동안 의식불명에 빠뜨리고 싶어 하는 누군가에게 공격당합니다. 턱 밑이나 그 근처에 있다는 마법의 부위를 툭 쳐서 잠시 동안 이 여자를 기절시키는 게 가능한가요? 이렇게 하면 직전의 기억이 완전히 지워지는지요? 아니면 공격자가 잠시 동안 효력을 발휘할, 효과가 빠른 약물을 팔에 주사하여 피해자가 한 시간 정도 후에 정신을 차리되 영구적으로 손상을 입지는 않게 할 수 있을까요?

A 네, 머리나 턱, 관자놀이, 심지어 목을 강타하여 사람을 기절시키는 건 가능합니다. 뇌기능을 방해하고 의식소실을 유발하려면 타격에 충분한 힘을 실을 필요가 있습니다. 의학용어로는 이 상황을 '뇌진탕'이라고 부릅니다. 보통 피해자는 1~2분 후에 깨어나지만 더 오랫동안 정신을 잃고 있을 수도 있습니다. 15분이나 30분, 모두 가능합니다.

영화에서는 주인공이 주먹질 한 번에 사람을 기절시키지

만 현실에서는 그게 항상 쉬운 일은 아니며 몇 번씩 타격을 가해야 할 수 있습니다. 주인공은 악당의 부하들에게 주먹을 날린 다음 의식을 잃은 그들을 잊어버립니다. 마치 그들이 갑자기 대본에서 지워졌다는 것처럼 말이죠. 그런 다음 악당을 계속해서 추격하는 거예요. 질문자님도 여러 번 보신 상황이죠! 그러나 사실 그 부하들은 몇 분 후면 깨어나 몸을 추스르고, 놈들이 다시는 골칫거리가 되지 않을 거라 확신하던 주인공을 놀라게 할 가능성이 높습니다. 적어도 대본을 보면 주인공은 그런 상황을 예상조차 못 하는 것 같으니까요. 예술이 삶을 모방하지 않는 또 한 번의 사례죠.

질문자님이 설정한 상황에서 악당이 피해자를 몇 분에서 30분 정도만 기절시켜야 한다면 머리 뒤를 한 차례 가격하는 편이 현실적입니다. 한 시간 이상 의식불명으로 만들어야 한다면 머리를 가격하는 것만으로는 불충분합니다.

기억상실의 문제는 예측이 불가능하다는 겁니다. 어떤 경우에는 기억상실이 일어나지만 어떤 경우에는 일어나지 않습니다. 질문자님이 제안하신 것은 '역행성 기억상실'인데, 이건 역방향으로 기억상실이 일어난다는 말입니다. 즉, 손상이 일어나기 전에 발생한 사건에 대한 기억이 없어진다는 것이죠. 가능성은 훨씬 더 낮지만 분명 일어나는 일입니다. 심각한 자동차사고의 피해자들은 정신을 잃었다가 깨어난 후에 자동차를 타고 집을 나섰던 일이나 어디로 가고 있었는지를 기억하지 못할 수 있습니다.

질문자님의 이야기 속 피해자는 놀라서 공격자를 사실상 보지 못할 수도 있습니다. 그렇다면 기억상실을 군이 고려할 필요가 없겠죠. 아니면 피해자가 공격자를 보게 한 다음 역행성 기억상실을 겪게 할 수도 있고요. 후자의 경우 기억은 나중에 돌아올 수 있습니다. 그럴싸한 반전이자 공격자가 걱정할 만한 요소가 되겠네요.

즉시 발효되는 약물이 몇 가지 없으므로 약물은 더 어려운 문제입니다. 어떤 약물은 몇 초 안에 효과를 발휘하지만 그러려면 정맥주사를 해야만 합니다. 펜토탈나트륨 같은 약물이 이 상황에 어울리겠습니다.

질문자님의 이야기 속 피해자는 제압되어 정맥주사를 투여당할 수 있지만, 사람을 쓰러뜨려놓은 상황에서 주사기를 들고 정맥을 찾는 것은 어려운 일이므로 그렇게 되려면 아마 공격자가 두 명 필요할 겁니다. 거의 정맥주사만큼이나 빠른 경로는 혀 아래, 혀 안, 혀 주변에 주사를 놓는 경우인데요. 혀에는 하도 혈관이 많아 이렇게 하면 거의 약물을 정맥주사하는 것과 같습니다. 협심증 환자들이 혀 아래로 니트로글리세린을 투약하는 이유도 이것이고 정맥이 더 이상 쓸 수 없을 정도로 흉터투성이가 될 때 마약중독자들이 이 부위를 활용하는 이유도 마찬가지입니다.

질문자님에게 가능한 또 다른 시나리오는 공격자가 뒤에서부터 접근하여 뒤통수를 가격해 피해자를 쓰러뜨리거나 실신시키는 경우입니다. 그런 다음 공격자는 피해자를 순응적이게 만드는 약물을 투여해 피해자의 기억을 차단할 수 있습니다. 어쩌면 공격자는 피해자의 집에서 뭔가 찾느라 그의 도움이 필요한 걸지도 모르죠.

이때 쓸 수 있는 완벽한 약물이 로슈 제약사에서 제조한 베르세드(미다졸람)입니다. 이 약물은 2~4밀리그램 용량으로 정맥주사하거나 5~10밀리그램 용량으로 근육주사할 수 있습니다. 베르세드는 1분 안에 발효되며 진정제 효과가 있습니다. 더욱 중요한 것은 약효가 지속되는 2~5시간 동안 베르세드가 거의 완전한 기억상실을 유발한다는 것입니다. 피해자는 매우 고분고분하게 되어 명령에 따를 것이며, 걷고 말할 수 있고 정상적이게, 혹은 약간 진정된 모습으로 보이겠으나 발생한 일에 대한 기억이 전혀 없을 것입니다. 공격자는 피해자의 머리를 강타해 기절시킨 다음 팔이나 엉덩이에 베르세드 5밀리그램가량을 주사할 수 있습니다. 몇 분 후 타격에서 깨어나면 피해자는 약물의 영향하에 놓이게 되어 이후 몇 시간 동안 벌어지는 일을 전혀 기억하지 못할 것입니다. 이게 질문자님의 이야기에 적절할 수 있죠.

화재나 폭발사고로 인해 번질 수 있는 유독성 살충제가 있나요?

Q **제 소설에서는 식품의약국에서 독성 효과가 있다는 이유로 금지한 살충제를 싣고 있는 배가 항구에 정박합니다. 소이탄으로 사보타주당하면서, 이 배에는 불이 붙는데요. 살충제 탱크가 파열되어 항구에 있는 사람들을 병들고 죽게 만드는 유독한 가스를 방출합니다. 이게 가능한 일인가요? 만일 그렇다면 어떤 살충제가 배에 실려 있을까요?**

A 질문자님이 구상한 시나리오에 맞는 살충제가 몇 가지 있습니다.

사린과 파라티온은 항콜린에스테라아제 신경독입니다. 이런 신경독은 근육과 신경의 적절한 기능에 반드시 필요한 콜리네스테라제 효소를 차단합니다. 설명하려면 문자 그대로 수천 단어가 필요한 복잡한 생리학 문제예요. 다행히도 신빙성 있는 장면을 쓰기 위해 그 세부사항들을 알아야 할 필요는 사실 없습니다.

파라티온은 살충제로도 쓰이고 회충을 죽이는 데에도 쓰

*
국소적으로 나타나는 작
은 근육의 불수의적 수축
과 이완으로, 정상인에서
도 관찰되지만 운동신경
질환이나 약물중독 등에
서 병리적으로 나타나기
도 한다.

이는 황갈색 액체입니다. 피부나 폐를 통해 빠르게 흡수되는 기체 형태로도 나오죠. 이 살충제에 노출된 피해자는 끔찍한 죽음을 맞게 됩니다. 증상은 30~60분 안에 시작되며 동공 수축(동공의 작아짐), 근육경련과 위약감, 비자발적 움찔수축*, 구역, 구토, 설사, 심장부정맥, 피부의 화끈거림, 폐부종(폐가 물로 가득 차는 현상) 등입니다. 호흡부전과 사망이 곧 이어지게 됩니다.

사린은 이보다도 더욱 유독합니다. 피부에 한 방울만 떨어뜨려도 치명적일 수 있죠. 사린은 피부에는 손상을 주지 않으나 빠르게 피부를 관통하여 혈류에 들어갑니다. 극도로 유독한 연기를 내뿜기 때문에 열을 가하거나 물 혹은 수증기와 섞었을 경우에 특히 위험합니다.

이런 화합물을 싣고 있던 탱크를 파열시키거나 불태우는 선상 폭발 혹은 화재는 1급 재앙이 될 것입니다. 부상과 사망이 항구 전체에서 발생할 거예요. 피해자의 치료는 어려우며 그리 성공적이지도 않을 겁니다.

또 다른 가능한 선택지는 딜드린입니다. 딜드린은 미국에서 1974년부터 '환경보호국에 관한 법률'로 사용이 금지되었으나 유럽에서는 제조됩니다. 스프레이나 가루 형태로 나오는 흰색의 맑은 고체로, 피부나 폐를 통해 흡수됩니다. 가열되면 극도로 유독한 염화물 기체를 방출합니다. 20분 안에 발생할 수 있는 증상에는 두통, 현기증, 구역, 구토, 발한, 발작, 사망 등이 포함됩니다. 사린이나 파라티온과 마찬가지로 치료는 대증적이며[7] 효능에 한계가 있습니다.

이 중 어느 살충제라도 질문자님의 요구에 어울릴 것이며 광범위하고 극적인 부상과 사망을 초래할 것입니다.

---

7   기저의 원인을 치료하지 못하고 증상만을 일시적으로 다스린다는 의미다.

피부를 통해 흡수되는 독극물도 있나요?

Q 어떤 독극물은 피부를 통해 흡수된다는 게 사실인가요? 만일 그렇다면 그런 독극물 중 흔한 것은 무엇이 있는지요?

A 피부는 우리 몸에서 가장 큰 장기입니다. 단지 '모든 것을 안에 모아두기 위한 재킷'인 것만이 아니라 피부는 내적·외적으로 수많은 요소에 영향을 받는 살아 있는 실체입니다. 외부에서 피부에 접촉하는 물질이 그렇듯 수많은 내적 질병이 피부에 변화를 일으킵니다. 일광화상, 혹, 멍, 긁힌 상처, 자극적인 화학물질 등이 흔한 사례겠죠.

네, 일부 약품과 독극물을 포함하는 화학물질은 피부를 통해 흡수됩니다. 요즘에는 경피전달 체계⁸를 통해 사용 가능한 약품이 다수 있는데요. 몇 가지 사례만 꼽아보아도 금연을 위해서는 니코틴을, 협심증에는 니트로글리세린을, 고혈압에는 클로니딘을, 멀미에는 스코폴라민을 붙이는 패치의 형태로 쓸 수 있습니다.

안티모니, 수은, 납과 같은 중금속은 피부를 통과하여 만성 중독을 일으킬 수 있습니다. DDT, 클로르단, 파라캇, 말라티온 등 여러 가지 살충제는 피부의 장벽을 넘어서 급성, 만성의 여러 가지 문제들을 일으킬 수 있습니다. 시안화물은 아주 쉽게 피부로 스며들며 대단히 치명적일 수 있습니다.

흥미로운 역사적 기록에 따르면 루트비히 판 베토벤은 납중독으로 사망했을 수 있다고 합니다. 최근 검사한 베토벤의 머리카락 샘플에는 정상 수치의 100배나 되는 납이 함유되어 있었어요. 그의 납중독은 백랍으로 만든 그릇과 잔, 납이 함유된 페인트, 혹은 어쩌면 수도관으로 인한 것이었을지도 모릅니다. 베토벤이 살던 시대에는 수도관에 납이 들어 있었거든요. 또 다른 근원은 글라스 하모니카였을지 모릅니다. 최면적인, 촉촉하고 수정 같은 소리를 내는 이 악기는 1761년 벤저민 프랭클린에 의해 발명되었습니다. 프랭클린은 미국 독립전쟁 당시 프랑스에 방문하면서 이 악기를 베토벤과 볼프강 아마데우스 모차르트에게 시연해 보였습니다. 두 작곡가 모두가 나중에 이 악기를 위한 곡을 썼지요.

글라스 하모니카는 회전축을 따라 배치된 다양한 크기의 분유리 그릇으로 구성되어 있습니다. 연주자가 축축한 손가락을 이 그릇들에 대고 있으면 회전축이 회전하는데요. 각각의 그릇이 만들어내는 다양한 음에 높낮이를 두기 위해 그릇에는 납이 첨가된 페인트를 칠했습니다. 아마 베토벤의 몸에 들어온 납은 손가락을 통해서, 혹은 그 손가락을 계속 촉촉하게 하느라 핥을 때 들어간 것일 수 있습니다. 소리를 만들어내려면 반드시 그렇게 손가락을 핥아야 했거든요.

만성 납중독의 증상에는 정신과적, 신경학적 문제와 난청, 결과적으로는 사망이 포함됩니다. 루트비히의 경우와 아주 비슷하죠? 그런 면에서는 볼프강도 마찬가지고요.

흰독말풀은 효과적인 독극물인가요?

Q 흰독말풀을 진하게 우려낸 차를 마시면 성인도 죽을 수 있나요?

A 흰독말풀(*Datura Stramonium*)은 '악마의 나팔, 악취풀, 가시사과'라는 별명이 있습니다. 보통 온난한 기후에서 자라죠. 버지니아 주 제임스타운에서 1666년에 발생한 베이컨 반란[9]을 진압하러 파견되었던 군인들이 음식이 다 떨어져 흰독말풀의 열매를 먹었다가 집단 식중독에 걸린 사건 때문에 처음에는 '제임스타운 잡초'라고 불렸습니다.

　이 식물에는 흰색 혹은 자주색의 깔때기처럼 생긴 꽃이 핍니다. 불쾌한 악취가 나고요. 맛도 대단히 불쾌하므로 차를 끓인다는 건 말이 되지 않을 겁니다. 아마 사과주나 맨해튼같이 좀 더 향이 강한 음료를 쓰는 방법을 생각해보실 수 있겠네요.(맨해튼에는 베르무트가 들어 있어 쓴맛이 나는데, 이것이 흰독말풀의

---

[9] 1676년 N. 베이컨의 지도하에 영국의 아메리카 식민지 버지니아 주에서 일어났던 농민 반란

*
정신병의 일종으로 지나
친 자신감, 과활동, 너무
나 고양된 기분을 일컫는
다. 조증 상태인 사람은
언뜻 보기엔 자신감에 차
서 세상을 살아가는 것처
럼 보이나, 실제적으로는
일을 벌이기만 할 뿐 감
당할 능력은 없다. 대부
분의 경우 이런 증상은 3
개월간 지속되고 그 이후
아주 우울한 기분의 우울
증이 찾아오게 된다.

맛을 감출 수 있습니다. 특히 문제의 술이 피해자가 세 잔 혹은 네 잔째 마
시는 술이라면 말이죠.)

식물 전체에 독성이 있고 태웠을 때 나는 연기도 유독합니
다. 잎사귀와 씨, 혹은 둘 모두를 이용해 만든 차는 특히 유독하
겠죠. 구상하신 시나리오에서는 이 식물 몇 포기를 물주전자에
넣고 진한 용액이 남을 때까지 끓일 수 있겠습니다. 이 용액을
어느 술에든 넣으면 그 술은 매우 유독해질 것입니다.

독성을 함유한 물질은 (대체로) 히오스시아민이지만, 히오
신과 아트로핀도 여기에 포함됩니다. 이 물질들은 벨레도나 알
칼로이드 족에 속하며 그 원형이 벨라도나 식물입니다. 벨라도
나는 '죽음의 밤그림자(Deadly Nightshade)'라는 별칭이 있는 독
초입니다.

차의 강도와 섭취한 양에 따라 사망까지는 몇 시간이 걸릴
수 있습니다. 어지러움, 시야 흐림, 동공 확장, 두통, 빠르고 약한
맥박, 졸림, 조증*, 섬망, 혼란, 방향감각 상실, 입과 눈의 건조증,
극단적 갈증, 피부의 홍조와 화끈거림, 발작, 마침내는 혼수와
사망 등 아트로핀중독 증상이 나타날 테고요.

의대에서는 아트로핀중독의 징후와 증상을 이런 식으로
학습합니다.

박쥐처럼 눈멀고 (동공의 확장과 시야 흐림)
순무처럼 빨갛고 (피부가 붉어지고 화끈거릴 수 있음)
뼛조각처럼 건조하고 (눈과 입이 건조함)

모자 장수처럼 미친다[10] (조증과 섬망)

보시면 알겠지만 활용하실 만한 증상과 징후가 대단히 많습니다. 사람들은 독소에 저마다 다르게 반응하기 때문에 이런 증상과 징후는 어떤 조합으로도 일어날 수 있습니다.

---

10   『이상한 나라의 앨리스』에 나오는 모자 장수를 인유하는 말로, 영어에서 미친 사람을 일컬을 때 흔히 쓰는 표현이다.

스트리크닌에 중독된 사람의 시신이 취하는 '자세'는 어떻게 일어나나요?

Q 살해당하는 등장인물이 안약을 통해 치사량의 스트리크닌을 투여받고 들판에 버려져 그곳에서 죽는 이야기를 쓰고 있습니다. 이후 이 등장인물은 살인자에 의해 매장됩니다. 시체는 대략 3주 후에 발견되고요. 제가 읽기로는 스트리크닌에 중독된 사람의 얼굴에는 특유의 표정이 있고 피부에는 청색증이 나타나며 등 근육이 굽어진다던데요. 이런 현상이 시신에도 명백하게 드러난다는 말이 맞나요? 저는 피해자가 스트리크닌중독의 명백한 사후(死後) 증상을 나타내 시체가 발견되었을 때 법의관이 이런 증상을 알아보고 스트리크닌이 사인이었음을 추정했으면 좋겠습니다. 시체가 발견되기까지 3주를 기다리는 것은 이 일을 실현 가능하게 만들기에는 너무 긴 시간인가요? 스트리크닌을 투약하는 방법으로 안약은 어떤가요? 스트리크닌이 효과를 발휘해 발작을 일으킬 때까지 걸리는 평균적인 시간과 투여량은 어느 정도인가요?

A │ 일단은 스트리크닌부터 살펴봅시다. 스트리크닌은 몇 가지 종류의 식물과 그 씨앗에서 나오는데요. 마전자(*Strychnos nux-vomica*)라는, 인도나 하와이 등 열대지방에서 자라는 식물이 스트리크닌의 원료 중 하나입니다. 스트리크닌은 쓴맛이 나는 무색무취의 수정 같은 가루입니다. 위, 폐, 피부, 눈의 결막(분홍색 부분)을 통해 흡수될 수 있죠.

질문자님이 선택하신, 독을 전달하는 방법의 문제는 용량입니다. 스트리크닌의 치사량은 100~120밀리그램이에요. 눈에 몇 방울을 떨어뜨려 치명적인 효과를 발휘할 만큼 스트리크닌 가루를 충분히 농축시키는 건 어려운 일입니다. 만일 피해자가 콘택트렌즈를 착용하는 사람이라면 스트리크닌을 피해자가 눈을 씻을 때 사용하는 식염수 용액에 넣을 수도 있겠죠. 렌즈를 제거한 뒤 오염된 용액으로 눈을 세척하면 피해자를 끝장낼 수 있을 정도의 충분한 약이 공급될 수 있으므로 이것이 좀 더 개연성 높을 수 있습니다. 좀 더 현실적인 선택지는 스트리크닌을 음식이나 음료에 첨가하는 것입니다만 눈을 통해 독극물을 집어넣는다는 생각이 마음에 드네요. 좋은 반전입니다.

스트리크닌은 10~20분 안에 작용하며 그 효과는 매우 극적입니다. 스트리크닌은 중추신경계를 공격하며 보통 발작과 유사한 근육활동 및 그에 뒤따르는 사망을 초래하는 신경독입니다. 진정한 전신발작을 야기하는 것은 아닙니다. 전신발작은 뇌 내의 혼란스러운 전기적 자극으로 인한 결과거든요. 대신 스트리크닌은 근육을 지배하는 신경을 공격합니다.

증상은 피해자의 목과 얼굴이 점차로 뻣뻣해지는 것에서부터 시작되어 팔과 다리의 경련으로 이어집니다. 모든 소리, 모든 동작이 강력하고도 불규칙한 근육 수축을 급격히 유발하는 방아쇠가 될 수 있습니다. 이런 강직성 수축은 점점 강력해지며, 등 뒤쪽의 커다란 근육이 수축하기 시작하면서부터는 몸을 활처럼 뒤로 휘어진 자세로 잡아당깁니다('활 모양 강직'이라고 부르는 자세입니다). 이 증상들은 파상풍에서 발견되는 것과 유사합니다. 피해자는 숨을 쉴 수 없으므로 질식으로 사망합니다.

사망 시에 피해자는 보통 등이 뒤로 굽어지고 눈이 크게 뜨이며 얼굴 전체를 찡그리는 듯한 모습으로 입이 당겨지게 됩니다. 이것을 '죽음의 미소', 혹은 리수스 사르도니쿠스[11]라고 부릅니다. 악몽에나 어울리는 일이죠.

스트리크닌중독에서 보이듯, 격렬한 근육활동과 연관되어 있는 사망에서는 보통 사후경직이 곧바로 이어지므로 시체는 이 자세로 굳어지게 됩니다. 경직이 빠르게 일어나는 이유는 근육의 격렬한 수축이 근육 내 효소(지배적인 성분은 삼인산아데노신, 줄여서 ATP입니다)를 소비하기 때문입니다. 보통의 사후경직에서는 이 효소의 고갈이 근육의 수축을 야기하여 근육이 굳어지게 됩니다(사후경직의 경축기). 스트리크닌중독이나 발작활동과 관련된 사망에서는 이러한 ATP 고갈이 보다 빠르게 일어나므

---

11   risus sardonicus. '경수'라고도 한다.

로 근육이 경직되기 시작하는 시점이 더 빠릅니다. 이후 24시간 동안은 근육이 부패하면서 수축성을 상실하여 경직되었던 근육은 다시 이완됩니다(사후경직의 이완기).

그러므로 이야기에 나오는 피해자는 근육의 경직이 매우 빨리 시작되어 이 '스트리크닌 자세'(뒤로 굽어진 등, 찡그린 미소, 크게 뜬 눈)를 12~24시간 정도 유지할 것입니다. 그런 다음 사후경직이 풀리면서 근육이 이완될 것이고 얼굴과 몸도 마찬가지로 이완되겠죠. 그러므로 3주는 적절하지 않습니다. 피해자는 다른 모든 3주짜리 시신과 비슷하게 보일 것이며 스트리크닌의 존재를 판별하려면 법의관은 독물학 검사를 실시해야 할 것입니다.

인간을 비롯한 다양한 동물들의 경우에
스트리크닌의 치사량은 얼마나 되나요?

Q 독극물로서의 스트리크닌에 대한 질문이 있습니다. 생쥐, 들쥐, 고양이, 개, 원숭이, 인간을 죽일 수 있는 투여량은 어느 정도인가요? 제 이야기 속 범죄자는 피해자를 독살하기 전에 실험을 좀 해보려고 하거든요.

A 평균적인 성인에게 치사량은 100~120밀리그램입니다. 평균적인 성인의 몸무게는 70킬로그램, 즉 154파운드 정도죠. 이렇게 계산해보면 킬로그램당 1.4~1.7밀리그램, 즉 파운드당 0.65~0.78밀리그램이 치사량이 됩니다. 그러므로 치사량이 킬로그램당 1.5밀리그램이라고 가정한다면 다음과 같이 추산할 수 있습니다.

56g 생쥐	약 0.84mg
450g 들쥐	약 0.67mg
3.6kg 고양이	약 5.4mg
6.8kg 개	약 10.2mg
11kg 원숭이	약 16.5mg

| 81kg 사람 | 약 121.5mg |

이 추산은 스트리크닌이 이런 다양한 포유류에게서 같은 방식으로 작용한다고 가정하는데, 아마 실제로 그럴 것입니다. 어쨌거나 대략적인 수치이기도 하고요.

복부 팽만과 사망을 초래하는 독극물이 있나요?

Q 제가 쓰는 단편소설에서, 임신한 피해자가 배가 부풀어 오른 채로 사망했으면 좋겠습니다. 제가 사용하는 독극물은 음료수 안에 넣어야 하는데요. 납중독이 빠른 사망으로 이어질 수도 있나요? 납중독의 증상은 느리게 나타나며 진행성이라는 이야기를 읽어서요. 납중독이 태아에게 미치는 영향은 무엇일까요? 음료수로 위장할 수 있는 납의 공급원으로 가장 좋은 것은 무엇일까요?

A 급성 독극물로 사용할 수도 있긴 하지만, 납은 축적되는 독극물에 가깝습니다. 납에 만성적으로 노출되면 아주 많은 의학적 문제와 궁극적으로는 사망을 초래하죠. 다량을 구강으로 투여할 경우에도 효과가 있겠지만 그걸 음료 안에 숨기기는 어려울 것입니다. 독성이 있는 형태는 탄산납, 일산화납, 황산납이 되겠습니다. 비소를 포함하고 있으므로 가장 유독한 것은 비산납일 테고요. 비산납은 하얀 가루로 여러 살충제와 동물용 촌충 치료제에서 발견됩니다. 이것은 음료수에 녹여 효과를 발휘할 수 있습니다. 그 점에서는 비소도 마찬가지죠.

여러 세기에 걸쳐 인기 있었던 이 독극물은 질문자님께서도 아시듯 뻔한 것이 되었지만, 실제로 효과가 있습니다.

급성 비소중독은 출혈을 일으켜 위장과 장 내벽을 상하게 합니다. 혈관에 염증을 일으켜 혈액이 유출되게 하고요. 이게 위장관 출혈과 폐부종으로 이어지는데, 폐부종이란 폐 안에 체액이 축적되는 현상입니다. 또한 구토, 복통, 설사, 가끔씩은 혈액이 섞인 설사가 발생할 수 있습니다. 마지막으로 섬망, 발작, 혼수, 사망이 일어나죠.

수은이 또 다른 선택지가 될 수 있습니다. 온도계와 몇몇 배터리에 들어 있는 수은은 손쉽게 이용이 가능하죠. 섭취하는 경우보다는 증기를 흡입할 때 효과가 더욱 강력합니다. 수은은 섭씨 40도 정도로 끓는점이 낮습니다(물은 섭씨 100도에서 끓습니다).

수은을 함유하고 있는 물을 끓이면 됩니다. 증기가 공기에 들어가면 피해자는 그 증기를 흡입하고 상당히 빠르게 사망할 것입니다. 증상은 구역, 구토, 복통, 침 흘림, 열, 기침, 숨참, 입에서 느껴지는 금속의 맛 등입니다. 반응은 거의 즉각적입니다. 섭취하는 경우에는 반응이 대략 30분 정도 내에 나타나며 증상은 유사합니다.

질문자님의 시나리오에 어울리는 또 하나의 매우 좋은 선택지는 사염화탄소입니다. 사염화탄소는 드라이클리닝용 약품, 가정에서 사용하는 얼룩 제거제, 몇몇 종류의 소화기에서 발견됩니다. 사염화탄소의 효과는 알코올과 함께 섭취했을 때 증가

되는데요. 이 무색의 액체에는 가려야만 하는 뚜렷하고 강한 악취가 있습니다. 증상은 복통, 구역, 구토, 현기증, 혼란, 숨참, 쇼크, 혼수, 사망입니다. 사염화탄소는 끓는점도 낮으므로 위에서 묘사한 것과 같은 증기가 생산될 수 있고 그런 증기는 즉시 독성을 발휘할 것입니다. 사염화탄소의 끓는점은 섭씨 77도입니다.

이 모든 약물은 태아에게도 유독할 수 있으며, 당연한 얘기지만 피해자가 죽는다면 긴급 제왕절개 수술을 하지 않는 한 태아도 죽게 됩니다.

이 중 어느 약물이라도 효과가 있겠지만 저는 수은이나 사염화탄소가 최선이라고 생각합니다. 특히 증기를 활용한다는 점이 마음에 들지만, 이건 질문자님이 원래 떠올린 플롯 아이디어와는 맞지 않습니다.

알광대버섯은 얼마나 치명적이며, 피해자에게 일으키는 효과는 무엇인가요?

Q 제 이야기에서는 피해자에게 알광대버섯을 먹이는 방식으로 살인이 벌어집니다. 알광대버섯의 독은 얼마나 빠르게 작용하는지, 또 피해자가 사망 전에 어떤 반응을 겪게 되는지 알고 싶습니다.

A 알광대버섯(*Amanita phalloides*)은 버섯 중 가장 위험한 버섯입니다. 사실 광대버섯 속(屬)에 속하는 모든 버섯은 기피해야 합니다. 다른 독버섯의 종류로는 흰알광대버섯(*A. verna*), '죽음의 천사'라고도 하는 독우산광대버섯(*A. virosa*), 긴독우산광대버섯(*A. bisporiger*)이 있습니다.

알광대버섯은 미국 남동부에서 자라며 습도가 높은 숲을 선호합니다. 다른 버섯들은 건조한 침엽수림이나 혼합림, 잔디밭을 선호하고요. 이 버섯들의 갓 부분은 색깔이 미국 해안 지역과 유럽에서는 엷은 초록색이나 노란 올리브색, 미국의 다른 지역에서는 흰색이나 엷은 갈색으로 다양합니다. 모두 갓 아랫부분에 흰색 포자가 달린 하얀 자실층[12]을 갖고 있습니다.

알광대버섯은 너무도 독성이 강해서 버섯 하나만 먹어도

죽을 수 있습니다. 이런 버섯에서 발견되는 주된 독소는 혈당 수치의 저하(저혈당)를 일으키는 아마니틴과 신장, 간, 심장을 손상시키는 팔로이딘입니다. 증상의 시작은 느립니다. 보통 섭취한 지 16~15시간 후에 시작되며 48시간까지 지연될 수도 있습니다. 일반적으로 증상이 늦게 나타나면 늦게 나타날수록 생존 확률은 낮아집니다. 그 까닭은 독소가 간이나 다른 장기에 거의 즉시 효과를 발휘하기 시작하는 데 비해 증상의 발현은 늦어서 의학적 도움을 받으려는 노력을 지연시키기 때문입니다.

증상은 보통 위통, 구역, 구토, 혈액이 섞인 설사 등입니다. 간이 영향을 받는 경우에는 황달이 일어나 피부가 누런 색조를 띠게 될 것입니다. 그런 다음 피해자는 의식불명에 빠질 수 있습니다. 신부전이 일어나고 구토와 설사로 인해 탈수가 진행되면서 혈중 칼륨 농도가 급격히 증가하여 심장마비와 사망으로 이어질 수 있습니다.

위에서도 이야기했듯 의학적 도움을 요청할 때쯤에는 독소가 이미 체내에서 말썽을 부리고 있기 때문에 치료는 전혀 도움이 되지 않는 경우가 많습니다. 어쨌거나 가장 먼저 해야 할 일은 남아 있는 버섯을 제거하기 위해 위를 세척하는 것입니다. 이 조치는 첫 4~6시간 안에 취해야만 도움이 됩니다. 그 이후에는 버섯이 소화되어 더 이상 위에 남아 있지 않을 테니까요.

12   버섯 갓의 안쪽에 있는 주름

혈액검사를 해서 저혈당인지, 칼륨 수치가 상승하는지, 간과 신장의 기능이 정상적인지 등 지속적으로 피해자를 관찰합니다. 이런 문제는 발생할 때마다 치료됩니다. 그 외에는 희망을 가지는 것과 기도만을 추천할 수 있겠습니다.

더욱 효과가 빠른 독소는 마귀광대버섯(*A. pantherina*) 혹은 광대버섯(*A. muscaria*)인데, 둘 다 광대버섯 속에 속합니다. 이 버섯들은 노란색에서 빨간색, 주황색, 회갈색 등으로 색깔이 다양하며 갓에 흰 얼룩무늬가 있는 경우가 많습니다. 이 버섯에는 몇 가지 다양한 독극물이 들어 있는데요. 콜린과 무스카린은 혈압과 맥박의 저하 및 구역, 현기증, 다량의 땀과 침 흘림, 눈물고임, 설사를 일으킵니다. 이보텐산과 무스시몰은 현기증, 두통, 발작, 시야 흐림, 근육경련, 균형감각 상실, 의식불명, 호흡부전, 사망을 초래하고요.

증상은 보통 섭취 후 30분에서 세 시간 안에 나타납니다. 치료는 위의 방법과 비슷하고 여기에 더해 무스카린과 콜린의 효과를 차단하기 위하여 아트로핀을 사용합니다. 아트로핀은 정맥주사해야 합니다. 심박수와 혈압을 정상 범위 안에 잡아두기 위해 필요한 대로 보통 시간당 0.5~1밀리그램을 투여합니다.

19세기에 사용할 수 있었던 약물 중, 피해자를 움직이지는 못하면서 정신은 있는 상태로 만들 수 있는 것은 무엇인가요?

Q 제 이야기에서는 주인공이 1889년의 유럽에서 포로를 기차로 이동시켜야 합니다. 어떤 약물이 피해자를 어느 정도 움직일 수는 있지만 일주일의 기차여행 동안 무력한 상태로 만들 수 있을까요?

A 제 생각에 질문자님이 가진 최고의 선택지는 아편 유도체 중 한 가지일 것 같습니다. 당시에는 아편 팅크와 모르핀을 광범위하게 이용할 수 있었거든요. 사실 19세기 후반의 영국에서는 아편 팅크, 아편, 모르핀이 자살에 가장 자주쓰이는 약물이었습니다. 이런 약물은 진통제와 진정제로, 우는 아기들을 진정시키는 용도로도 흔하게 사용되었습니다. 요즘과는 달리 불법 약물이 아니었죠. 국제위원회가 아편을 규제하기 위한 첫발을 비로소 내딛은 건 1909년의 일입니다.

아편 팅크는 아마 위대한 의사 파라셀수스[13]가 처음으로 만들어냈을 것입니다. 새뮤얼 테일러 콜리지(1772~1834)와 월터 스콧 경(1771~1832)이 중독되었던 약물이 바로 이것으로, 두 사람은 만성적인 담낭질환에서 기인했을 가능성이 높은 오래된 복통을 완화시키기 위해 이 약물을 사용했습니다.

아편은 흰 가루인 반면 아편 팅크는 액체입니다. 둘 다 음식이나 음료에 첨가할 수 있습니다. 피해자는 졸려하고 기면상태에 빠지며 관리하기가 쉬워질 것이고, 원하는 효과를 내기 위해 투여량을 쉽게 조절할 수도 있습니다. 피해자가 '정신을 차리기' 시작하면 한 번 더 투약을 할 수 있겠죠. 악당은 피해자의 증상을 약으로 인한 것이라기보다는 질병 때문인 것으로 보이게 할 수 있으며 아마 아무도 알아차리지 못할 것입니다. 약물의 작용이 멈추면 피해자는 정상으로 돌아와, 발생한 사건에 대해서는 흐릿하게만 기억할 가능성이 높습니다.

13   스위스의 의사. 부친은 독일 귀족으로 의사였다. 페라라 대학에서 의학을 배우고 1515년 졸업 후 각지를 순회하면서 많은 의사나 학자와 만나 의학지식을 넓혔다. 귀국 후 1527년에 바제르 대학 교수가 되었으나 의학의 개혁을 외쳐, 고전의학을 격렬하게 비판하였기 때문에 추방되었다. 생명의 에너지원 알케우스의 작용으로 생활현상이 좌우된다는 이론에서 질병의 원인으로서 알케우스를 강하게 하는 특효약을 찾아서 많은 비약을 창제하였으나 점성술이나 연금술에서 벗어날 수 없었다.

중세 유럽에서 사용할 수 있었던 것 중에서
가장 흔한 독극물에는 어떤 게 있나요?

Q 독살을 하려 하는 중세시대의 제 등장인물이 이용할 수 있는 흔한 독극물에는 어떤 것들이 있을까요? 그 효과는 무엇인가요?

A 중세시대는 물론 그 이전에도 이용 가능했던 대단히 효과적인 독극물이 많이 있는데요, 그중 그 당시 흔했던 것들은 아래와 같습니다.

비소 비소는 순수한 형태일 때 회색빛이 도는 금속입니다. 가장 많은 경우 비소는 삼산화비소의 형태로 발견되는데, 삼산화비소란 흰색 가루입니다. 이것은 쉽게 음식에 첨가할 수 있으며, 그러면 발견될 가능성이 낮습니다.

비소는 프랑스의 위험한 왕비 카트린 드 메디치[14]가 가장 좋아하던 독극물입니다. 메디치가 비소와 칸타리딘의 혼합물

16세기 프랑스의 왕비로, 프랑스 종교 전쟁에 책임이 있기 때문에 악명이 높다.

인 '아쿠아 토파나'[15] 혹은 '아케타 디 나폴리'를 사용한 것도 분명한 사실입니다.

또 한 가지 흥미로운 비소의 사용법은 베닌 드 크라포[16]입니다. 비소를 두꺼비나 다른 작은 동물들에게 먹인 다음 그 동물이 죽으면 시체를 끓여 즙을 내 만든 것입니다. 이 즙을 넣은 음식이나 음료수는 피해자가 먹었을 때 극도로 유독하다는 것이 밝혀졌습니다.

급성 비소중독은 위의 극심한 화끈거림, 구역, 구토, 피가 섞인 설사를 유발합니다. 피해자는 혈압이 떨어지며 위약감, 현기증, 오한, 땀, 혼란을 느끼게 되고 발작을 일으킬 수도 있습니다. 이러한 고통스럽고 극적인 사건에 사망이 이어집니다.

벨라도나(Atropa belladonna) 벨라도나는 식물로서 '죽음의 밤그림자'라는 별칭이 있습니다. 벨라도나의 활성화학물질 중 한 가지는 아트로핀입니다. '아트로핀'이라는 이름은 그리스신화 속 운명의 여신 중 한 명인 아트로포스에게서 따온 것인데, 아트로포스는 생명의 실을 자르는 가위를 휘두릅니다. 다른 활성화합물에는 스코폴라민, 히오스시아민, 히오신이 포함됩니다.

벨레도나의 한 가지 효과는 동공을 확장시키는 것이며 바

---

15   16, 17세기 이탈리아의) 독약, 토파수(水).

16   프랑스어로 두꺼비 독이라는 뜻

로 여기에서 벨라도나라는 이름이 생겨났습니다. 어떤 여성들은 눈에 각기 한 방울씩의 벨라도나를 떨어뜨려 동공을 확장시키곤 했는데, 이렇게 하면 자신들의 아름다움이 더욱 향상된다고 생각했습니다. '벨라도나(bella donna)'란 아름다운 여성을 의미합니다.

삼켰을 때는 벨라도나의 모든 부분이 유독하며 증상은 섭취 후 대략 한 시간 안에 시작됩니다. 아트로핀중독의 징후와 증상은 동공의 확장, 시야 흐림, 입과 눈의 건조함, 열, 피부의 홍조, 복부 경련통, 혼란, 방향감각 상실, 발작, 심장마비입니다.

칸타리딘(Cantharis vericatoria) '스페인 파리'라고도 불리는 이 물질은 아무 맛이 나지 않는 흰색의 가루로 음식이나 음료에 쉽게 숨길 수 있습니다. 증상은 섭취한 직후에 일어납니다. 칸타리딘은 칸타리딘과 접촉한 모든 조직에 대단히 자극적이며, 신장을 통해 혈류에서 걸러내질 때에는 요도를 자극하므로 성욕이 촉진되는 것처럼 느껴집니다. 투여량을 늘리면 위장관 및 요도의 심각한 화끈거림과 물집을 일으킬 수 있으며 복통, 구역, 토혈[17], 혈액이 섞인 설사, 고통스러운 혈뇨, 경련, 빠른 맥박, 혈압의 저하, 쇼크, 사망으로 이어집니다.

17   피를 토함

디기탈리스(Digitalis purpurea)   아름다운 꽃이 피는 식물로 '요정의 모자, 요정의 방울, 요정의 골무'라는 별명이 있습니다. 이 식물은 심부전과 특정한 심장부정맥을 치료하기 위한 약물로 백년 이상 사용되었던 디기탈리스의 천연 공급원입니다.

이 식물의 모든 부분에는 독이 있습니다. 중독 증상은 대략 30분 후에 시작됩니다. 피해자는 두통, 구역, 구토, 근육경련, 숨참, 현기증, 두근거림, 마침내는 심장마비로 인한 사망을 경험합니다.

독미나리(Conium maculatum)   소크라테스를 죽인 것으로 유명한 독입니다. 이 식물의 모든 부분에 독이 있는데, 특히 꽃이 피는 시기의 열매가 그러합니다. 활성독소는 코닌으로, 쿠라레와 상당히 비슷하게 근육을 마비시키는 신경독입니다. 증상은 30분 후에 시작되지만 사망에 이르기까지는 몇 시간이 걸릴 수 있습니다.

최초의 증상은 보통 근육의 힘이 소실되는 것인데, 이 증상은 점점 심해집니다. 근육통과 마비가 이어지다가 호흡근 부전*으로 인한 질식사가 뒤따릅니다.

사리풀(Hyoscamus niger)   '미친 뿌리, 고약한 까마중, 독담배' 등의 별칭이 있습니다. 식물의 모든 부분에 벨라도나에서도 발견되는 화학물질인 히오스시아민이 들어 있으므로 사리풀로 일어난 중독의 징후와 증상은 아트로핀 독성효과와 유사합니다.

호흡에 필요한 근육이 정상적으로 기능하지 못하게 되는 것

중세 유럽에서 사용할 수 있었던 것 중에서 가장 흔한 독극물에는 어떤 게 있나요?

증상은 대략 15분 후에 시작됩니다.

이외에 독버섯도 널리 이용할 수 있었습니다.

루바브[18]를 먹으면 어떤 일이 일어나나요?

Q 어떤 사람이 제 등장인물 중 한 사람을 독살하려고 익히지 않은 루바브 잎을 찢어서 샐러드에 넣어 먹입니다. 어떤 반응이 얼마 만에 일어날까요? 등장인물이 병원으로 이송되면 어떤 치료를 받게 되나요? 장기적인 합병증이 있습니까? 회복기간은 얼마나 되죠?

A 루바브(*Rheum rhaponticum*)에는 옥살산이 들어 있는데, 옥살산은 독살에 사용되는 독극물입니다. 옥살산은 루바브의 잎에 들어 있고, 몇몇 루바브 아종은 줄기에서도 옥살산이 발견됩니다. 옥살산은 두 가지 방식으로 문제를 일으키는데요. 첫째는 자극효과로 인한 국소손상이고 둘째는 체내로 흡수된 이후에 발생하는 '내적' 손상입니다.

옥살산은 위장관에 매우 심한 자극을 주며 위약감, 숨참, 구역과 구토에 출혈까지 동반할 수 있는 위통은 물론 입과 목구

---

18   비슷한 속의 우리나라 식물로는 대황, 장군풀이 있다. 루바브를 주로 요리에 쓰는 반면 장군풀은 약용으로 뿌리를 사용한다. 독성이 있는 것은 잎이다.

멍, 식도의 통증을 일으킵니다. 증상은 늦게 시작되므로 질문자님의 이야기 속 피해자는 잎사귀를 먹고 몇 시간이 지난 뒤까지 뭔가가 잘못되었다는 사실을 모를 수도 있습니다. 루바브가 위험한 이유 중 하나가 바로 이겁니다. 구토를 하면 위가 비는 만큼 구토가 좀 더 빠르게 일어날 경우 내적 손상이 일어날 가능성이 더 낮아지거든요. 흡수되는 옥살산의 양은 루바브가 위장에 머무르는 시간과 직접적으로 관련되어 있습니다. 시간이 짧을수록 흡수도 적어지고 내적 문제도 적어지죠.

이런 내적 문제는 옥살산의 화학적 속성으로 인한 것입니다. 혈류에 흡수되면 옥살산은 혈액 속의 칼슘과 반응하여 옥살산칼슘을 형성합니다. 이 반응은 혈액의 칼슘을 소비하기 때문에 혈중 칼슘 수치가 낮아지게 됩니다. 심장의 적절한 전기적 기능에 칼슘이 필수적이기 때문에 낮은 칼슘 수치는 심장마비와 사망을 일으킬 수 있습니다. 또한 이런 화학반응으로 인해 혈류 내에 생성된 옥살산칼슘은 신장을 통해 걸러지는데, 이게 신장의 초소형 세관을 막아 신장에 심각한 손상을 줄 수 있습니다. 소변을 볼 때 화끈거림이 유발될 수 있으며 신장기능의 영구적 손상도 일어날 수 있습니다. 신장투석과 이식 혹은 그 두 가지 모두가 필요할 수 있죠.

치료의 첫 단계는 위장에 남아 있는 식물을 비워내는 일과 옥살산의 흡수를 막기 위해 모든 옥살산을 중화하는 일로 구성되어 있습니다. 이런 조치는 빠르게 이루어질수록 좋습니다. 구토제를 이용한 강제적 구토 혹은 위세척(코를 통해 위에 삽입한 관으로 위를 씻어내는 것)은 남아 있는 식물을 모두 제거할 것입니다. 흔하게 쓰이는 구토제는 이페칵 시럽[19]인데요. 티스푼으로 두어 숟갈을 경구 투여하면 5~10분 안에 구토를 하게 됩니다. 그런 다음 우유나 뭐든 칼슘을 함유하고 있는 액체를 경구로, 혹은 세척관을 통해 투여합니다. 이 액체는 옥살산염이 흡수되기 전에 옥살산염과 결합하거나 반응을 일으킵니다. 이렇게 하면 옥살산칼슘이 최악의 말썽을 부릴 수 있는 혈류 속이 아닌 위 안에 형성되어 세척될 수 있습니다.

또한 혈중 칼슘 수치를 정상으로 끌어올리기 위해 글루콘산 칼슘 형태의 칼슘을 느린 속도의 방울주입으로 정맥주사합니다. 신장을 씻어내고, 신장에 손상을 주기 전에 모든 옥살산염을 제거하기 위해 다량의 정맥주사액이 투여됩니다.

질문자님의 이야기에 나오는 피해자는 응급실에서 두꺼운 고무 재질의 세척관을 코를 통해 위에 꽂고 있을 가능성이 높습니다. 위는 우유 혹은 구연산 칼슘으로 세척될 것입니다. 글루콘산 칼슘을 주입하고 D5NS(덱스트로오스 5퍼센트를 첨가한 생리식염수) 수 리터를 투여하기 위해 정맥주사를 놓게 될 것이며, 신장기능을 평가하고 혈중 칼슘 농도를 측정하기 위해 혈액검사가 실시될 것입니다. 또한 심전도검사가 즉시 실시될 것이고

---

19   약물이나 독성물질의 경구중독 시 사용하는 구토제. 소화기에 직접 작용하여 흥분시킴으로써 구토를 유발하며 부식성 독성물질 흡입 시, 환자 의식 소실 시, 중추신경흥분제 흡수 시, 석유류 섭취 시에는 절대 사용해서는 안 된다.

피해자는 심장율동의 관찰을 위해 중환자실에 입원하게 될 겁니다.

예후와 이후의 장기적 문제는 노출의 정도 및 치료의 속도에 달려 있습니다. 치료가 효과적이고 심장 혹은 신장의 합병증이 발생하지 않은 경우 회복 시간은 24시간 정도로 짧을 수 있으며, 피해자는 장기적으로 아무런 문제를 겪지 않을 수 있습니다. 아니면 피해자가 심장마비를 일으켜 심폐소생술을 받을 수도 있습니다. 신부전을 겪어 단기, 장기의 투석을 요할 수도 있고, 이후에 신장이식을 받아야 할 수도 있습니다.

셀레늄은 효과적인 독극물인가요?

Q 최근에 셀레늄과 관련된 살인사건에 대해 읽었는데 이
것을 제가 지금 쓰는 소설에 활용할 수 있을지도 모르겠
습니다. 셀레늄은 무엇이며, 독극물로서는 어떻게 작용
하나요? 셀레늄중독의 증상은 무엇이고, 대상이 된 피
해자가 생존한다면 어떤 의학적 치료가 필요할까요?

A 셀레늄은 주기율표상에서 황, 산소, 폴로늄, 텔루륨 등
과 같은 족에 속하는 비금속성 물질입니다. 생명 유지
에 필수적인 요소이며 셀레늄 결핍은 다양한 의학적 문제로 이
어질 수 있습니다. 그중 가장 중요한 것은 심근병증(심장근육의
쇠약)이고요. 흥미롭게도 셀레늄중독의 사례를 처음으로 발견
한 사람은 마르코 폴로[20]일 수도 있습니다. 그는 '부제증'이라고
불리는 질병을 묘사한 적이 있는데, 이것은 투르키스탄의 난산

---

20   이탈리아 베네치아의 상인으로 동방여행을 떠나 중국 각지를 여행하고 원나라에서 관직에 올라
     17년을 살았다. 이후 이야기 작가인 루스티켈로에게 동방에서 보고 들은 것을 받아 적게 하여 『세
     계 경이의 서(통칭 '동방견문록')』이 탄생했다.

과 톈산 산맥에서 여러 마리의 말에게 일어났던 질병입니다. 이 지역의 흙은 셀레늄이 풍부하거든요.

산업 환경에서 발생할 수 있기는 하지만 셀레늄중독은 드문 질환입니다. 셀레늄은 주로 유리, 도기, 광전지, 반도체, 강철, 가황고무의 제조에 활용됩니다. 가장 유독한 형태는 이산화셀레늄(SeO₂)과 셀레늄산(H₂SeO₄)입니다.

급성 중독은 치명적인 경우가 많습니다. 이산화셀레늄이나 셀레늄산의 섭취 혹은 흡입(총기에 사용하는 청분용액에서 발견됩니다)은 심근에 유독한 영향을 끼치고 전신의 혈관 확장(개방)으로 인한 혈압의 극적인 저하를 일으킬 수 있으며 이것은 심장마비와 사망으로 이어질 수 있습니다. 피부에도, 폐는 물론 입의 내벽에도 심각한 화상을 입힐 수 있으며 폐에서는 이 화상이 출혈과 폐부종(폐가 물로 가득 차는 현상)으로 이어질 수 있습니다. 급성 중독에서는 전형적으로 숨결에서 마늘과 비슷한 향이 나고 치아, 모발, 손톱에 불그스름한 착색이 나타납니다.

만성 중독은 장기적으로 낮은 수준의 노출이 일어날 때 발생합니다. 피해자의 피부가 불그레한 색조를 띨 수 있으며 소양성(가려운) 두피 발진이 나타날 수 있죠. 머리카락이 약해져 잘 끊어지거나 빠지게 됩니다. 손톱도 약해져 붉은색, 혹은 누리끼리한 흰색의 가로, 세로 줄이 생깁니다. 숨결에서는 마늘 냄새가 나며 피해자는 입에서 금속 맛이 난다고 호소할 수 있습니다. 구역, 구토, 피로, 과민성, 감정적 불안정, 우울증, 떨림, 근육 압통 또한 발생할 수 있습니다.

살아 있는 상태에서든 부검 시에든 셀레늄중독의 진단은 피해자의 혈액과 소변에서 셀레늄 수치가 증가했는지 검사하는 방법으로 이루어집니다. 부검에서는 폐와 신장의 울혈, 심장의 반점형 흉터와 비대, 뇌의 부종, 피부 및 내부 장기의 황갈색 변색 등이 눈에 띌 가능성이 높습니다.

살아남은 사람들에게 이루어지는 치료는 모든 만성적 노출을 중지하고 다이머카프롤(영국항루이사이트 혹은 BAL이라고도 불립니다)을 근육주사하는 방법으로 이루어집니다. BAL은 셀레늄과 결합하여 셀레늄을 신장을 통해 체외로 제거하는 킬레이트제[21]로 작용합니다. 일반적인 계획은 체중 1킬로그램당 3~5밀리그램을 이틀 동안 네 시간마다 주사하고, 셋째 날에는 여섯 시간마다 주사한 다음 그 이후 10일 동안 열두 시간마다 주사하는 것입니다.

등장인물이 바로 죽기를 원하는지, 한 달에 걸쳐 천천히 죽기를 원하는지에 따라 질문자님의 목적에는 급성, 만성 중독이 모두 어울릴 것입니다. 총기에 사용하는 청분용액에는 셀레늄산이 치명적인 양으로 함유되어 있으며 이것을 테이블스푼으로 두어 숟갈 음식이나 음료에 첨가하면 몇 시간 내에 사람을 죽일 수 있습니다. 여기저기에 소량을 매일매일 첨가하면 만성 중독을 일으킬 수 있을 것이고요. 피해자는 점점 아파질 것입니다.

---

21   킬레이트화 작용으로 착화합물을 생성하는 화학 물질. 킬레이트화란, 동일 분자에 결합한 인접 원자 사이에 착결합 또는 수소결합 등에 의해서 환상구조가 형성되는 것을 말한다.

식욕이 사라지고 체중이 줄어들며 구역과 구토가 발생합니다. 머리카락이 빠지고 약해지며 숨이 차고 과민해지겠죠. 두 손이 떨릴 것이며 심부전이나 폐부종을 일으킬 수도 있습니다. 의사는 심장병이나 위창자염, 심지어 독감이라는 진단을 내릴 수도 있습니다. 셀레늄중독은 떠오르지도 않을 거예요. 디기탈리스와 이뇨제로 치료하거나 수액주사, 아스피린, 휴식을 권할 겁니다. 질병이 진행되면 피해자는 입원하여 진행성 심부전으로 죽겠죠. 심부전으로 인한 사망은 흔한 사건이므로 사인은 단순하고도 익숙한 심부전으로 기록될 가능성이 높습니다. 주인공이 의심을 하면서 피해자가 죽은 진짜 원인을 추적하기 전까지는 말이죠.

자낙스가 들어간 알코올을 마시면
얼마 만에 죽나요?

Q 등장인물 중 한 명이 자낙스 알약을 부숴 그 가루를 다른 사람의 스카치위스키에 넣습니다. 두 남자가 모두 술을 마시고 있는 상황이고요. 자낙스는 알코올과 빠르게 상호작용하여 중추신경계를 억제할까요? 원하는 효과를 달성하기 위해서는 얼마나 많은 자낙스가 사용되어야 하나요? 이 혼합물에 대한 즉각적인 반응(즉, 구토)이 있을까요? 등장인물이 의식불명에 빠져들 때의 구체적 증상은 무엇이며, 이 사람은 얼마나 빨리 사망할까요?

A 자낙스(알프라졸람)는 (바륨, 할시온, 레스토릴, 아티반 등과 함께) 벤조디아제핀 계열에 속하는 단기작용 진정제입니다. 상대적으로 '안전한' 진정제이지만 알코올과 혼합되면 치명적일 수 있습니다. 물론 결과는 피해자의 기저질환, 체구, 나이는 물론 자낙스와 알코올 모두의 투여량에 달려 있겠지만요. 만성 폐질환 혹은 심장질환이 있는 사람들이 더욱 취약하고, 연소자와 노약자도 마찬가지입니다.

자낙스는 0.25밀리그램짜리(흰색), 0.5밀리그램짜리(복숭아

색), 1밀리그램짜리(엷은 파란색) 타원형 정제로 나옵니다. 2밀리그램짜리 직사각형 정제로도 나오고요. 자낙스는 쉽게 녹으며 위장관에 잘 흡수됩니다. 섭취 후 한두 시간 안에 최고 효과에 도달하지만 효과가 나타나기 시작할 때까지 30분도 걸리지 않습니다.

이제 질문자님의 구체적인 질문에 답하도록 하죠.

네, 자낙스는 빠르게 효과를 발휘하기 시작할 것입니다. 30분, 혹은 피해자가 이미 다량의 알코올을 섭취한 상태라면 그보다 적게도 걸리겠죠. 피해자는 기면상태에 빠져 말이 어눌해지고 방향감각이 무뎌지며 혼란을 일으킬 것입니다. 비틀거리다가 넘어질 수도 있어요. 혀 짧은 소리를 내며 말이 느려지고 하는 이야기는 말이 되지 않을 수 있습니다. 간단히 말해, 대단히 만취한 것처럼 보일 것입니다. 머잖아 의식을 잃고 그 이후에는 호흡이 잦아들다가 마침내 정지하겠죠. 그러면 몇 분 안에 사망하게 됩니다.

이 과정이 전개되는 속도는 여러 가지 요인에 달려 있겠지만 한 시간 정도를 주면 충분할 것입니다. 시간을 더 주면 더 줄수록 좋으나 30분 정도의 짧은 시간도 괜찮습니다.

자낙스의 문제점 중 한 가지는 효험을 보려면 알약을 여러 개 써야 한다는 겁니다. 물론 알약의 수는 피해자가 마신 알코올의 양에 달려 있습니다. 자낙스를 넣은 술을 투여하기 전에 이미 만취한 상태였다면 자낙스가 덜 필요하겠죠. 살인자가 2밀리그램짜리 정제 열 개를 부수어놓았다면 그걸로 충분할 겁니다. 이미 취해 있다면 피해자는 술맛의 변화를 전혀 알아차리지 못할 거예요. 그냥 스카치위스키보다는 어떤 맛이 첨가된 혼합 술을 활용하면 특히 그렇겠죠.

**불을 먹는 묘기를 하는 사람들의 경우,
그 '연료'에 어떤 물질을 첨가해야 갑작스럽고
극적인 사망에 이르게 할 수 있나요?**

Q 마드리드의 거리에서 공연하는 불 먹는 곡예사들을 보면 투명한 액체를 머금었다가 뿜어서 불을 붙이잖아요? 저는 그 액체를 다른 것으로 바꾸거나 거기에 무언가를 첨가하는 방법으로 곡예사를 죽이고 싶습니다. 이 사람들이 실제로 액체를 삼키지는 않으므로 제게는 대단히 치명적이고, 액체의 투명한 속성을 변화시키지 않는 물질이 필요합니다. 액체가 입에 들어갔을 때 즉시 감지되지 않으면 더 좋고요. 또한 저는 사망이 상대적으로 빠르고 극적이었으면 좋겠습니다.

A 청산가리는 빠르고 고약하며 대단히 효과적입니다. 즉시 사람을 죽이죠. 문제의 인물은 갑자기 숨이 차게 되어 심장마비가 온 것처럼 가슴을 움켜쥘 수 있고, 발작을 일으킬 수 있으며, 입에 거품을 물 수 있고, 마침내는 확실하게 쓰러져 죽을 겁니다. 청산가리는 '대사독'인데, 이는 청산가리가 체세포를 중독시켜 산소를 사용할 수 없도록 한다는 뜻입니다.

구경꾼이 심폐소생술이나 다른 소생술을 활용한다 할지라도 피해자가 어쨌거나 죽게 된다는 뜻이죠. 효과적인 심폐소생술은 혈액과 산소를 조직에 공급하겠지만 청산가리가 조직이 산소를 사용하지 못하도록 막을 것이므로 어쨌거나 피해자는 사망하게 됩니다.

청산가리는 시안화칼륨(KCN)과 시안화나트륨(NaCN) 형태의 가루로 나옵니다. 대부분의 액체에 쉽게 녹으며 아주 적은 양만 있어도 치명적입니다. 약간 쌉쌀한 아몬드 냄새와 맛이 나는데, 가연성 액체에 넣으면 감지할 수 없을 것입니다.

질문자님의 시나리오 대로라면 불을 먹는 곡예사가 액체를 한 모금 물고 몇 초 안에 목구멍이나 가슴을 움켜쥐고는 그 액체를 뱉어내고 헐떡이며 도와달라고 소리를 치다가 (발작을 일으키거나 일으키지 않는 상태로) 바닥에 쓰러져 빠르게 사망할 것입니다.

한 가지 미리 경고할 게 있는데요. 청산가리는 피부를 통해 쉽게 흡수되므로 청산가리를 다루는 사람은 이 약물이 자기 피부에 닿지 않도록 해야 합니다. 고무장갑을 사용하는 게 가장 안전하겠죠.

청산가리는 도금에 사용되며, 화학약품 공급 회사에서 구하거나, 질문자님의 악당을 움직여 보석을 도금하는 곳 등 청산가리를 활용하는 곳이면 어디서든 훔쳐내게 할 수 있습니다.

8
의학적 살인

심장 수술을 받고 있는 사람이 살해를 당한다면 어떤 방법으로 당하게 되나요?

Q 병원 장면을 쓰는 데 도움이 필요합니다. 이야기 속의 악당은 대단히 성공했으며 힘도 막강한 자신의 적이 관상동맥우회술을 받고 있는 도중에 그를 처형하기로 결심합니다. 이 악당의 계획은 병원의 주요 전원 및 여분의 전원을 공격해, 대상이 되는 피해자만이 아니라 병원 혹은 병동에 있는 모든 환자들을 실질적으로 위험에 빠뜨리겠다는 것입니다. 질문은 이것입니다. 병원의 전력망과 그 보완 시스템을 무너뜨리는 방법은 무엇인가요? 관상동맥우회술을 할 때 전력 공급이 끊기면 가장 곤란한 순간은 언제인지요?

A 대부분의 병원에는 전원이 차단되는 경우 자동적으로 켜지는 예비 발전기가 있습니다. 제가 생각하기에 이 시스템은 대부분 컴퓨터로 제어되므로, 질문자님의 악당은 몇 가지 방법으로 이 문제에 접근할 수 있을 것 같아요.

악당은 컴퓨터를 공격해 주전원과 예비 발전기를 모두 마음대로, 효과적으로 꺼버릴 수 있습니다. 솜씨 좋은 해커라면 제어 프로그램에 손을 댈 수 있을 것이고 그러면 전원은 명령에 따라 차단될 수 있겠죠. 어쩌면 무선 모뎀이 달린 원격조종기로도 이렇게 할 수 있을 것입니다.

아니면 악당은 예비 발전기를 해체하거나 무력화시킨 다음 병원으로 들어오는 전선을 절단하거나 지역 발전소를 먹통으로 만들어 주전원을 끊을 수 있습니다. 이렇게 하면 병원 전체로의 전원 공급이 끊기겠지만 질문자님의 문제가 완전히 해결되지는 않습니다.

심장수술 시 환자는 보통 인공심폐장치에 연결되는데, 인공심폐장치는 수술이 진행되는 동안 혈액을 순환시키고 혈액에 산소를 공급함으로써 환자의 심장과 폐로서 활동합니다. 인공심폐장치의 펌프는 기능하기 위해 전원에 의존하지만, 이 장치에는 바로 그런 전원상실 상황에 대비하기 위한 수동 크랭크 시스템은 물론 자체적인 예비 배터리가 들어 있습니다. 즉 질문자님의 이야기 속 악당들이 인공심폐장치의 펌프 자체에 손을 대야 한다는 얘깁니다. 배터리 혹은 케이블에 손상을 주거나 그 연결을 끊거나, 수동 크랭크 시스템을 이루고 있는 기어와 도르

래를 난도질해야 할 겁니다.

이런 인공심폐장치는 보통 병원의 수술실 안에 보관되는데 이곳은 출입이 제한된 구역입니다. 하지만 병원의 구조에 대한 지식이 있는 사람은, 특히 근무 중인 직원의 수가 적은 밤에는 몰래 숨어들 수 있을 겁니다.

아니면 내부자가 연루되어 있을 수도 있죠. 이런 일을 할 수 있는 최고의 적임자는 의료장비 기사이거나 인공심폐장치를 작동시키는 기술자(심폐기 기사) 중 한 사람입니다.

의료장비 기사들은 병원에 있는 대부분의 의료장치를 유지·보수합니다. 어떤 기사들은 모든 것을 고칠 수 있고 어떤 사람들은 다양한 제조사나 수리 회사 기술자를 좀 더 자주 불러들여야 합니다. 질문자님의 이야기에 필요한 기사는 내부자일 수도 있고, 내부자가 불러들인 외부인일 수도 있습니다. 어떻게 해도 말이 됩니다.

대부분의 주요 의료센터는 심폐기 기사를 직접적으로 고용하는 반면 그보다 작은 병원은 외부 회사와 계약을 맺고 건별로 들어와 일하는 기사를 둡니다. 병원 내부의 기사들은 사용 중이지 않을 때에는 언제든 장비에 쉽게 접근할 수 있습니다. 외주 기사들에게는 문제가 좀 더 어려울 것입니다. 수술 일정이 잡힐 때에만 수술실로 들어가기 때문에, 또한 그때에는 수술을 준비하는 간호사와 수술실 기술자들이 항상 주변에 있기 때문에, 예비 발전기에 손을 대려면 상당히 능수능란해야만 할 겁니다. 가능한 일이긴 해요, 좀 더 어려울 뿐이죠.

전원장치를 공격할 최적의 순간은 수술 중이 될 겁니다. 그때가 환자/피해자가 가장 취약한 때죠. 질문자님의 이야기에 나오는 환자/피해자가 '우회술을 받기 시작한' 다음에 악당들이 인공심폐장치에 손을 대는 데 성공할 수 있다면 전원상실이 잠재적으로 치명적일 것입니다. 수술 도중에는 심장을 혈액의 냉각과 다량의 칼륨 투여라는 방법을 병용하여 정지시킵니다. 수술 후에는 인공심폐장치가 혈액을 다시 데우고 칼륨을 씻어냅니다. 그러면 심장이 자체적으로 다시 뛰기 시작하죠. 이 과정이 완수되는 데에는 15분 이상이 걸립니다.

주요 전원과 예비 발전기가 고장 나면 집도의에게는 혈류를 유지하고 환자를 살려놓는 방법이 개흉심마사지*밖에 남지 않게 됩니다. 개흉심마사지라고 해봐야 그저 손으로 심장을 리듬에 맞춰 쥐어짜는 것뿐이죠. 이후 집도의는 환자를 다시 따뜻하게 해주고 칼륨을 씻어내기 위해 데운 혈액과 체액을 정맥주사하기 시작할 겁니다. 어려운 작업이 될 것이며, 제 기능을 하는 인공심폐장치의 도움이 없다면 30분에서 한 시간가량이 걸릴 겁니다. 하지만 의사들이야 그러라고 큰돈을 받는 거죠. 그렇게 하지 못하면 환자의 사망이 확실히 뒤따를 텐데, 그게 바로 질문자님이 원하시는 일입니다.

물론 질문자님이 원하는 대로 환자/피해자는 이 사건에서 생존하지 못할 수 있습니다. 하지만 생존할 수도 있죠. 어떻게 하든 개연성이 있어요. 그를 살리려면 집도의가 따뜻해진 혈액과 수액을 신속하게 투여하고 작업 중이던 관상동맥을 모두 봉

*
심정지가 일어났을 때 체외 심마사지가 효과가 없을 경우 실시한다. 왼쪽 제5늑골에서 가슴을 열고 심낭을 절개해 직접 손으로 심장을 잡고 간헐적으로 안의 혈액을 밀어내주는 방법이다.

심장 수술을 받고 있는 사람이 살해를 당한다면 어떤 방법으로 당해야 되나요?

합한 뒤 환자의 흉부를 닫고 가능한 한 빠르게 중환자실로 데려가야 합니다. 그러는 동안 의료장비 기사들이 미친 듯이 기계를 수리하겠죠.

좋은 소재, 흥미진진한 장면입니다.

암 치료를 받고 있는 사람을 죽일 수 있는
모르핀 치사량은 어느 정도인가요?

Q 제 피해자는 전이성 폐암 말기 환자로서 집에서 펌프를 통해 조절되는 정맥주사로 모르핀을 투여받고 있습니다. 66킬로그램가량의 76세 남성에게는 보통 투약량이 어느 정도 될까요? 그 양을 두 배로 늘리면 치명적인 과용이 되나요?

A 전이성 폐암은 대단히 고통스러운 질병일 수 있습니다. 폐에서 발원하는 암은 많은 경우 간, 뇌, 뼈로 전이됩니다(번집니다). 뇌에 전이된 암은 두개골 내의 폐쇄된 공간에서 확장되고 주변 뇌 조직의 부종도 야기하는 경향이 있습니다. 이는 결국 두개 내(두개골 안의) 압력의 상승으로 이어집니다. 심각하고 지속적인 두통을 일으킬 수 있어요. 암이 갈비뼈나 척추 같은 뼈에 전이되면 극도로 고통스러울 수 있습니다. 그렇기 때문에 모르핀 황산염(MS), 데메롤, 딜로디드 같은 마약이 흔하게 사용됩니다. 말기 암환자에게는 중독의 위험이 별로 우려할 만한 일이 아니니까요.

선택된 진통제의 투여는 간헐적 주사를 통해, 혹은 자동화된 방식을 통해 이루어집니다. 지속정맥주입펌프와 자가조절진통제(PCA)가 이 상황에서 흔하게 활용됩니다. 전자는 정의상 진정제, 보통 MS가 함유되어 있는 수액을 지속적으로 주입하는 것입니다. PCA는 처방된 범위 내에서 환자가 약의 투여 순간을 조정할 수 있게 하는 정맥주사 전달체계입니다. PCA에서는 MS로 가득 차 있는 주사기가 환자의 정맥주사 줄에 연결되어 있는 자동 주사장치에 결합됩니다. 환자가 손에 들고 있는 버튼을 누르면 주사장치는 처방된 양의 약을 주삿줄에 투입합니다. 시간당 쓸 수 있는 약의 양에 제한을 두기 위해 범위가 설정됩니다. 그 한도 안에서라면 환자는 본인이 필요하다고 느끼는 만큼 많은, 혹은 적은 양을 사용할 수 있습니다.

많은 약물이 그렇듯 MS의 투여량은 환자의 체중에 따라 결정됩니다. 대부분 환자에게서 투여 계획은 체중 1킬로그램당, 시간당 0.2밀리그램에서 0.4밀리그램에 이르며, 필요한 만큼 상향 적정(투여량의 점차적 증가)됩니다. 질문자님의 66킬로그램 환자는 대략 시간당 13~26밀리그램을 필요로 하게 될 겁니다. 그러나 수 주 혹은 수개월에 걸쳐 지속적인 PCA 방울주입을 받아온 환자들은 중독자들이 그렇듯 내성이 생깁니다. 그러므로 동일한 진정, 진통 효과를 얻기 위해 필요한 투약량이 점점 더 많아집니다. 이런 상황에 있는 어떤 환자들은 시간당 500밀리그램에 달하는 투약량을 필요로 할 수도 있는데, 이건 약물에 습관이 되어 있지 않은 사람이라면 세상에서 가장 힘이 센 사람도 죽일 수 있을 정도입니다.

투약량이 많으면 MS는 호흡을 억제하며 혈압을 떨어뜨립니다. 충분한 양이 투여되면 수용자의 호흡이 멈추고, 혈압이 위험할 정도로 낮은 수준까지 떨어질 것이며 무호흡과 쇼크로 사망할 것입니다. 사람을 죽이는 데 필요한 투약량은 약물 전달 속도, 피해자의 기저질환, 피해자가 약물에 대해 발달시킨 내성에 달려 있습니다.

어느 수준에서든 투약량을 두 배로 늘리면 치명적일 수도, 그렇지 않을 수도 있습니다. 예컨대 환자가 시간당 60밀리그램을 투여받고 있었는데 그 속도가 시간당 120밀리그램으로 두 배가 된다면, 아마 그 정도로 환자가 끝장이 나지는 않을 것입니다. 말기 폐암으로 인해 심신이 쇠약해진 사람이라면 확실히 목숨을 잃게 되겠지만요. 그 용량을 시간당 240밀리그램으로 늘리면(4배로 늘리면) 아마 효과가 있을 거고요. 피해자를 끝장내려면 이처럼 증가된 속도로 30분에서 두세 시간가량 약물을 투여할 필요가 있습니다.

한편, 한 차례의 주사를 통해 투여되는 경우에는 20~40밀리그램만 추가로 투여해도 충분할지 모르겠습니다. 시간당 60밀리그램의 방울주입을 받는 사람은 분당 1밀리그램을 투여받는 셈이므로, 몇 초 안에 20~40밀리그램을 투여하는 것은 투약량을 크게 늘리는 것이며 아마 효과를 발휘할 것입니다. MS는 일회주입법(단 한 차례의 빠른 주사)을 통해 투여하면 1분 내외로 빠르게 작용하므로 사실상 투약량을 분당 1밀리그램에서 분당 41밀리그램으로 늘리는 셈입니다. 거의 즉각적으로 무호흡과 쇼크를 야기할 가능성이 높죠.

그러므로 (방울주입의 속도를 늘리거나 약의 농도를 늘리거나 두 방법을 모두 사용하여) 투여의 속도를 눈에 띄게 올리거나 다량의 약을 한꺼번에 투여하면 이 상황에서는 질문자님의 목표가 달성됩니다.

추가적으로, 폐암 환자들은 암 자체만이 아니라 한쪽 폐의 일부 또는 전부를 제거하는 수술을 받았거나 양호한 폐 조직에도 손상을 줄 수 있는 방사능요법과 화학요법으로 인해 병약해진 폐를 가지고 있는 경우가 많습니다. 이 경우에는 소량의 약물도 효과를 발휘합니다.

질문자님의 이야기에 어떤 시나리오가 어울리는지에 따라 주사의 속도를 네 배로 올리거나 40밀리그램을 일회주입법으로 정맥주사하시기를 권합니다.

수혈반응을 활용해 살인을 할 수도 있나요?

Q 제 이야기에서는 나이가 많고 중병을 앓고 있는 남자가
간호사에게 살해당합니다. 그 사람이 수혈받기로 되어
있던 혈액을 간호사가 바꿔치기해서 사망으로까지 이어
지는 수혈반응을 일으키거든요. 이때 수혈반응은 어떤
방식으로 일어나며, 피해자는 어떤 증상을 겪게 될까요?

A 수혈반응은 여러 가지 종류로 나타납니다. 발진이나
오한, 열처럼 경미하게 나타날 수도 있고 사망을 야기
할 정도로 심각할 수도 있죠. 일단은 수혈반응이 일어나는 이
유부터 살펴봅시다.

적혈구세포(RBC)는 폐에서 조직으로 산소를 나르고 조직
에서 폐로 이산화탄소를 운반합니다. 이런 일은 적혈구세포 내
의 헤모글로빈을 사용해 이루어지죠. 적혈구세포는 또한 표면
에 항원이 있는데, 이 항원이 수혈반응의 뿌리입니다.

이런 항원들은 A 혹은 B로 구분됩니다. 여기에서 우리의
혈액형 체계(ABO 체계)가 유래합니다. A형 혈액은 오직 A 항원
만을, B형 혈액은 오직 B 항원만을, AB형 혈액은 두 항원을 모

두, O형 혈액은 어떤 항원도 가지고 있지 않죠.

여기까지는 간단합니다. 하지만 혈청(액체 부분)에도 항체가 들어 있어요. 문제를 일으키는 것은 이런 항체와 수혈된 혈액의 항원 간의 반응입니다.

A형 혈청(즉, A형 혈액을 가진 사람들의 혈청)에는 항B형 항체가 있어요. B형에는 항A형 항체가 있고요. AB형에는 아무 항체도 없습니다. O형에는 항A와 항B 항체가 모두 있고요.

혈액형	적혈구의 항원	혈청의 항체
A	A	항B
B	B	항A
AB	AB	없음
O	없음	항A, 항B

수혈반응은 해당하는 항원을 가지고 있는 혈액이 그와 반응하는 항체를 가지고 있는 사람에게 투여될 때 일어납니다. 예컨대 A형인 사람(혈청에 항B 항체가 있는 사람)이 B형 혈액(적혈구세포에 B 항원이 들어 있는 혈액)이나 AB형 혈액(A, B 항원이 모두 들어 있는 혈액)을 투여받는 경우 수혈된 적혈구세포의 B 항원이 수혈받는 사람의 혈청에 들어 있던 항B 항체와 반응을 일으키므로 유해반응이 일어나게 됩니다. 결과는 혈액세포의 응집 혹은 응괴와 기본적으로 '알레르기' 반응의 증상과 징후를 야기하는

몇몇 유해한 화학물질의 방출입니다.

혈액 교차적합시험에는 이외에도 수많은 인자들이 관여하기 때문에 문제는 이것보다 더 복잡해집니다. 플러스나 마이너스로 표시하는 것으로 잘 알려진 Rh 인자 등 다른 항원/항체 문제도 포함되고, 해당 물질을 발견한 의사의 이름을 따서 명명된 다른 인자들도 있습니다. 혈액형은 보통 ABO 체계와 Rh 체계에 따라서만 구분됩니다. 예컨대 'Rh⁺A형'인 사람은 A형에 Rh 인자 항원이 존재하는 혈액을 가진 것이며, 'Rh⁻O형'인 사람은 O형에 Rh 인자가 없는 혈액을 가진 거예요.

잠재적으로 문제를 일으킬 가능성이 있는 항원이 아주 많기 때문에 혈액은 수혈 전에 혈액형을 판정하고 교차적합시험을 거칩니다. 수혈반응을 일으킬지 모르는 항원이나 항체가 존재하여 부적합한 혈액이 되는 건 아닌지 판별하기 위해 투여될 혈액을 수혈받는 사람의 혈액에 직접 대조하여 검사하는 방법이죠. 피해자가 과다출혈로 인해 사망해가고 있으며 완전한 교차적합실험을 할 시간이 없는 총상, 자상, 자동차사고 등 대단히 긴급한 상황에서는 형특이적 혈액을 투여합니다. 혈액형은 몇 분 안에 판별할 수 있지만 교차적합시험에는 몇 시간이 걸릴 수도 있거든요. 이런 경우에는 A형인 사람에게 A형 혈액을 수혈하고 모두가 최선의 결과가 나오기만을 기대합니다.

질문자님의 이야기에서는 피해자를 A형으로 설정하고 간호사가 혈액을 B형으로 바꿔치기하기를 추천드립니다. 이렇게 하면 틀림없이 수혈반응이 일어납니다. 환자에게서는 열, 오한,

전신에 광범위하고 불규칙한 붉은 반점이 나타나게 될 것입니다. 이런 반응은 몇 분 안에 일어날 수도 있고 수 시간 동안 지연될 수도 있습니다. 이런 형태의 반응은 사망을 초래하지는 않을 가능성이 높습니다.

단, 이 피해자는 완전히 진행된 형태의 아나필락시스성 알레르기 반응을 일으킬 수 있는데 이런 경우 위의 증상에 더해 얼굴, 입술, 손과 발의 부종, 숨참, 저혈압, 피부의 창백을 동반하는 심각한 쇼크, 피부의 차가움과 축축함, 입술, 손가락, 발가락의 푸른 색조(청색증이라 부릅니다)를 일으킬 수 있습니다. 궁극적으로는 심장마비와 사망으로 이어지겠죠. 아나필락시스는 가장 심각한 형태의 알레르기 반응을 대표하는 증상으로서 혈액을 주입하고 나서 상당히 빠르게 일어날 겁니다.

피해자가 아나필락시스성 반응을 겪고도 살아남는다면 그의 신장이 심각하게, 복구 불가능한 손상을 입어 투석을 요할 가능성이 대단히 높습니다. 이런 손상은 신장이 응괴된 적혈구를 혈액에서 걸러내려고 노력한 결과로 일어납니다. 적혈구세포의 헤모글로빈 분자에서 발견되는 철분은 신장 조직에 특히 유독합니다.

벌침 치료용구 세트를 조작해 사용자의 사망을 초래할 수 있나요?

Q 벌침에 알레르기가 있는 사람이, 자신이 들고 다니던 벌침용 키트에 들어 있던 주사를 맞은 뒤 사망하는 장면이 있습니다. 벌침 치료제의 약물과 혼합했을 경우 치명적이게 되는 물질이 있나요?

A 벌침에 민감한 사람들이 벌침에 쏘였을 때 뒤따르는 치명적 알레르기 반응은 아나필락시스라고 불립니다. 아나필락시스는 폐의 기관지(기도)에 경련을 일으키는 극심한 알레르기 반응인데, 이는 기본적으로 숨참과 쌕쌕거림을 유발하는 심각한 천식 발작을 일으킵니다. 아나필락시스는 또한 쇼크로 이어지는 혈압의 심각한 저하와도 관련되어 있습니다. 치료를 받지 않으면 사망이 신속하게 뒤따릅니다.

아나필락시스를 포함한 알레르기 반응을 일으키는 흔한 원인물질에는 항생제(페니실린, 술파제), 국소 마취제(리도카인, 프로카인), 항혈청(감마글로불린, 파상풍), 음식(땅콩, 조개, 달걀), (특정 엑스레이 검사에서 활용되는) 요오드, 곤충의 침(말벌, 꿀벌, 불개미) 등이 있습니다. 알레르기가 있는 사람이 알레르기성 물질에 노출되는 경우 반응은 즉각적이고 심각할 수 있고요.

응급치료 방법은 에피네프린(아드레날린)의 주사인데, 알레르기가 있는 사람이 지니고 다니는 벌침 키트에 들어 있는 물질이 이것입니다. 에피네프린은 수많은 알레르기 과정을 즉시 역전시킵니다. 그런 다음 알레르기 환자는 병원으로 이송되고, 그곳에서는 보통 산소, 혈압 유지를 위한 약물, (베나드릴 같은) 항히스타민제와 스테로이드로 구성된 치료가 시행됩니다.

피해자를 끝장낼 한 가지 방법은 에피네프린을 물과 바꿔치기하는 것입니다. 그러면 피해자는 벌침에 무릎을 꿇게 됩니다.

또 다른 방법은 에피네프린 농도에 손을 대는 것입니다. 농도를 떨어뜨린다면 결국 부분적으로는 치료가 될 것이므로 아마 통하지 않을 것입니다. 그 정도만 해도 피해자가 병원에 도착할 수 있는 시간을 벌어주기에는 충분할 테니까요. 오히려 농도를 증가시키는 편이 낫습니다.

에피네프린은 기본적으로 속도의 문제입니다. 다량을 투여하면 에피네프린은 거의 즉각적인 죽음으로 이어질 수 있는 혈압의 현저한 상승과 심장율동의 치명적 변화를 유발합니다. 비상용 벌침 키트 중에는 '에피펜 자동주사기'라는 것이 있는데 여기에는 1:1000 비율로 희석시킨 0.3씨씨의 에피네프린이 들어 있습니다. 이 말은 약제 1씨씨당 에피네프린 1밀리그램이 들어 있다는 뜻입니다. 그러므로 0.3씨씨를 투여하면 0.3밀리그램을 투여하는 셈이죠.

다섯 배 혹은 열 배로 투약량을 늘리면(1.5~3밀리그램의 투약량), 특히 정맥주사했을 경우에는 원하시는 결과(심장부정맥과 사망)를 일으킬 수 있습니다. 질문자님의 시나리오에서는 여러 차례 주사하거나(현실적이지 않죠) 여러 개의 주사기 중 하나의 약물 농도에 손을 대는 것으로 이런 일을 할 수 있습니다. 좀 더 높은 농도의 에피네프린 용액으로 대체하면 효과가 있을 겁니다. 이런 접근 방식이 매력적인 건 새로운 약물이 필요 없으며, 검시관은 희귀한 일이지만 피해자가 표준적인 양의 에피네프린 투여로 사망했다고, 혹은 알레르기 반응 자체로 사망했다고 가정할 수 있기 때문입니다. 물론 검시관이 자동주사기의 잔여물을 검사하면 약물의 농도가 변했다는 사실을 판별할 수 있을 가능성이 높습니다. 하지만 아마 그렇게는 하지 않을 겁니다.

다른 약물을 첨가하고 싶다면, 에피네프린과 다른 약물의 효과는 누적되므로 흥분제에 속하는 모든 제품이 효험을 발휘할 것입니다. 이런 제품의 상당수는 손쉽게 이용 가능합니다. 코카인(에피네프린 같은 암페타민과 혼합하면 코카인은 기본적으로 스피드볼[1]이 됩니다), 크리스털 메스암페타민, 그리고 아마 레이브에서 사용하는 약물로서 메틸렌디옥시메스암페타민인 엑스터시가 효과를 발휘하겠죠.

이런 약물의 효과는 혈압과 심박수를 심하게, 빠르게 상승

---

1   마약흥분제혼합주사

시키는 것인데 이렇게 하면 심장마비를 촉발시킬 수 있습니다. 또한 이 약물들은 관상동맥의 경련을 유발할 수 있는데, 이 역시 심장마비로 이어집니다. 아니면 이런 혼합은 심장율동의 치명적 변화를 일으킬 수도 있습니다. 코카인과 크리스털 메스암페타민은 관상동맥의 경련을 일으키고 치명적인 부정맥을 촉발하는 것으로 악명이 높습니다. 이 경우 스피드볼을 주사한 직후 피해자는 따뜻해지고 홍조가 도는 것을 느낄 것이며 심장이 뛸 것이고, 가슴의 조이는 느낌과 압박감을 경험하여 흉부를 움켜쥐고 쓰러지게 될 것입니다. 또는 갑작스러운 부정맥이 일어나는 경우에는 아무런 경계증상 없이 그냥 쓰러질 수도 있습니다.

인슐린을 살인에 활용할 수 있나요? 어떻게요?

*
당뇨병이 급격히 악화되어 혈당이 지나치게 높거나 반대로 혈당이 지나치게 낮아지면 뇌세포에 영양공급이 잘 되지 않아서 의식장애를 일으키게 되고 심하면 혼수상태에 빠지게 되는데 이를 당뇨병성혼수라고 한다.

Q 쓰고 있는 이야기 때문에 인슐린을 활용해 사람을 죽이는 것이 얼마나 쉬운 일인지 알고 싶습니다. 인슐린을 경구로 투여할 수는 없다는 건 알고 있지만 정맥주사에 인슐린을 넣는 건 가능할까요? 인슐린 과용이 부검에서 발견될지요? 당뇨병이 없는 성인을 죽이는 데에는 인슐린이 얼마나 필요할까요?

A 인슐린은 섬세포라고 불리는 특별한 세포에 의해 췌장에서 생산되며 생명을 유지하는 데 필수적입니다. 이 섬세포는 혈당 수치를 지속적으로 '읽어내' 필요한 만큼의 인슐린을 분비합니다. 신체의 세포는 혈류에서 당을 받아들여 그것을 대사하고(분해하고) 에너지를 만들어내기 위해 인슐린이 필요합니다.

당뇨병 환자들은 많은 경우 인슐린이 부족하거나 췌장의 인슐린 분비 체계에 문제가 있습니다. 치료를 하지 않으면 이는 혈당을 상승시키며 세포의 당 활용을 변화하게 만들고 당뇨병 혼수*와 사망을 포함하는 온갖 문제를 일으킵니다.

과도한 인슐린은 몇몇 세포에 의한 급격한 당 소비를 유발하여 뇌가 사용할 당을 전혀 남겨두지 않으므로 저혈당 혼수와 두뇌 손상, 사망으로 이어집니다. 인슐린을 생성해내는 희귀한 종양도 심각한 저혈당을 일으킬 수 있습니다. 또한 너무 많은 인슐린을 투여하거나 인슐린을 투여한 뒤 식사를 하지 않은 당뇨병 환자도 같은 상황을 맞이하게 될 수 있습니다.

뇌와 심장을 포함하는 여러 장기들이 제대로 기능하려면 에너지를 공급할 당이 필요하므로, 혈당 수치가 60 이하 정도로 떨어지면 허기, 구역, 졸림, 두통, 혼란 같은 증상들이 나타납니다. 당이 더욱 떨어지면(예컨대 30~50으로) 이 모든 증상이 악화되며 혼수, 뇌 손상, 궁극적으로 사망이 뒤따릅니다. 마찬가지로 심장부정맥이 나타나 사망으로 이어질 수 있습니다.

이제 질문으로 돌아가죠.

네, 인슐린은 경구로 투여할 수 없습니다. 음식을 분해하는 소화효소가 인슐린도 소화시키거든요. 네, 인슐린은 정맥주사하거나 정맥주사 용액에 첨가할 수 있습니다. 극단적인 상황에 처해 있는 대단히 까다로운(다스리기 힘든) 당뇨병을 다스리기 위해 때때로 이런 방법을 사용합니다.

질문자님의 목적을 위해서는 50~100 단위의 인슐린을 정맥주사로 '일시 주입' 하면 거의 대부분의 사람을 끝장낼 수 있습니다. 이보다 적은 양도 아마 충분하겠지만 확실하게 하기 위해서는 100 정도가 괜찮은 수치입니다. 1~2분도 걸리지 않아 효과가 나타납니다. 인슐린은 근육주사나 피하주사(당뇨병 환자들이 매일 인슐린을 주사할 때 활용하는 방법으로, 피부 아래에 주사하는 방법)를 통해 투여할 수 있으며 약간 느리지만(의식을 잃기까지 15~10분 혹은 그 이하) 여전히 치명적인 효과를 낳을 수 있습니다.

네, 검시관은 검시 과정에서 과량의 인슐린과 대단히 낮은 혈당 수치를 발견하게 될 것입니다. 물론 피해자가 당뇨병 환자였다면 검시관은 이를 불행한 사건이었다고 적겠죠. 이런 일은 인슐린 의존성 당뇨 환자들에게 너무 자주 일어나니까요. 질문자님의 이야기에 나오는 피해자는 당뇨병 환자가 아니므로 높은 인슐린 수치와 낮은 혈당 수치는 췌장에서 인슐린을 분비하는 종양의 탐색으로 이어질 것이고, 종양이 하나도 발견되지 않는다면 살인이 가능성 높은 사인이 될 것입니다.

당뇨병 환자가 인슐린을 거부하면 사망하게 되나요, 아니면 그냥 질병에 그치나요?

Q 이야기를 쓰기 위해 저는 당뇨병 환자의 인슐린을 물로 바꿔치기하는 방식으로 살인을 저지를 수 있는지 알고 싶습니다. 피해자에게는 무슨 일이 일어나며, 그 일이 일어날 때까지 시간은 얼마나 걸릴까요? 검시관은 무슨 일이 벌어졌는지 알아낼 수 있을까요?

A 네, 이런 방식으로 살인을 저지를 수 있지만 그러려면 피해자가 인슐린 의존성 당뇨 환자여야 합니다. 설명 드리도록 하죠.

당뇨병은 넓은 의미에서 두 가지 유형으로 구분됩니다. 하나는 성인 발병성 비-인슐린 의존 당뇨병, 즉 2형 당뇨병입니다. 이 상황에서는 양이 적기는 하지만 보통 췌장이 인슐린을 생산합니다. 이런 사람들은 인슐린이 필요 없으며, 치료에 약물을 쓸 수도 있긴 하지만 보통 식이요법을 통해 병을 관리합니다. 이런 상황에서는 인슐린에 대한 신체의 민감도를 증가시키거나 췌장의 인슐린 생산과 분비를 촉진하는 약물을 사용합니다.

두 번째 유형은 소아 발병성 인슐린 의존 당뇨병, 혹은 1형 당뇨병이라고 불립니다. 이런 사람들의 췌장은 인슐린을 전혀, 혹은 거의 생산하지 못하며 생존을 위해서는 인슐린 투약이 필요합니다. 어떤 아이가 실종되었는데 중요한 약을 투여해야 해서 빨리 찾아야 한다는 소식이 들려올 때 많은 경우 문제는 소아당뇨병입니다.

1형 당뇨병의 경우 인슐린에 손을 대거나 인슐린을 희석하는 일, 혹은 피해자가 인슐린을 얻지 못하도록 막는 일이 당뇨병성 케톤산증, 혼수, 사망으로 이어질 수 있습니다. 필요한 인슐린의 양, 당뇨병의 중증도, 다른 요인들에 따라 피해자가 곤란에 빠질 때까지는 몇 시간 혹은 며칠이 걸릴 수 있습니다.

혈당의 상승과 당뇨병혼수의 임박을 나타내는 증상은 피로, 숨참, 구역, 갈증, 과잉 배뇨(혈액 내의 과다한 당은 신장을 통해 걸러져 이뇨제처럼 작용함으로써 소변 양의 갑작스러운 증가와 이어지는 탈수를 초래합니다), 기면, 졸음증, 혼란, 최종적으로는 혼수와 사망입니다.

부검에서는 법의관이 혈당의 상승과 산증*을 발견하게 될 것이며, 이로 인해 그는 피해자가 당뇨병성 케톤산증으로 인해 사망했다는 결론을 내리게 될 것입니다. 피해자가 인슐린을 투여하지 않은 이유나 충분한 양을 투여하지 않은 이유를 알아낼 수는 없을 거고요. 그렇기는 하지만, 법의관은 피해자만을 검사하는 데 그치지 않고 사망의 원인과 종류에 관계될 수 있는, 현장에서 수집한 모든 증거를 검사하게 됩니다. 그는 피해자의 집에서 발견된 인슐린 병을 검사하고 그 내용물이 희석되었다는

당뇨병 환자가 인슐린을 거부하게 사망하게 되나요, 아니면 그냥 질병에 그치나요?

사실을 발견할 수 있는데, 이렇게 되면 사인으로 살인을 고려하
게 될 것입니다.

환자에게 주었을 때 살인이 아니라 의료과실로 보일 수 있는 치명적 물질이 있나요?

Q 환자가 자고 있는 동안 정맥주사에 어떤 물질을 집어넣어 입원 중인 환자를 살해하려는 살인자가 한 명 있습니다(물론 허구의 인물입니다). 손쉽게 이용 가능한 물질 중 살인자는 무엇을 이용하여야 이 공격을 살인이라기보다는 의료과실로 보이게 만들 수 있을까요?

A 병원이라는 배경에서는 질문자님이 구상한 이야기의 조건에 들어맞는 수많은 약물들이 이용 가능합니다. 근육마비제는 무엇이든 효과가 있을 겁니다. 이런 종류의 약물은 호흡에 사용되는 근육을 포함해 모든 근육을 마비시킵니다. 피해자는 호흡을 멈추고 사망할 겁니다. 이런 약물들은 모든 근육에 작용하므로 피해자는 움직이거나 말을 하거나 소리 질러 도움을 요청하지 못할 겁니다. 아넥틴과 파불론이 예시가 되겠죠. 아넥틴(석시닐콜린 클로라이드)은 약물 1씨씨당 20밀리그램이 함유되어 있는 10씨씨짜리 다중투여 바이알[2]로 나옵니다. 이 바이알에 든 200밀리그램 전체를 정맥주사로 투여하면 마비가 몇 초 안에 일어납니다. 파불론(판큐로늄 브롬화물)은 약

물 1씨씨당 1밀리그램이 포함되어 있는 10씨씨짜리 바이알로 나옵니다. 이 경우도 바이알 전체를 정맥주사하세요.

대부분의 마약이나 바르비투르산염(바비)도 효과가 있을 겁니다. 다량으로 투여하면 이것들은 호흡을 억제하거나 심지어 정지시킬 수 있고, 대부분의 병실과 병원 내 약국에서, 혹은 두 곳 모두에서 구할 수 있습니다.

흔한 마약에는 모르핀(MS 혹은 모르핀 황산염), 데메롤(메페리딘 염산염), 딜로디드(모르핀수소 염산염) 등이 있습니다. 이번에도 중요한 건 과잉 치사(致死)이므로, 원하는 효과를 확보하기 위해서는 다량을 정맥주사해야 합니다. MS를 쓰려면 100밀리그램을, 데메롤을 사용하려면 250밀리그램을, 딜로디드를 사용하려면 20밀리그램을 투여하십시오.

주사 가능한 '바비' 중 가장 흔한 것 두 가지는 펜토바르비탈(제품명으로는 넴부탈)과 나트륨 페노바르비탈입니다. 펜토바르비탈 2~5그램 혹은 페노바르비탈 500~1000밀리그램(0.5~1그램)을 투여하면 누구든 끝장낼 수 있습니다.

이 모든 약물의 문제는 흔적이 남는다는 겁니다. 또한 호흡을 멈추는 방식으로 효과를 내기 때문에 피해자가 사망하기까지 몇 분 정도가 걸리는데, 이렇게 되면 그 사람이 곤란을 겪고 있다는 사실을 알아챈 간호사가 구명치료를 시작할 시간을 허

여러 번 주사할 수 있는 양의 약물이 약병 하나에 담겨 나오는 것을 말한다.

락하게 됩니다. 그러므로 환자는 호흡이 감소하면 심장 및 호흡 감시장치가 경고신호를 울리는 중환자실이나 관상동맥집중치료실(CCU)이 아니라 일반 병실에 있어야 합니다. 일반 병실에서는 이런 장치가 사용되는 빈도가 적으며, 간호사들이 언제나 환자들과 눈을 맞추고 있는 것은 아니므로 피해자는 누가 알기도 전에 사망할 수 있습니다.

또 다른 선택지는 염화칼륨(KCl)을 정맥주사하는 것입니다. 이것은 사형에 활용하는 독물 주사 중에서 실제로 목숨을 끊는 약물로 즉시 심장을 정지시킵니다. 밀리그램당량(meq) 50~100을 정맥주사로 빠르게 주입하면 누구라도 죽습니다. 밀리그램당량이란 설명하기가 대단히 까다로운 화학 용어이며 신빙성 있는 장면을 만들어내기 위해 이 개념을 알아야 할 필요는 사실 없습니다. 염화칼륨은 1씨씨당 40밀리그램당량이 들어 있는 바이알로 나옵니다. 병원에서 쉽게 이용 가능하며, 사실 그래서는 안 되지만 많은 경우 아무렇게나 굴러다닙니다. 염화칼륨은 혈중 칼륨 수치가 낮은 환자들에게 정맥주사제의 일부로 흔히 투여됩니다. 물론 정맥주사제를 일시 주입할 때보다는 느린 속도로요. 부검에서 높은 혈중 칼륨 수치가 발견될 것이므로 약물 사용 흔적이 남습니다. 단, 여전히 의료사고로 인식되어 간호사의 탓으로 돌아갈 수 있습니다.

좀 더 성공 확률이 높은 모험은 피해자가 이미 사용하고 있는 약물을 사용하되 그저 더 많은 양을 주는 것입니다. 이러면 의료과실로 보이기가 쉽습니다. 예컨대 피해자가 심장질환이 있어 항부정맥제(비정상적인 심장율동을 치료하기 위해 흔히 사용되는 약물) 중 하나를 사용하고 있었다면 다량을 투여하여 그를 죽일 수 있고, 부검 중 피해자의 혈액에서 발견된 높은 수치의 약물은 의사나 간호사의 실수로 해석될 수 있습니다. 이런 약물의 예로는 퀴니딘과 프로카인아미드가 있습니다. 둘 중 하나를 1000밀리그램 정도 정맥주사하면 피해자의 심장은 1~2분 이내에 정지하게 됩니다.

또 다른 가능성은 디기탈리스라는 흔한 심장약입니다. 디기탈리스는 몇 가지 제품명으로 제조됩니다. 가장 흔한 것이 디곡신인데, 보통 하루 경구 투여량은 0.25밀리그램입니다. 정맥주사로 2밀리그램을 투여하면 심장율동의 치명적 변화를 초래하여 거의 모든 사람을 몇 분 안에 죽이게 됩니다. 이번에도 간호상의 실수로 보일 수 있습니다.

모노아민산화효소 억제제(MAOI)와 병용했을 때 치명적인 것이 될 수 있는 약물에는 무엇이 있나요?

Q 최근에 얼굴 주름 제거 성형술을 받은 여성 등장인물이 있습니다. 수술을 성공적으로 마친 다음 이 인물은 소염제와 진통제를 받아 퇴원합니다. 이틀 후 그녀는 약물에 대한 심각한 반응을 일으켜 사망합니다. 부검에서는 누군가가 그녀의 약을 무언가 위험한 것으로 바꿔치기했다는 사실이 밝혀지는데요. 저는 그 위험한 약물로 모노아민산화효소 억제제를 생각하고 있습니다. 이게 효과가 있을까요? 처방된 약과 그녀를 죽이기 위해 바꿔치기할 약물의 이름을 알려주실 수 있는지요?

A 답변은 매우 복잡하지만 가능한 한 간단히 설명해보도록 하겠습니다.

모노아민산화효소 억제제(MAOI)는 기이한 유형의 약물로 대단히 위험합니다. 너무 위험해서 대부분의 의사들은 사용을 기피하고, 오래된 MAOI의 다수는 시판이 중지됐습니다. 그러나 지금까지도 몇 종류는 존재하며 우울증 치료에 사용됩니다.

나르딜(페넬진 황산염)은 지금도 존재하는 것 중 가장 강력한 MAOI입니다. 이것은 "P-D 270"이라는 갈색 글자가 찍혀 있는 반짝이는 주황색 알약으로 나옵니다. 각 정제에는 15밀리그램의 활성 화합물이 들어 있습니다.

MAOI 반응의 생리학은 매우 복잡하기에 자세한 사항들을 알려드려 질문자님을 지겹게 만들지는 않겠습니다. 가장 중요한 것은 이 약물이 다른 특정 약물이나 음식과 함께 투여되면 극심하고도 잠재적으로 치명적인 반응이 일어날 수 있다는 겁니다.

MAOI와 병용하기에 가장 위험한 약물은 교감신경성작용제입니다. 교감신경성작용제란 아드레날린 혹은 흥분제와 같은 약인데요. 코카인, 에피네프린(출혈을 줄이기 위해 국소마취제와 함께 자주 사용됩니다. 치과의사들이 자주 사용하는 리도카인과 에피네프린의 혼합물이 한 예시입니다.), 의사에페드린(수다페드와 악티페드에서 발견됩니다), 암페타민(거의 모든 다이어트 약에서 발견됩니다)과 특정한 세로토닌성 약물이 심각한 반응을 야기할 수 있습니다. 대부분의 충혈 제거제, 천식용 흡입기, 감기약, 다이어트 약에는 치명적인 상호작용으로 이어질 수 있는 이러한 약물이나 유사한 화합물이 들어 있습니다.

또한 고농도의 티라민, L-트립토판, 혹은 도파민을 함유하고 있는 음식도 위험한 반응을 일으킬 수 있습니다. 여기에는 숙성된 치즈, 건조 소시지(페퍼로니, 딱딱한 살라미), 청어절임, 누에콩, 맥주, 와인, 간, 이스트 추출물과 심지어 카페인 및 초콜릿도 포함됩니다.

이제 MAOI가 왜 냉대를 받게 됐는지 아시겠죠. MAOI와 상호작용을 하여 치명적인 합병증을 일으키는 물질이 너무 많은 겁니다.

가장 치명적인 반응에는 다음과 같은 것들이 포함됩니다.

고혈압 혈압(BP)이 대단히 높은 수치로 빠르게 상승합니다. 수축기 250~300/이완기 100~130도 드물지 않습니다.[3] 이것은 혼란, 방향감각 상실, 두통, 시야 흐림, 발작, 의식소실을 일으킬 수 있습니다. 뇌졸중, 뇌내출혈, 혹은 심장마비로도 이어질 수 있고요. 치료법은 혈압을 빠르게 떨어뜨리기 위해 5밀리그램의 펜톨라민을 정맥주사하는 것입니다.

고열 급성의 심각한 체온 상승입니다. 체온이 섭씨 41~42도 이상으로 오를 수 있습니다. 체온이 41도 이상으로 올라갈 때마다 뇌세포가 상당히 빠른 시간 안에 죽기 시작하며 사망으로 이어집니다. 치료법은 얼음물 목욕입니다.

질문자님의 시나리오에서는 피해자의 약 중 두 가지를 하나는 나르딜로, 하나는 메리디아(캡슐 형태로 공급되는 시부트라민 일수소화 염산염입니다. 5밀리그램짜리는 파란색/노란색, 10밀리그램짜

---

3   정상 혈압은 수축기 120 미만, 이완기 80 미만.

리는 파란색/흰색, 15밀리그램짜리는 노란색/흰색입니다) 혹은 파스틴
(15밀리그램과 30밀리그램짜리 캡슐 형태로 공급되는 펜테르민 염산염)
같은 현재 이용 가능한 다이어트 알약 중 아무것이나로 대체하
는 것이 쉬울 겁니다. 가장 강력하고 치명적 효과를 위해서라면
다이어트 약을 투여하기 며칠(2~8일 혹은 그 이상) 전부터 나르딜
투여를 시작하십시오. 고혈압으로 인한 위기가 빠르게 뒤따를
수 있으며 피해자는 뇌졸중이나 심장마비를 경험하게 됩니다.
약을 투여한 지 20~30분 혹은 최대 몇 시간 내에 발생할 수 있
는 일입니다.

　피해자는 심한 두통, 시야 흐림, 현기증, 구역, 숨참, 혼란과
방향감각 상실을 일으키게 될 것이며 어쩌면 흉통을 겪을 수도
있습니다. 아마도 높은 혈압 때문에 코피가 나고 쓰러져 사망할
것입니다. 이런 사건은 몇 분 혹은 몇 시간에 걸쳐 일어날 수 있
습니다. 어느 쪽이든 질문자님이 원하시는 대로요.

　앞서 이야기했듯 이것은 복잡한 주제지만, 흥미로운 질문
입니다.

**의사는 약물로 인한 열과 감염이 진행되는
과정에서 나는 열을 구분할 수 있나요?**

Q 상승한 체온이 처음에는 감염에 의한 것으로 오진될 수
있나요? 그런 상황에서는 부검에서 무엇이 발견될까요?

A 네, 상승한 체온은 의사를 잘못된 길로 이끌 수 있
습니다. 아마 그럴 가능성이 높죠. 의사들 사이에서
하는 말로 "일반적으로는 일반적인 증상이 발생한다.(Common
things occur commonly.)"라는 격언이 있습니다. 아주 높은 열과 기
면, 혼수, 발작 혹은 다른 신경학적 증상은 처음에 감염에 의한
것으로 가정될 것입니다. 특히 수막염이나 뇌농양 같은 뇌의 감
염으로 말이죠. 이런 가능성이 배제된 다음에야 다른 가능성이
고려될 것입니다. 그리고 현실 세계에서는 해당 약물을 투약하
고 있지 않던 환자에게 MAOI와의 상호작용이 있었을 거라는
가능성은 아예 생각조차 나지 않을 확률이 높습니다. 환자를
돌보는 의사가 통보받은 약물검사 결과지에 MAOI가 나타나
있을 때에야 발견되겠죠.

위에서 언급한 감염 가능성을 배제하는 검사에는 혈액배
양, CT 혹은 MRI 뇌스캔, 뇌척수액의 감염성 생물과 적혈구세

포를 검사하기 위한 요추천자, EEG(뇌전도검사)가 포함될 수 있습니다.

질문자님의 시나리오에서는 피해자가 쓰러지거나 발작을 일으켜 응급실로 이송될 수 있는데, 그곳에서는 피해자의 체온이 41도에 이르는 것이 발견될 테고 그다음에는 뇌 감염에 대한 정밀검사가 뒤따를 것입니다. 피해자의 혈압이 상승할 가능성이 높은데, 이는 뇌 감염에서도 뇌가 부어 두개내압(두개골 내의 압력)이 상승할 경우 발생할 수 있는 일입니다. 피해자는 몇 시간 내에 사망할 수 있는데 그러면 자동적으로 검시관이 사건을 맡게 될 것입니다. 병원에 입원한 지 24시간 내에 사망하는 사람은 누구나 어느 수준으로든 검시관의 검사를 거치게 됩니다.

의사는 사인이 실제로 감염이었는지 아니었는지를 알 수 없을 것입니다. 검시관은 검시 과정에서 감염의 징후를 발견하지 못할 것이며, 그런 다음에는 독물학 검사와 다른 검사의 결과를 기다렸다가 진짜 사인이 무엇인지를 판단할 것입니다. 결과가 나오는 데는 며칠이 걸릴 수 있습니다.

칼륨을 정맥 내에 빠르게 주사하는 경우 환자가 죽을 수도 있나요?

Q   이게 악당이 입원해 있는 환자를 죽이는 신빙성 있는 방법이 될까요? 염화칼륨으로 가득 차 있는(1씨씨당 40밀리그램당량) 인슐린 주사기가, 정맥주사 바늘이 피부에 들어가는 지점 바로 위의 정맥주사 줄에 빠르게 주사됩니다. 정맥주사 줄에 정맥주사 용액이 너무 많이 들어 있어 염화칼륨이 희석될까요? 이런 방법이 통한다면 피해자가 탈수, 노출, 영양실조로 인한 치료를 받고 있었을 경우 의료사고로 보일 수 있을까요? 피해자는 전해질을 증가시키기 위해 어쨌거나 염화칼륨을 어느 정도 투여받고 있었을까요?

A   물론입니다. 탈수와 영양실조로 고생하고 있는 환자들은 많은 경우 정맥주사제를 투여받는데, 이때의 정맥주사제는 보통 D5½생리식염수에 리터당 염화칼륨 40밀리그램당량을 첨가한 것입니다. 이 말은 '정상' 혈액의 반에 해당하는 염분(NaCl)이 들어 있는 (그래서 ½생리식염수라고 하는 겁니다) 1리터(1000씨씨)짜리 식염수 한 팩에 40밀리그램당량의 염화칼륨

(KCl)이 첨가되었다는 뜻입니다. 이것은 보통 시간당 100~200 씨씨 속도로 투여되는데, 그 말은 칼륨이 시간당 4~8밀리그램당량 들어간다는 뜻입니다.(1000씨씨에 포함된 40밀리그램당량은 100씨씨의 4밀리그램당량이 됩니다.)

시간당 20밀리그램당량 이상의 속도로 KCl을 투여하는 것은 위험하므로 위의 유량(流量)은 그보다 훨씬 아래입니다. 100밀리그램당량의 KCl을 한꺼번에 정맥주사하는 것은 분명 이보다 훨씬 높은 속도이고 이렇게 '정맥주사 일시 주입'을 할 때는 희석시킬 기존의 주사제가 존재하지 않게 되는 셈입니다. 이런 투여량은 누구의 심장이라도 몇 초 안에 멈추게 합니다.

하나 주의할 게 있습니다. 이와 같은 농축된 KCl은 투여 시 심각한 화끈거림을 일으키므로 의식불명에 빠져 있거나 진정제를 대량으로 투여한 상태가 아니라면 환자/피해자는 반응을 보일 것입니다. 물론 빨리 사망하기는 하겠지만 의식을 잃기 전에 소리를 칠 것입니다. 그만큼 심하게 화끈거리거든요. 이 점을 질문자님의 플롯에 고려해 넣는다면 문제없으실 겁니다.

몇 가지 선택지가 있습니다. 피해자는 혼수에 빠져 있거나 진정제를 맞은 상태이거나 묶여 있을 수 있으며, 살인자는 KCl을 투여하면서 피해자의 얼굴을 베개로 누를 수도 있습니다. 복도 반대편에서 벌어진 '코드 블루' 상황이나 다루기 힘든 환자가 있어서 간호사들의 주의를 딴 데로 돌리게 만들 수 있고요. 혼란을 만들어내기 위해 화재경보기를 울릴 수도 있겠습니다.

결핵이 있는 사람을 질식시키면
베개에 핏자국이 남나요?

Q 베개에 눌려 질식한 사람은 어떤 모습인가요? 그 사람
이 결핵 환자였다면 베개에는 기침으로 토해낸 혈액의
흔적이 남을까요?

A 목에 멍이나 찰과상이 생기지 않기 때문에, 베개로
인한 질식은 손이나 끈을 이용한 교살보다 적은 증거
를 남깁니다. 하지만 모든 종류의 질식은 보통 눈의 결막(안구를
감싸고 있으며 눈꺼풀 안쪽을 이루는 분홍색 점막)에서 점상출혈을 일
으킵니다. 점상출혈은 작고 밝은 빨간색 점이나 얼룩으로, 보통
은 바늘구멍 만하거나 그보다 약간 큽니다. 이런 것들이 발견되
면 어떤 형태의 질식이 일어났을 가능성이 높고 법의관이나 탐
정은 빠르게 질식사라고 판단할 것입니다.

더욱이, 질식 피해자 대부분은 피부, 특히 머리, 목, 상체에
짙푸른 색깔이 나타납니다. 또한 피해자가 저항한다면 때때로
자기 혀를 심하게 깨물거나 손톱 밑에 공격자의 피부나 혈액의
일부가 보존되어 있을 수도 있습니다.

결핵과 관련되는 한 출혈은 가능성이 낮기는 하지만 일어

날 수 있습니다. 결핵은 결핵균에 의해 일어나는 폐의 감염입니다. 이 균은 폐에서 결핵결절(육아종이라고도 불립니다)의 형성을 유발합니다. 결핵결절은 기본적으로 소형 결절(작고 둥근 덩어리 혹은 응괴)로 크기는 현미경으로나 보이는 크기에서 바늘구멍만한 크기에 이르며, 폐 전체에 분산되어 있습니다. 이것들은 감염과 맞서 싸우기 위해 파견된 다양한 유형의 백혈구세포와 박테리아로 구성되어 있습니다. 이런 결핵결절은 감염을 차단하거나 제한하려는 신체의 노력으로 생기는 것입니다.

가끔 이런 결핵결절은 마치 치즈처럼 되며(분해되어 액화됩니다) 그럴 경우에는 출혈이 일어날 수 있습니다. 그러면 환자는 혈액이 섞인 가래를 기침으로 토해내게 됩니다. 이것을 객혈이라 부릅니다. 심각한 출혈이 일어나는 경우는 드뭅니다.

질문자님의 시나리오에서는 피해자가 공기를 확보하려는 노력의 결과로 출혈이 일어날 수 있지만 명시적이거나 다량의 출혈이기보다는 한 줄기의 혈액일 가능성이 높습니다. 베개에는 줄처럼 그어진 핏자국이 남을 수 있습니다.

Ⅲ

범인
추적하기

9
경찰과 범죄현장

근거리 총격으로 인한 부상은 어떤 모습인가요?

Q 젊은 남자가 근거리에서 관자놀이에 총을 맞아 두 시간 이내에 발견되었다면 그 상처는 어떤 모습일까요? 그냥 구멍일까요? 주변에 멍이 있을까요?

A 총이 발사되면 총구에서는 총알 이상의 것이 배출됩니다. 연소된, 혹은 연소되지 않은 화약 잔여물과 폭발한 화약에서 생성된 뜨거운 기체가 마찬가지로 방출됩니다.(그림 17) 그 결과로 나타나는 상처의 패턴은 각기 달라지며, 법

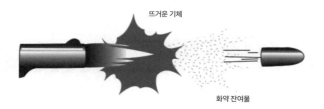

뜨거운 기체

화약 잔여물

[그림 17] 총구에서 배출되는 물질들
탄약의 화약 폭발은 총알 및 연소되거나 연소되지 않은 화약 분자, 뜨거운 기체를 총구에서 밀어낸다. 이것들은 각기 총구와 피해자 간의 거리를 판단하는 데 도움을 주는 증거를 남길 수 있다.

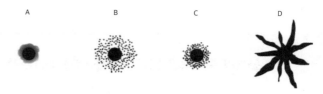

A B C D

[그림 18] 총상의 해부학적 구조
총상으로 인해 만들어진 사입구는 총구가 피해자와 얼마나 가까웠는지에 따라 달라진다. 1미터 이상의 거리에서는 상처가 주변의 박탈륜을 동반하는 작은 구멍일 것이다(A). 그보다 가까우면 연소된 화약과 연소되지 않은 화약 잔여물로 인해 피부의 반점 혹은 '문신'도 나타나게 된다(B). 더욱 가까이에서 쏘면 반점이 더 촘촘할 것이며 어느 정도 피부가 그을릴 가능성이 높다(C). 접사총상은 특징적인 '성상' 무늬를 만들어낸다(D).

의관은 이를 통해 총구와 피해자 간의 거리를 판단할 수 있습니다.

사입구의 해부학적 구조는 총구와 피부가 얼마나 가까웠는지에 달려 있습니다.(그림 18) 거리가 1미터 이상 떨어져 있었다면 사입구는 작은 구멍이 됩니다. 피부의 탄성 때문에 구멍의 크기는 총알보다도 작습니다.(그림 18a) 사입구 주변에는 검푸른 색의 멍이 드는 효과가 나타날 것이며(이것을 '박탈륜'이라고 부릅니다), 총알이 총열을 따라 내려올 때 묻혀 온 연소된 화약과 그을음, 기름 잔여물을 피부가 문자 그대로 '닦아내면서' 생긴 약간의 검은 자국도 있을 것입니다. 이 검은 얼룩은 대부분의 경우 젖은 천으로 쉽게 닦입니다.

총구가 더 가까웠다면 피부에 '문신' 혹은 반점(그림 18b)도 나타날 수 있습니다. 이것은 총구에서 발사된 총알의 작은 조각들은 물론 연소되거나 연소되지 않은 화약으로 인한 것인데요. 이런 초소형 분자들이 피부에 박히거나 상처 주변에 얼룩덜룩한, 혹은 후드득 흩뿌려진 듯한 소량의 출혈(피부 내의 붉은 점)을 유발할 수 있습니다. 또는 화약이 박히고 피가 나는 일이 동시에 발생할 수도 있고요. 화약 분자가 사실상 피부에 박혔기에(문신처럼 새겨졌기에) 이런 자국은 쉽게 닦이지 않습니다.

총구를 피부에 아주 가까이 두었다면 총알과 화약 파편이 산개할 만한 거리가 짧기에 문신 자국이 상처 근처에 좀 더 촘촘하게 모여 있게 됩니다.(그림 18c) 또한 총구의 폭발에서 나온 뜨거운 기체로 인해 피부의 그을음도 약간 발생할 수 있습니다.

총구를 피부에 대고 있었다면(접사총상), 실제 사입구가 총알보다 클 수 있으며 그을린 정도도 더욱 심할 가능성이 높습니다. 사입구는 또한 너덜너덜하고 불규칙적일 것이며, 많은 경우 '성상(별 모양)'으로 보일 것입니다.(그림 18d) 접사총상이 질문자님의 시나리오에서처럼 두개골 같은 뼈 위에 자리하고 있을 때는 특히 그렇습니다. 이것은 폭발성 기체가 가장 저항이 적은 길을 따라가면서 사실상 총구 주변의 피부를 찢기 때문입니다. 폭발한 기체는 총열이나 뼈를 터뜨릴 수 없으므로 피부 층을 찢으면서 비스듬하게 탈출합니다.

총알이 두개골의 양옆을 모두 통과하기에 사출구는 좀 더 크고 불규칙한 모양으로 남습니다. 보통 총알은 뼈에 한 번 부딪칠 때마다 점점 더 납작해지거나 형태가 일그러지거나 버섯구름처럼 폭발하거든요. 이것이 크고 불규칙한 사출구라는 결과로 이어집니다.

—후속 질문과 답변

근거리에서 발사한 총알은 두개골을 빠져나가게 되나요? 만일 그렇다면 법의관은 그 총알을 탄도분석에 활용할 수 있나요?

Q¹ 피해자가 근거리에서 총을 맞는다면, 혹은 1~2미터 떨어진 곳에서 총을 맞는다면 총알은 두개골을 관통하게 되나요?

A¹ 질문자님의 선택입니다. 빠져나갈 수도 있고 빠져나가지 않을 수도 있죠. 이런 것은 예측하기가 대단히 힘들기 때문에 어떻게 하든 현실성이 있습니다. 총알이 두개골을 관통해 나가게 될지를 결정하는 물리적 변수에는 총알의 크기

와 중량(구경), 총알이 할로우포인트 탄[1]이었는지 다른 유형이었는지, 총알에 금속, 테플론, 다른 내구성 코팅이 되어 있었는지 여부, 포구 초속(총알이 발사되는 속도), 두개골의 두께, 어떤 각도에서 총알이 두개골에 맞았는지 외에도 몇 가지 다른 요소들이 포함됩니다. 크고 무르며 속도가 느린 할로우포인트 탄은 작고 속도가 빠르며 테플론 코팅이 된 총알보다 두개골을 관통할 가능성이 더 낮습니다.

Q[2] | 총알이 실제로 두개골을 빠져나간다면 법의병리학자는 어떤 종류의 총기가 사용되었는지 판별할 방법이 있을까요?

A[2] | 두개골이나 벽, 뭐든 총알이 박혀 들어간 물체에 의해 총알이 아주 심각하게 손상되지 않는다면 탄도학 연구팀이 아마 총기의 종류를 알아낼 수 있을 것이며, 무기나 같은 총에서 발사된 다른 총알이 발견된다면 대조군이 될 강선[2]도 찾아낼 수 있습니다. 한편, 총알이 너무 심하게 균열되거나

---

1   끝부분이 비어 있거나 갈라져 있어 표적에 사입되는 순간 확장하도록 고안된 총알

2   총신 안쪽, 탄환이 지나는 구멍둘레 벽에 새겨진 나선형의 선. 발사된 탄환에 회전을 가하기 위한
     것. 같은 총에서 발사된 총알에는, 강선에 의해 같은 무늬가 새겨진다.

납작해지거나 변형되어 쓸모 있는 정보를 거의 얻지 못할 수도 있습니다. 총알이 발견되지 않는다면 노련한 법의관이 두개골과 뇌를 뚫고 지나간 총알의 속성으로부터 총기의 구경과 유형을 추측할 수 있을지도 모르겠지만, 결정적인 해답을 구하지는 못할 가능성이 높습니다. 이번에도 총알의 정체를 확인할 수 있는지 여부는 질문자님의 선택에 달려 있습니다. 어떻게 하든 현실성이 있죠.

저장해두었던 혈액을 살인현장을
꾸미는 데에 쓸 수 있나요?

Q 어떤 사람이 자기 혈액을 빼내 저장해두었다가 나중에
자신의 사망을 꾸며내는 데 사용하면 검시관은 그 혈액
이 새것이 아니라는 걸 알아낼 수 있을까요? 제가 구상
하고 있는 것은 절벽에서 바다로 자동차가 떨어지는 장
면입니다. 시신은 발견되지 않겠지만 피해자의 혈액이
창문과 시트 덮개에 묻어 있어, 경찰은 시체가 바다로
떠내려갔다는 결론을 내립니다. 혈액이 응고되지 않으
려면 응고제가 필요할까요? 얼렸다가 녹이는 것으로도
가능한지요? 혈액이 저장되었다거나 얼렸다 녹였다는
사실이 부검에서 드러나게 될까요? 짠 바닷물이 DNA
대조에 방해가 될까요?

A '피해자'가 될 사람은 자기 혈액을 빼내 EDTA 같은
항응고제(혈액의 응고를 막는 모든 물질)를 사용하거나
혈액이 응고하도록 놔두었다가 냉장 혹은 냉동할 수 있습니다.
실내에서 발생한 사건이나 건조한 땅에서 발생한 사고 같은 전
형적인 범죄현장에서라면 법의관이 응고된 혈액의 현미경적 조

직을 살펴봄으로써 사전에 혈액이 응고되었는지를 판별할 수 있습니다. 현미경으로 혈액의 구조를 보면 법의관은 혈액이 현장에 도달하기 전에 응고되었을지도 모른다는 의심을 품을 겁니다. 예컨대, 주변의 카펫을 방사 형태로 적신 혈액은 없고 커다란 혈액 덩어리가 카펫에 놓여 있다면 그 혈액은 그곳에서 흘려진 것이라기보다는 그냥 그 자리에 버려진 것처럼 보일 수 있습니다. 물론 그게 사실일 테고요.

법의관은 또한 응고되지 않은 혈액이 냉동된 적이 있는지 여부도 판별할 수 있을 겁니다. 그는 적혈구세포가 파열되었는지 볼 텐데, 이런 파열은 냉동 시에 발생합니다. 또한 신체를 떠나는 순간 혈액은 매우 빠르게 응고되므로, 응고되지 않은 피웅덩이가 발견된다면 법의관은 어떤 형태의 항응고제가 존재했고 따라서 현장은 꾸며낸 것이라는 결론을 내릴 가능성이 높습니다. 그런 다음 그는 항응고제가 들어 있는지 확인하기 위해 혈액을 검사하겠죠.

혈액이 급속 냉동된 이후 해동되어 현장에 버려진 경우라면 그 이후에 응고가 일어날 텐데, 이때는 아마 법의관도 혈액이 냉동된 적이 있는지 여부를 판별할 수 없을 것입니다. 응고 과정 자체가 대부분의 적혈구세포를 파열하고 파괴하므로 적혈구세포의 파열은 응고로 인해 발생된 것으로 추정될 것입니다.

하지만 어느 경우에도 법의관은 명쾌한 판단을 내릴 수가 없을 것입니다.

질문자님이 묘사하신 시나리오에서는 자동차가 수중에, 아마 수면 아래에 있을 것이며 이 사실은 증거를 극적으로 변화시킬 겁니다. 대부분의 혈액이 씻겨나갈 것이므로 법의관은 좌석, 문, 어쩌면 유리에 남아 있는 얼룩 정도를 다루게 되겠죠. 이런 상황에서라면 응고된 혈액이나 응고되지 않은 혈액 웅덩이를 발견할 거라는 예상은 하지 않을 것입니다. 아마 좌석 시트 한 조각을 잘라 분석에 활용할 거예요.

그 얼룩이 필요한 모든 DNA를 제공할 것이므로 법의관은 DNA 대조를 실시할 수 있을 것입니다. 짠 바닷물(염수)이 결과에 영향을 미치지는 않을 거고요.

단, 두 가지가 존재하지 않는다는 것이 발견되어 법의관이 의심의 강도를 높일 수 있습니다. 하나는 핏자국의 모양입니다. 핏자국이 이런 사고에서 예상되는 모양이라기보다는 꾸며낸 것처럼 보인다면 법의관은 현장에 의문을 제기할 수 있습니다. 또 다른 경고 신호는 혈액에서 항응고제인 EDTA의 수치가 상승했을 경우인데, 이건 법의관이 검사를 해보았을 때에만 한정되는 이야기입니다. 식료품점에서는 채소의 신선함을 연장하기 위해 가끔 EDTA를 살포하므로, 우리는 모두 혈액 내에 검출될 만한 양의 EDTA를 가지고 있습니다. 그 말은 피해자에게서 발견된 EDTA 수치가 증가되었고 명시하기 매우 까다롭다는 뜻입니다. 증가된 정도와 무관하게 말입니다. 비교할 만한 정상 수치가 없으니까요. 그렇지만 지나치게 높은 농도는 법의학자가 멈칫하게 만들 것이며, 질문자님의 이야기 속에서 독자가 내내 따라갈 만한 괜찮은 실마리를 제공해줄 것입니다.

범죄현장을 꾸며내기 위해 사용된 혈액에서, 혈액보존제로 사용된 글리세롤이 검출될 가능성이 높은가요?

Q 제 이야기에서는 누군가가 글리세롤로 보존된 이후 냉동된 혈액 한 팩을 이용해 혈액 증거를 심는 식으로 범죄현장에 손을 댑니다. 제 질문은 이것입니다.

법의관이 예전에 냉동된 적이 있다는 증거를 살펴보기 위해 범죄현장에서 획득한 혈액을 검사하는 게 일상적인 일인가요?

냉동이 DNA검사에 영향을 미칠까요?

적절히 다루어지지 않고 아마추어에 의해 해동되어도 혈액은 신선해 보일까요? 또 구체적으로 찾아보지 않는다 해도 글리세롤의 존재가 발견될까요?

불법 마약의 사용 여부를 알아보기 위해 혈액 샘플 검사를 한다면 글리세롤의 존재가 발견될까요?

A 범죄현장의 혈액은 보통 면봉으로 수집하며 검사 전까지는 유리 바이알병 안에 저장됩니다. 액체 혈액 샘플의 현미경 검사는 혈액이 냉동된 적이 있다는 증거(얼음 결정체로 인한 적혈구세포의 파열)를 보여줄 수 있지만 이런 검사는 일

상적으로 시행하는 것은 아니며 면봉으로 수집한 혈액으로는 할 수 없습니다.

DNA검사는 온전한 세포에 의존하지 않으므로 혈액의 냉동과 해동, 응고, 건조는 DNA 대조에 아무런 영향이 없을 것입니다.

해동된 혈액은 바닥이나 가구, 침대보에 뿌려지는 경우 다른 곳에서 얻은 혈액과 비슷하게 보일 겁니다. 물론 응고되지 않은 상태라면 혈액에 EDTA나 글리세롤 등 어떤 종류의 항응고제가 첨가되었다는 단서를 제공할 수 있습니다. 이것은 범죄현장이 얼마나 빨리 발견되느냐에 달려 있습니다. 즉시 발견된다면 모든 혈액 웅덩이는 계속 액체 상태로 남아 있기보다는 상당히 빠르게(몇 분 안에) 응고를 일으킬 것입니다. 시간이 좀 지난 뒤에 발견되면 이런 혈액 웅덩이는 이미 응고되어 젤리처럼 굳어져 있을 것입니다. 혈액이 응고하지 않았다면 법의관은 항응고제의 존재를 의심하게 됩니다. 그보다도 시간이 더 지나서 혈액이 건조된 뒤 현장이 발견된다면 법의관이 혈액이 건조되기 전 응고되었는지를 판별하는 일은 불가능하거나, 가능하더라도 대단히 까다로울 것입니다.

글리세롤은 다양한 산업에서 여러 용도로 쓰이는 유기 알코올입니다. 주택 외부 도색이나 다른 보호 도장에 활용되는 고무진과 합성수지의 기본 성분이기도 합니다. 글리세롤은 아이스크림, 쇼트닝, 빵의 유화제이자 안정제로도 사용됩니다. 니트로글리세린의 생산에도 이용되고요. 이 질문과 관련해서라면 글리세롤은 (세포의 얼음 결정체 파열을 방지하기 위해서) 적혈구 세포, 정액세포, 각막, 다른 살아 있는 조직을 냉동시킬 때 보호 매체로 활용됩니다.

물론 법의관이 글리세롤을 검사한다면 검출할 수야 있겠지만, 이건 일상적인 약물검사에서 필수적인 부분이 아닙니다. 무엇을 검사하고 무엇을 검사하지 않을지에 대해서는 실험실마다 각기 다양한 규정을 갖추고 있습니다. 이 말은 질문자님의 이야기에 글리세롤이 발견되지 않는 편이 어울린다면, 혹은 그 반대라면, 어떤 경우든 말이 된다는 뜻입니다.

교살³로 인한 멍은 얼마나 빠르게 나타나나요?

Q 어떤 사람이 다른 사람을 교살하려 한다면 목에는 눈에
보이는 자국이 얼마 후에 나타나나요? 그 자국은 어떤
형태인가요? 압력을 통해 범인이 오른손잡이인지 왼손
잡이인지를 알 수 있을까요?

A 교살의 흔적은 기본적으로 좌상* 혹은 멍으로, 문이
나 탁자에 부딪혔을 때 생기는 것과 똑같습니다. 멍은
몇 분 걸리지 않아 나타납니다. 손상된 모세혈관에서 스며 나
온 혈액이 푸른색의 변색을 일으킵니다. 피해자가 목이 졸려 죽
었다면 심장이 뛰지 않게 되며 혈관에 있는 혈액은 상당히 빠르
게 응고합니다. 혈액이 일단 응고되고 나면 멍은 더 이상 들 수
없습니다. 달리 말해, 죽은 사람의 목을 조른다 해도 멍이 들지
는 않습니다.

멍은 사망 전, 목을 조르는 동안 스며 나온 혈액 때문에 나

3   목 졸라 죽임

타납니다. 우리가 좌상과 연관 짓는 표면의 변색이 나타나는 데에는 몇 분 정도가 걸릴 수 있지만 멍을 들게 만드는 피는 목을 조르는 즉시 스며 나오기 시작합니다.

보통의 교살의 흔적은 목 주변에 나타나는 푸른 변색의 형태로 남습니다. 이런 흔적은 많은 경우 매우 두드러지며 손가락의 윤곽선이나, 만일 끈을 활용한 형태의 교살이었다면 밧줄, 사슬 등 사용된 물건이 무엇이든 그 물건의 무늬까지 드러낼 수 있습니다.

압력이 높을수록 멍이 심하게 듭니다. 오른손잡이는 오른손 힘이 더 셀 것이고 왼손잡이는 그 반대일 것이므로 법의관은 시신에 남은 멍을 통해 살인자가 어느 손을 주로 쓰는지 판별할 수 있습니다. 최소한 지식이 뒷받침된 추측을 할 수는 있겠죠. 어쨌거나 법의학은 상당 부분 추정이니까요.

부패되는 시체는 언제부터 악취를 풍기나요?

Q 모든 조건이 같다면, 발견되지 않은 집 안의 사체가 이웃의 관심을 끌 정도로 강한 악취를 풍기기 시작하기까지는 시간이 얼마나 걸릴까요?

A 일반적으로 24~48시간입니다. 이때가 시체가 무르익기 시작하는 때이며, 바로 여기서부터 문제가 악화됩니다.

사체의 분해는 두 가지 다른 과정으로 인해 일어납니다. 자가용해는 신체세포와 조직의 무균성(박테리아가 없이 진행되는) 분해입니다. 자가용해는 세포 안에 정상적으로 존재하는 효소의 작용으로 인해 일어납니다. 일종의 '스스로 하는 소화과정'이죠. 이것은 화학적인 반응으로, 열에 의해 촉진되고 추위에 의해 느려집니다.

두 번째는 부패인데, 이것은 세균으로 인해 간접적으로 일어납니다. 이 과정을 일으키는 박테리아는 환경에 원래 존재하기도 하고 시체의 결장 안에 살고 있는 정상적인 박테리아이기도 합니다. 이런 박테리아는 위에서 언급한 세포 내 효소와 마찬가지로 따뜻하고 안락한 환경을 선호합니다. 그러므로 부패 또한 높은 온도에 의해 촉진되며 추운 환경에서는 속도가 느려집니다.

질문자님이 구상한 상황인 뉴올리언스 주의 8월, 침실에서라면 시체가 대략 24시간 내외에 악취를 풍기기 시작할 겁니다. 1월 시카고의 난방이 되지 않는 아파트에서라면 일주일 이상이 걸릴 테고요. 좀 더 온화한 지역에서라면 하루 이틀 정도면 됩니다.

법의관과 경찰은 부패 중인 시체의 냄새를 가리기 위해 빅스 베이포럽⁴을 사용하나요?

Q 범죄현장을 방문하거나 부검을 할 때 많은 검시관들이 (아마도 악취를 상쇄하기 위해) 윗입술에 바르는 물질은 무엇인가요? 여기에는 특별한 속성이 있나요? 만일 그렇다면, 원래의 물질을 사용할 수 없을 때는 (빅스 베이포럽 같은) 다른 물질도 사용할 수 있나요?

A 네, 빅스 베이포럽은 자주 사용됩니다. 또한 페퍼민트 농축액을 묻힌 수술용 마스크도 가스괴저*(클로스트리디아)에 감염된 상처 등 악취가 나는 상처의 죽은조직제거술(감염되거나 죽은, 혹은 두 가지 상태에 모두 빠져 있는 조직의 제거)을 해야 하는 외과의들이 사용합니다. 분명히 말씀드립니다만 이 냄새는 단연코 인간이 살면서 맡아볼 수 있는 냄새 중 최악입니다. 이 냄새를 맡으면 문자 그대로 배 속이 뒤틀리며 눈물이 고입니다. 페퍼민트는 제한적으로만 도움이 됩니다. 죽은조직제

4　　Vicks VapoRub. 가슴이나 목에 바르면 시원한 박하 향이 난다. 기침 완화에 자주 쓰이는 미국의 인기 의약품이다.

거술이 대규모로 이루어져 완수하는 데 시간이 좀 걸린다면 가스괴저의 악취가 워낙 압도적이기 때문에 20분 정도에 한 번씩 서로 교대해줄 수 있도록 여러 명의 외과의사들이 돌아가면서 수술에 참여합니다.

경찰이나 현장감식 요원은 썩어가는 시체 근처에서 작업을 해야 할 때 악취를 가리기 위해 베이포럽 약간을 윗입술에 바릅니다.

다행히도 우리의 후신경(콧속의 악취를 감지하는 세포를 뇌와 연결시키는 신경)은 쉽게 피로해집니다. 이 말은 냄새 신호를 뇌로 전달하는 후신경의 능력이 악취에 대한 노출이 지속될수록 약해지며, 따라서 악취의 강도도 줄어든다는 뜻입니다. 다들 경험해보셨을 겁니다. 몇 분도 지나지 않아 유독한 악취는 견딜 수 있을 만한 것이 되며, 약한 악취는 희미해져 아예 사라집니다. 따뜻한 애플파이의 멋진 향기조차도 처음 맡았을 때 가장 강렬하지요.

기온이 낮으면 시체가 부패할 때의 악취가
인식되는 시점이 지연되나요?

Q 제 시나리오는 다음과 같습니다. 미스터리 소설 작가
가 점심을 먹고 집에 와 낮잠을 잡니다. 잠들기 전까지
는 글을 쓰다가 다음 날 아침 일어나서는 점심시간이 될
때까지 작업을 하고요. 그때 경찰이 도착합니다. 경찰
은 작가의 남편(경찰)을 찾고 있는데, 작가는 남편과 7개
월 동안 다른 방을 썼습니다. 남편은 지난밤 교대근무
가 예정되어 있었으나 출근하지 않았습니다. 경찰관들
은 그가 자기 방에서 죽어 있는 것을 발견하죠. 남편의
방문은 잠겨 있었고 에어컨이 돌아가고 있었습니다. 제
질문은 이것입니다. 썩어가는 시체의 냄새가 24~36시
간 이후에는 집 안에 가득 차 있을까요? 닫혀 있는 방
에 남편의 시체가 있다는 걸 작가가 몰랐다는 게 개연
성 있는 설정일까요?

A 간단히 답하자면 그렇습니다.
시체의 부패는 사망 직후 시작됩니다. 박테리아는 외
부에서 온 것이건 창자 내에서 살고 있던 것이건 조직을 처리

하기 시작하며 정상적인 상황에서라면 썩어가는 살의 냄새가 24~48시간 안에는 명백히 느껴지게 됩니다. 이 시간표는 여러 가지 요소, 특히 주변의 온도에 달려 있습니다. 따뜻한 환경은 박테리아의 증식 속도를, 따라서 부패의 과정을 빠르게 하고(배양기처럼요), 좀 더 추운 환경은 (냉장고처럼) 그 속도를 느리게 합니다.

방이 따뜻하다면 부패의 악취가 24시간가량 후에는 퍼질 것입니다. 외부의 낮은 온도나 에어컨 때문에 서늘하다면 3~4일 이상이 걸릴 수 있습니다. 이 경우에는 질문자님이 생각한 시간의 흐름이 말이 될 것입니다. 에어컨이 부패 과정을 늦출 것이며 문이 닫혀 있으면 악취가 퍼지는 것을 방지하는 데 도움이 될 겁니다.

매장하지 않은 시체가 부패되어 해골만
남기까지는 시간이 얼마나 걸리나요?

Q 제 질문은 북서부의 산맥에서 5월에 살해당해 매장되지 않고 '환경' 속에 내버려진 등장인물에 관한 것입니다. 이 지역에는 봄이 일찍 찾아와, 낮은 따뜻하고 밤은 시원합니다. 일상적으로 출몰하는 동물 개체군으로는 곰과 대형 고양이과 동물이 있습니다.

4~5주 안에는 부패가 어느 정도로 일어나나요? 뼈가 흩어지고 모발은 여전히 남아 있게 되리라는 건 알고 있습니다. 이런 정도의 시간이 지났는데도 뼈가 상대적으로 '깨끗'할 수 있나요?

A 시체의 해골화에 필요한 시간은 범위가 넓고 여러 가지 요소에 따라 좌우됩니다. 질문자님의 시나리오대로 신체조직의 손실을 빠르게 하는 데 유리한 요소로는 다음의 것들이 있습니다.

- 박테리아 매개 부패를 촉진하는 따뜻한 날씨
- 시체가 매장되지 않고 공기, 날씨, 박테리아, 포식자들

에게 노출되어 있다는 사실

• 노출의 시간

4~5주 후에는 해골의 남아 있는 부분과 치아, 모발만이 발견될 가능성이 높습니다. 질문자님도 지적하셨듯 어떤 뼈는 아예 없어졌을 수 있고, 어떤 뼈들은 포식자들이 물고 가 넓은 범위에 퍼져 있을 수 있습니다.

'시색'이란 무엇인가요?

Q calor mortis가 무엇인가요? 사후에 몸에 나타나는 색깔인가요? 사망 후에 몸의 색깔이 변화하는 건지요?

A calor mortis는 더 이상 사용되지 않는 용어입니다. 이 용어는 시체의 색깔이 아니라 사망 후의 체온을 의미합니다. 'calor'가 '열'이라는 뜻이거든요. 우리 모두 '칼로리'라는, 같은 뿌리에서 유래한 단어를 알고 있습니다. 칼로리는 과학적으로 열의 단위죠. 'mortis'는 "죽음의"라는 뜻입니다. 그러니까 calor mortis는 사후의 체온 변화를 의미합니다.

사후창백(pallor mortis)이 시신의 사후 색깔을 의미합니다. 'pallor'는 창백함을 뜻하죠. 사망 시에는 심장기능과 동시에 혈액 흐름이 멈추고 시체가 창백하고 밀랍 혹은 고무 같은 모습을 띠게 됩니다. 사후창백은 이 창백함을 일컫는 말이죠.

게다가 혈액은 순환이 정지된 이후 정체되어 중력의 방향에 따라 정착됩니다.

이것이 관련 부위 조직의 푸르거나 회색에 가까운, 푸르뎅뎅한 변색을 일으킵니다.

그러므로 calor mortis는 사후의 시체 온도를, pallor mortis
는 시체의 창백함을, livor mortis(시반)는 관련 분위에 자리잡은
혈액에서 유래한 어두운 변색을 의미한다고 하겠습니다.

어떤 상황이어야 시체의 미라화가 진행될 가능성이 높은가요?

Q 제가 쓰고 있는 책에서는 어떤 사람이 10년 전에 실종된 아이의 미라화된 유해를 발견합니다. 미라화에 현실성이 있으려면 시체가 발견되기에 가장 좋은 장소는 어디일까요?

A 완전한 신체의 보존은 다양한 상황에서 일어날 수 있습니다. 영구 동토층에서 일어나는 냉동은 수백, 심지어 수천 년 동안 시체를 보존합니다. 토탄지대에 대해서도 같은 이야기를 할 수 있습니다. 토탄지대란 주로 토탄과 물이끼로 구성되어 있는 축축하고 스펀지 같은, 보통은 고도가 낮은 지역입니다. 토탄지대는 보통 산성이며, 이런 늪지대에 가라앉은 시체들은 박테리아로 인한 부패의 해를 입지 않아 수년 후에 발견될 때까지도 잘 보존될 수 있습니다.

하지만 진정한 미라화에는 건조한 기후가 필요합니다. 그 기후는 추울 수도, 따뜻할 수도 있지만 반드시 건조해야 합니다. 공기의 흐름이 있으면 좋겠지만 반드시 그럴 필요는 없고요. 미라의 형성으로 이어지는 것은 신체의 건조(말리기 혹은 탈수)입니다. 또한 습기의 부족은 박테리아 증식에도 유리하지 않으므로 부패가 중지되거나 늦추어집니다.

시체가 건조되면 근육, 장기, 피부가 줄어들고 어두운 갈색이나 검은색이 되며 그 성질이 가죽과 비슷하게 됩니다. 환경 조건에 따라 이 과정에는 몇 주에서 몇 개월이 걸릴 수 있습니다. 일단 미라화가 완료되고 나면 미라화된 시체는 수년, 혹은 수십 년 동안 온전하게 남아 있을 수 있습니다.

시체가 놓일 장소를 여쭤보셨는데요. 건조하고 기후의 영향을 받지 않으며 포식자들로부터 보호될 수 있는 장소라면 어디든 말이 됩니다. 집 안에서는 다락방, 지하실, 혹은 배관 설비 등을 위한 좁은 공간이나 적당한 조건을 제공할 수 있는 그 외의 구조물이 있습니다. 사막에 매장될 수도 있고요.

시체의 장기적 보존이 가능해지는 또 다른 가능성은 '시랍' 형성입니다. 시랍이란 시체의 지방에서 유래하는 밀랍 같은 물질이며, 앙투안 푸르크루아가 1789년 처음 관찰하여 기술했습니다.

시랍의 형성은 시체의 완전한 부패에 대한 대안입니다. 현실에서는 부패와 시랍 형성 모두가 대부분의 시체에서 시작됩니다. 환경요인이 박테리아의 증식에, 즉 부패에 유리하면 시체의 상태가 악화됩니다. 박테리아의 증식에 불리하고 시랍 형성에 유리한 환경조건이라면 시체는 보존될 것입니다. 어떤 경우에는 시체가 두 가지 과정을 모두 밟으므로, 일부는 보존되고 일부는 파괴됩니다.

시랍 형성에는 특정한 조건이 필요합니다. 시체가 축축한 흙에 매장되거나 물에 잠기거나 지하묘실에 놓이면 시랍이 형성될 수 있습니다. 여기에서의 핵심은 습기가 필요하다는 겁니다. 이런 상황에서는 혐기균(증식에 산소가 필요하지 않다는 뜻입니다)인 클로스트리듐 퍼프린젠스(가스괴저를 일으키는 박테리아와 동일한 용의자입니다)가 시체에 작업을 하기 시작해, 시체의 지방에 대한 가수분해와 수소화 반응을 일으키는 효소인 레시티나아제를 만들어냅니다. 이런 활동의 결과가 시랍의 형성입니다.

시랍은 색깔이 흰색에서 분홍색과 비슷한 색, 회색과 녹회색으로 다양한 밀랍 같은 물질입니다. 시랍이 형성되는 데에는 3~12개월이 걸리는데, 해가 갈수록 점점 더 불안정해지기는 하지만 이는 수십 년 동안 지속될 수 있습니다.

시랍 형성이 중요한 이유는, 부패 과정에서 일어나는 일반적인 조직 용해 대신에 이 과정이 시체를 사후의 형태로 영구적으로 굳혀둔다는 겁니다. 얼굴의 특징 일부와 자상 혹은 총상이 잘 보존될 수 있습니다. 기본적으로 시체는 밀랍인형처럼 보입니다.

이런 미라화의 유형 중 한 가지 정도는 질문자님이 구상한 설정에 적합할 것입니다.

미라화된 시신에서도 지문을 채취할 수 있나요?

Q 미라화된 유해에서 지문을 떠낼 수 있나요?

A 가끔은요. 물론 시체의 상태가 얼마나 심하게 악화되었느냐에 따라 달라집니다. 보통 잘 보존된, 미라화된 시체의 손가락은 어두운 색에 쪼글쪼글하며 가죽과 비슷합니다. 이 손가락을 24~48시간가량 20퍼센트 농도의 아세트산(식초에서 발견되는 산)에 적시면 손가락이 정상 크기로 부풀어 올라 손가락 안쪽의 요철이 드러납니다. 글리세린도 같은 용도로 사용되어왔습니다. 달리 효과를 발휘하는 한 가지 새로운 방법은 손가락 안쪽의 피부를 잘라내 평평한 물체나 원통형 금속 물체로 납작하게 누르는 것입니다. 이렇게 해도 요철이 노출될 수 있습니다.

벽돌로 된 벽 속에 몇 년 동안 있을 경우
시체가 미라화되나요?

Q
집의 벽감 안에 집어넣고 벽돌을 쌓아 막아둔 평균 체구의 젊은 여성 시체는 몇 년이 지나면 어떤 모습일까요? 이 공간은 집 안에 있으며 건조하고 구멍이 없습니다(물론 어떤 공간도 완전히 밀폐되어 있다고는 할 수 없지만요). 이 집은 영국의 레이크 디스트릭트[5]에 있으며, 사람이 살지 않고, 여름에 냉방되지도 겨울에 난방되지도 않습니다. 이 시체는 미라화될까요, 아니면 해골을 제외한 모든 부위가 부패될까요? 시체가 미라화될 때는 안구가 건조되며 쭈그러들어 눈구멍 안쪽으로 가라앉나요?

A
미라화나 해골화가 모두 일어날 수 있습니다. 바닷가에서처럼 주위 공기의 습도가 높다면 해골화가 일어날 가능성이 높습니다. 습도는 박테리아의 증식과 조직의 부패에 유리합니다. 하지만 공기가 건조하다면 시체가 미라화할 가

5   영국 잉글랜드 북서부에 있는 호수가 많은 산지. 관광지로 유명하다.

능성이 가장 높습니다. 피부는 건조될 것이고(마를 것이고), 어두운 갈색이나 검은색이 되며, 가죽과 비슷한 정도로 굳어지고, 근육과 내부 장기도 건조되면 쭈그러들어 해골에 달라붙게 됩니다. 압축해 진공 포장한 것처럼 말이죠. 시체 전체가 작아 보일 것이며, 그럴 공간이 있다면 팔과 다리도 수축하여 태아와 같은 자세를 취하게 됩니다.

네, 안구도 줄어들어 전혀 남지 않게 되거나, 아마 쉽게 보이지 않는 완두콩 크기의 옹이처럼 될 것입니다. 눈구멍은 비어 있거나 푹 팬 것처럼 보일 테고요.

둘 중 어느 현상이라도 일어날 수 있지만 미라화된 시체가 훨씬 더 시각적으로 강렬하며 으스스합니다.

콘크리트 안에 넣고 굳힌 시체는 미라화되나요?

Q 저는 총상으로 인한 사망 이후 4년이 지나서 피해자의 시체가 발견되기를 바랍니다. 현재는 4년 전에 기초공사가 마무리된 건물이 화재로 전소되면서 시체가 발굴된 상태인데요. 건물이 토대까지 타서 무너져, 인부들이 그 부지를 치우고 콘크리트를 파내는 도중 시체가 발견됩니다. 이 시점에서는 시체가 어떤 상태일까요? 미라화되었을까요? 신원을 밝힐 수 있을까요? 살인 당시에 다른 사람의 눈에 띄지 않고 콘크리트를 붓기 전 발굴 지점에 시체를 집어넣을 방법도 아직 생각해내지 못했습니다.

A 시체는 해골화될 수도 있고 미라화될 수도 있습니다. 후자의 경우라면 어두운 색깔의 가죽처럼 보일 가능성이 높죠. 신원확인은 치과 치료기록과 어쩌면 지문에 달려 있을 것입니다. 미라화된 유해에서 지문을 복구하는 기술이 있거든요.

총알은 미라의 내부에서나, 해골화가 진행된 경우라면 그 근처에서 발견될 수 있습니다. 어쩌면 골절되거나 총알로 인해 흠집이 난 갈비뼈나 다른 뼈, 그리고 총알의 파편이 단서가 되어 법의관이 총상이 사인이라는 것을 알아차릴 수 있을 겁니다.

시체가 콘크리트 아래에 매장되면 시체에 도달하는 산소의 양이 적어지고 이에 따라 부패의 속도가 늦어지거나 아예 정지될 수 있으므로 미라화가 일어날 가능성이 더 높습니다. 또한 포식동물과 날씨의 영향도 없을 테고요.

추후에 이루어지는 발굴의 규모와 깊이에 따라 다르지만 시체는 일부만 매장되었을 수도 있고(사실, 그냥 흙으로만 덮여 있으면 충분할 겁니다) 레미콘 기사들은 토대를 만들기 위해 파둔 구덩이의 바닥에 작은 턱이 튀어나와 있는 것쯤은 알아차리지 못할 겁니다.

거짓말탐지기를 속이는 게 가능한가요?

Q 제 이야기에서, 저는 살인자가 거짓말탐지기 검사를 받
되 유죄인데도 거짓말이 걸리지 않기를 원합니다. 거짓
말탐지기를 속이는 게 가능한가요? 만일 가능하다면,
방법은요?

A 거짓말탐지기(폴리그래프) 검사는 정확하지 않으며, 그
런 이유 때문에 법정에서는 보통 증거로 인정되지 않
습니다. 사법당국에서는 용의자 몇 명을 배제하여 수사의 초점
을 좁히려는 목적에서 주로 이 장치를 사용합니다. 이런 면에서
완벽하게 정확하다고 할 수는 없지만 가끔씩은 거짓말탐지기
가 실제로 도움이 됩니다.

폴리그래프(polygraph, '폴리'는 많다는 뜻이고, '그래프'는 글을
쓴다는 뜻입니다)는 스트레스에 대한 신체의 반응 몇 가지를 검사
합니다. 이 기계는 혈압측정띠, 호흡을 측정하기 위한 흉부 밴
드, 피부의 직류(전기적) 반응을 측정하기 위한 피부 전극, 정보
를 수집하기 위한 기록 장치로 이루어져 있습니다. 스트레스를
받으면 혈압과 심박수가 상승하고 호흡의 깊이와 빈도 역시 마

찬가지인 데다 땀이 땀구멍에서 새어 나옵니다. 땀에 들어 있는 전해질(나트륨, 칼륨, 염화물)은 피부의 전기전도율을 증가시킵니다. 이때 전기반응이 일어납니다. 검사자는 스트레스로 인해 증가한 각각의 변수들로 거짓말의 가능성을 알아냅니다.

검사 전의 예비 인터뷰에서 검사자는 검사 대상에게 질문을 던져 질병이나 정신과적 질환이 있는지, 아니면 이런 반응에 간섭을 일으키고 따라서 검사를 무효화할지 모르는 약물을 투약하고 있는지를 판단합니다.

이 검사를 무력화하는 가장 쉬운 방법은 검사 결과를 단정 짓지 못하게 만드는 것입니다. 즉, 검사자가 거짓말인지 아닌지 구별할 수 없게 만드는 것이죠. 연극하는 듯한 태도를 취하는 사람이나 극도의 초조함 혹은 공황발작에 시달리는 사람은 검사하기가 불가능하거나 대단히 까다롭습니다. 연극적인 반응을 꾸며내면 결과를 무효화시키거나 혼란시킬 수 있습니다.

검사 도중 검사자는 스트레스를 별로 주지 않고 진실하게 답하기 쉬운 질문을 몇 가지 던집니다. 오늘 아침에 계란을 먹었습니까? 엘름 가 123번지에 삽니까? 간단하고 스트레스를 주지 않는 질문들이죠. 검사자는 좀 더 스트레스를 주며 해당 범죄에 좀 더 직접적으로 연관되어 있는 질문을 섞어서 배치합니다. 존스 씨와 말다툼을 했습니까? 6월 3일 저녁 존스 씨 집에 있었습니까? 존스 씨를 망치로 죽였습니까? 진실을 말하는 사람은 이런 질문에도 똑같이 반응하겠지만 죄가 있는 사람은 날이 선 질문을 받으면 스트레스를 받게 됩니다. 아주 예민한 사람은 질문의 날카로움과는 관계없이 반응을 보입니다. 그 사람은 모든 것에 공황을 일으키므로 그의 혈압과 심박수, 호흡, 전기피부반응은 누가 '까꿍'이라고만 말해도 치솟아 오릅니다.

모든 질문에 대해 억지로 공황에 가까운 응답을 하면 거짓말을 감추고 검사를 단정적이지 못하게 만들 수 있습니다. 살인자는 고의로 근육에 힘을 주고 평소보다 깊게 숨을 쉬며, 어떤 질문이 주어지든 간에 뭐든 스트레스를 받을 만한 것에, 심지어 실제로 자신이 지은 죄에 생각을 집중할 수도 있습니다. 심지어 질문을 받을 때마다 밟을 수 있도록 신발 안에 압정을 넣어둘 수도 있죠. 검사자는 이처럼 억지로 끌어낸 스트레스와 거짓말에서 오는 진짜 스트레스를 구분할 수 없을 것입니다.

또 한 가지 선택지는 그 반대 방향으로 가는 것입니다. 그러니까 전반적으로 침착을 유지하는 것이죠. 어떤 소시오패스들은 정상적인 사람들이 느끼는 방식으로 죄책감을 느끼지 않습니다. 흔하지는 않지만 이 사람들은 죄책감을 느끼지 않으므로 이 검사를 무력화시킬 수 있는 능력을 타고났습니다. 아니면 질문자님의 이야기 속 범인이 스트레스 반응을 무디게 할 수 있는 특정한 이완 기술을 이용할 수도 있겠죠. 생체자기제어[6], 마음속에 상(像) 그리기, 호흡 통제, 또는 명상 기술이 효험을 발휘할 수 있습니다. 아니면 약물을 사용할 수도 있죠. 애당초 검사

---

6   근육긴장도, 뇌파, 심박수, 피부저항도, 체온 등 자율신경계의 반응을 컴퓨터 화면으로 직접 보고 느끼면서 자기조절법을 익히는 훈련. 일종의 자기 콘트롤법이다.

β-아드레날린수용체를
특이하게 차단하는 약물.
심장의 박동 속도를 줄여
주기 때문에 고혈압의 치
료에 사용되고 심장의 부
담을 줄여주어 협심증,
심부전증에 사용된다.

를 받을 수 있을 만큼 정신이 맑은 것처럼 행동할 수만 있다면 알코올과 마약, 다른 진정작용이 있는 물질도 도움이 될 수 있습니다.

또 다른 선택지는 '베타 차단제'*라 부르는 일련의 약품입니다. 흔한 약품으로는 인데랄, 테놀민, 로프레솔이 있습니다. 인데랄 10밀리그램 혹은 티놀민 25~50밀리그램 혹은 로프레솔 50밀리그램을 검사 한두 시간 전에 투여하면 효험을 볼 수 있습니다. 이런 약물은 아드레날린이 심혈관계에 끼치는 효과를 차단합니다. 혈압을 떨어뜨리고 심박수를 낮추죠. 이 약물은 또한 뇌에 진정 효과를 전해 스트레스로 유발되는 땀을 줄일 수도 있습니다. 그러므로 이 약품들은 가해자가 검사를 '통과'할 수 있을 정도로 스트레스 반응을 무디게 할지도 모릅니다.

술에 취한 사람이 음주측정 결과를 거짓으로 꾸며낼 수 있나요?

Q   제 이야기의 등장인물은 사랑하는 사람을 구하러 달려가야 하는 순간 만취해 있습니다. 과속을 하던 그의 자동차를 경찰이 세웁니다. 사연이 길지만 그는 자기 사정을 믿음직스러운 방식으로 경찰에게 설명할 방법이 전혀 없습니다. 그가 현장의 음주단속이나 음주측정기, 혈중 알코올 농도 검사를 속이는 게 가능할까요?

A   음주측정기나 혈중 알코올 농도 검사를 속이는 건 사실상 불가능합니다. 이런 검사는 정확하며 혈류나 날숨에 들어 있는 알코올을 감출 수는 없습니다.

만취 상태에서 현장의 음주단속을 통과하는 건 대단히 어렵습니다. 그 이유는 알코올이 뇌, 그중에서도 소뇌에 영향을 주는데, 소뇌는 균형감각과 보행, 움직임, 협응 능력을 관장하기 때문입니다. 현장 음주단속은 소뇌의 기능을 평가하기 위해 고안된 것인데, 알코올이 존재할 때 소뇌의 기능은 비정상적입니다.

두 눈을 감고 양팔을 벌린 채 서 있거나 한 발을 들고 서 있

으면 몸이 흔들거리고 아마 넘어지게 될 겁니다. 똑바로, 힐투토
(heel to toe) 방식[7]으로 걸으려 해도 휘청거리며 방향을 잃고 돌
아다니게 됩니다. 손가락으로 코를 만지려 하면 눈을 찌르게 되
고요. 고개를 앞으로 향한 채 눈만 돌려 옆을 보려 하면 두 눈
이 비스듬하게 핑핑 돌게 됩니다(이것은 '안진'이라고 불립니다). 이
런 과제에 아무리 집중을 하더라도 알코올에 젖은 소뇌 때문에
정상적인 방식으로 행동하지 못할 것입니다. 경찰은 말하겠죠.
"이름 적어놔, 다노."[8]

---

7   미국의 현장 음주단속에서 활용하는 보행법의 한 가지로, 한 발의 뒤꿈치에 다른 발의 발가락 끝을
         댔다가, 뒤의 발 발꿈치를 다시 앞의 발 발가락 끝에 대는 방식으로 걷는 것을 의미한다.

8   미국의 경찰 드라마인 <하와이 파이브 오>에서 스티브 맥개럿이 대니 윌리엄스에게 자주 해서 유
         행어가 된 대사다.

인간의 피부에서도 지문을 떠낼 수 있나요?

Q 인간의 피부에서도 지문을 떠낼 수 있나요? 예컨대, 손으로 교살당한 피해자의 목에서라든지요. 지문이 식별될 수 있을 정도로 남아 있는 건 사망 후 얼마 동안인가요?

A 간단한 답변은 '예'입니다. 하지만 기회의 창문은 아주 짧은 순간 동안만 열려 있어요. 이런 기술은 많은 요인에 달려 있지만 지문은 실제로 피부에서 떠내어 가해자를 식별하는 데에 활용되어왔습니다. 살아 있는 사람의 살에서 지문은 60~90분간 유지됩니다. 시신에서는 환경조건에 따라 그 시간이 약간 더 길어집니다. 지문을 빨리 수집하면 할수록 좋죠.

피부에서 지문을 떠내는 기술에는 몇 가지가 있습니다.

크롬코트 기술 크롬코트(Kromekote)라는 종이로 만든 카드를 지문이 있다고 의심되는 곳에 대고 누른 다음(노출되지 않은 폴라로이드 카메라용 필름도 사용될 수 있습니다) 검은색 지문 감식용 가루를 뿌리고 털어내는 방법으로 지문을 드러냅니다. 그런 다음 지문을 사진으로 찍고 마지막으로 셀로판테이프로 떠냅니다.

마그나브러시 기술　신체 혹은 신체의 일부에 맥도넬 마그나 제트 블랙 파우더(사실상 대단히 곱게 간 쇳가루입니다)를 뿌리고 털어낸 다음 나타난 모든 지문을 사진으로 찍습니다. 보통 요철의 세부를 가장 잘 드러나게 하는 각도로 지문을 향해 조명을 비춥니다.

전자방출 방사선촬영　지문이 있을 것으로 의심되는 피부에 곱게 간 납가루를 뿌려 털어낸 다음 엑스레이로 검사합니다. 하지만 엑스레이 장비의 큰 덩치 때문에 이 기술의 유용성에는 한계가 있습니다.

요오드-은 도금 기술　의심이 가는 부위를 요오드 증기에 노출시키는데, 그러면 요오드 증기는 잠재되어 있는 지문의 습기에 흡수됩니다. 그런 다음 이 지문에 요오드와 반응하여 요오드화은을 형성하는 은가루를 뿌리고 털어냅니다. 이 화합물은 강렬한 빛에 노출되면 색깔이 어두워지고(요오드화은은 사진용 필름의 구성요소입니다), 지문이 눈에 보이게 됩니다. 또는 요오드 발연에 이어 알파-나프토플라본을 바르면 지문의 요철 무늬가 드러납니다.

시아노아크릴레이트 발연　이 물질을 바르면 잠재되어 있던 지문이 하얗게 나타나는데, 이것은 피부색이 밝을 경우 눈으로 보거나 사진으로 찍기가 어렵습니다. 이것을 좀 더 가시적으로 만들기 위해 증기를 쒼 지문에 다양한 생물학적 염색약, 상업용 염색약, 혹은 TEC(유로퓸 테노일트리플루오로아세톤 오르토페난트롤린. EuTTAPhen 혹은 간단히 줄여 유로퓸 복합체라고도 합니다)를 이용해 색을 입힙니다. 그 결과는 자외선 등 대안적인 광원 아래에서 가장 잘 보입니다.

10
검시관, 과학수사연구소, 부검

검시관이 될 수 있는 사람은 누구인가요?

Q 제 이야기는 작은 마을을 배경으로 삼고 있습니다. 플롯상의 이유로 이 카운티의 검시관(혹은 부검의라고 해야하나요?)은 동시에 그 지역 보안관이기도 합니다. 이럴 수도 있나요? 검시관이 될 수 있는 사람은 누구죠? 어떤 자격이 필요한가요?

A 네, 보안관도 검시관이 될 수는 있지만 법의관은 될 수 없습니다. 설명드리죠.

검시관과 법의관의 역할에 관해서 어마어마한 혼란이 벌어지는 경우가 많이 있습니다. 검시관은 선출된 관료입니다. 그는 사망의 모든 법적 측면을 책임집니다. 사망진단서, 법정 출두, 검시관실의 모든 기능의 감독 등이죠. 법의관은 정의상 법의학을 전공했으며 보통은 법의병리학자인 의사입니다.

많은 경우 선출된 검시관은 법의학자이며 대부분의 주에는 검시관 직에 지원하는 모든 사람에게 법의학자 자격을 요구하는 발의가 이루어져 있습니다.[1] 검시관이 의학적 훈련을 받을 필요가 없는 관할 구역에서는 필요한 법의학 업무를 할 수 있도록 적절한 훈련을 받은 법의학자가 임명됩니다. 이 사람이 보통 검시관보라고 불리죠.

미국의 대부분 대도시 지역에서는 법의학자가 검시관입니다. 하지만 질문자님의 이야기가 작고 외따로 떨어진 마을을 배경으로 하고 있다면 검시관은 지역 보안관, 장의사, 자동차 정비공일 수도 있습니다. 이 분야에서는 가능성이 넓게 열려 있으며 이야기는 무한히 꼬여갑니다.

---

1   미국의 경우다.

부검은 언제 실시되며, 부검을 요청할 수 있는 사람은 누구인가요?

Q 어떤 상황에서 부검이 요구되나요? 정식으로 부검 요청을 하는 사람은 누구죠? 피해자의 가족이 부검을 막을 수 있나요?

A 검시관 혹은 법의관을 규제하는 법은 관할 구역에 따라 다양합니다. 하지만 대부분은 비슷한 지침에 따라 운영됩니다. 끔찍한 죽음(사고사, 살인, 자살), 직장에서 발생한 죽음, 의심스럽거나 갑작스럽거나 예기치 못한 죽음, 감금되어 있는 사람의 죽음, 병원에 입원한 지 24시간 내에 발생한 죽음은 보통 '검시관의 사건'이 됩니다.

어떤 환자가 집에서 사망했다는 사실을 알고 있는 경우, 그 의사는 환자의 사망진단서에 서명을 해줄 것을 요구받습니다. 환자에게 심각한 심장질환이나 암이나 무엇이든 사망이 발생할 가능성이 높은 질환이 있었다면 의사는 보통 사망진단서에 서명을 할 것이고 검시관은 개입하지 않을 거예요.

환자가 병원에 들어왔는데 어떤 이유로든 첫 24시간 내에 죽으면 그 사망은 자동적으로 검시관의 사건이 됩니다. 의식불명인 상태로 병원에 들어와 사망에 이르기 전까지 다시 의식을 되찾지 못한 환자의 경우에는 24시간이 무제한으로 연장됩니다. 그럴 때면 검시관은 환자를 담당했던 의사에게 연락을 취하고, 합리적인 이유가 명백할 경우 검시관이 사망진단서에 서명을 하며, 그렇게 일이 마무리됩니다. 사망이 비정상적이거나 해명되지 않는 경우 부검이 실시됩니다.

이에 더해, 부검이 도움이 될 수 있는 사건에서는 검시관은 물론 법원도 부검을 요구할 수 있습니다. 검시관에게는 기록과 증언에 대한 소환 권한이 있으며 이런 상황에서는 시신에 대한 관할권도 가지고 있습니다.

아뇨, 대부분의 관할 구역에서는 가족들이 부검을 허가하지 않는다고 해서 부검을 막을 수는 없습니다. 법의관이나 검시관이나 법원에서 부검이 필요하다고 판단하면 허가가 필요하지 않습니다. 그러나 미국의 사법제도가 거의 모든 것에 대한 소송을 허용하고 있으므로 가족들은 이 절차를 가로막기 위해 아마 소송을 제기할 수 있을 것이며, 그런 경우에는 판사가 결정권을 갖습니다. 부검이 실시될 가능성이 가장 높습니다.

일상적인 부검은 어느 정도로 자세하게 진행되나요?

Q 죽은 사람이 언뜻 보기에는 살인의 피해자로 보이지 않는 상황에서 대부분의 부검은 어느 정도까지 자세하게 진행되나요? 저는 예컨대 겉으로 보기에는 아내를 사랑하는 남편이 아내를 독살하거나 익사시켰지만, 상황이 사고사나 다른 쪽으로, 남편을 의심할 여지가 없는 것처럼 보이는 플롯을 생각하고 있는데요.

A 이런 종류의 상황에서 살인자의 핵심적 문제는 애초에 부검을 막는 것입니다. 피해자가 나이가 많거나 심장이나 폐질환, 당뇨병, 암 등 잠재적으로 치명적인 질환 탓에 만성적으로 아팠거나, 의사의 진료를 받고 있는 상황이었다면 의사가 사망은 이런 과정 중 하나로 인한 결과였다고 명시하는 사망진단서에 서명을 해줄 수 있습니다. 사망진단서는 물론 검시관에게 제출되겠지만 검시관이 각을 잡고 앉아 주의 깊게 증명서를 살펴본 뒤 질문을 던질 가능성은 거의 없다시피 합니다. 살인은 드러나지 않을 거예요. 반면, 피해자가 청소년이었다면 의사와 검시관 모두가 아마 의심을 품을 것이며 부검이 요구될

것입니다.

일상적인 부검도 보통은 매우 철저합니다. 육안 검사와 해부에 이어 현미경 조직검사와 독물학 검사가 이루어집니다. 그런 다음 검시관은 '사인'을 적시합니다. 그렇긴 하지만, '법의학적 부검' 즉, 사인이 의심스럽거나 해명되지 않는 부검은 더욱 철저하며 일반적으로는 법의학 훈련을 받은 법의병리학자에 의해 실시됩니다. 질문자님의 시나리오에서는 법의관이 사인이 독극물이나 익사였음을 쉽게 판별할 수 있습니다. 누가 피해자를 물속에 떠밀었는지 혹은 누가 그녀에게 독극물을 주었는지에 대해서는 탐정이 알아내야 하겠죠.

부검 결과 보고서(시체검안서)에는 어떤 정보가 담겨 있나요?

Q   전형적인 시체검안서에는 어떤 정보가 담겨 있나요? 검시관이나 법의관이 항상 사망원인을 명시하나요?

A   모든 법의병리학자에게는 시체검안서를 준비하는 자신만의 방식이 있지만, 그 보고서가 완전한 것이 되려면 특정한 요소들이 반드시 언급되어야 합니다. 그리고 네, 여기에는 사망이 자연적인 것이었는지, 범죄에 따른 것이었는지를 판별하는 것은 물론 사인도 포함됩니다.

사망자의 이름, 나이, 성별, 인종과 사망추정시각, 사망 장소 혹은 시체가 발견된 장소, 부검을 한 날짜와 시간이 일반적으로 첫 번째 장에 표시됩니다. 마찬가지로 포함되는 것은 검사를 실시한 사람의 이름과 자격, 부검에 참여한 모든 사람의 이름, 사망 상황에 관한 짧은 메모입니다.

실제 검사의 첫 번째 부분에는 '외진'이라는 제목이 붙습니다. 법의관은 시체의 겉모습을 묘사하고 외상과 의학적 개입의 징후를 포함해 모든 이상에 대해 언급할 것입니다. 예컨대 어떤 사람이 병원에서 사망했다면 그에게는 정맥주사 바늘과 다양한 관이 꽂혀 있을 수 있습니다. 살인이나 의료과실의 경우 귀중한 증거가 될 수 있으므로 병원 측 의료진도 시신을 검시관에게 보낼 때까지 이런 장치를 제거하지 않습니다. 외상, 총상, 칼로 인한 손상이나 문신, 수술로 인한 흉터, 오래된 상처의 흉터, 피부병, 출생모반을 포함해 모든 종류의 외부적 흔적이 언급되고 사진으로 남겨집니다.

다음 부분은 '내진'이라는 이름이 붙을 것이며 법의관이 몸 안에서 발견한 것들을 다루게 됩니다. 이 부분은 보통 다음과 같은 부위로 다시 세분됩니다. 머리, 목, 체강(몸의 내부), 심혈관계(심장과 혈관), 호흡계(코, 목구멍, 후두, 기도, 기관지, 폐), 소화계(식도, 위, 장), 간담계(간, 쓸개, 췌장), 비뇨생식계(신장, 방광, 전립선, 난소, 자궁), 내분비계(갑상샘, 뇌하수체, 부신), 림프계(비장, 림프절), 근골격계(뼈, 근육), 중추신경계(뇌, 척수). 이런 각각의 항목 아래에 법의관은 발견된 모든 이상은 물론, 관련된 장기와 조직을 육안으로 관찰한 모양과 현미경으로 관찰한 모양을 묘사할 것입니다.

다음으로는 적절하고 상관성이 있는 발견 사항을 요약해 적습니다. 예컨대 심장마비로 죽은 사람의 검시에 대한 요약에는 다음과 같은 내용이 포함될 수 있습니다.

1. 심혈관계
   A. 좌측 중앙, 좌전하방, 휘돌이 관상동맥과 관련된 광범위한 죽상경화혈관병

B. 좌전하방 관상동맥 분포 부위의 광범위한 심장근
　　육 괴사

이것은 이 사람이 심각한 동맥의 경화를 경험했으며 심장
마비(심장근육 괴사)로 사망했다는 뜻입니다.

마지막은 '결론'이라는 제목이 붙은 진술입니다. 여기에서
법의관은 사망원인, 그리고 사망이 자연적인 것이었는지 다른
사람의 손에 의한 것이었는지에 대해 자기가 알고 있는 내용을
진술합니다. 그런 다음 보고서에 서명을 함으로써 이 내용을 공
식적인 것으로 만듭니다.

검안서에는 해당 사건에서 시행되었던 독물학, 탄도학,
DNA검사를 포함해 많은 검사들을 상세히 설명하는 문서가 별
도로 첨부될 것입니다.

사망진단서에는 어떤 정보가 들어가며, 사망진단서에 서명할 수 있는 사람은 누구인가요?

Q 사망진단서와 관련하여 몇 가지 질문이 있습니다. 사망진단서에 서명할 수 있는 사람은 누구인가요? 모든 사망자에 대해 사망진단서가 작성되나요? 또 사망의 '유형', '원인', '종류'에 관해서도 헷갈립니다. 이게 전부 같은 건가요? 실제 사망진단서에는 어떤 정보가 들어가나요?

A 모든, 적어도 대부분의 관할 구역에서는 사망진단서에 의사면허를 가진 의사가 서명을 해야만 합니다. 누군가가 병원에서 사망하거나 집에서 예상되는 그대로 사망한다면(예컨대 말기 암이나 심장병으로 사망한다면), 그 사람의 개인 의사나 주치의가 증명서에 서명을 할 가능성이 높습니다. 그렇지 않으면 법의관이나 검시관이 서명을 하겠죠. 물론 의심스러운 상황에서, 예상치 못하게, 특이하게, 혹은 병원에 입원한 지 24시간 안에 사망이 일어난다면 검시관이 관여하게 되며 부검이 시행되든 그렇지 않든 그가 사망진단서에 서명을 하게 됩니다.

사망하는 사람은 누구에게나 법적으로 등록된 사망진단서가 있어야 합니다.

질문자님이 언급하신 용어에 관해서도 말씀드리죠. 이 용어들이 헷갈린다고 생각하시는 분이 질문자님만은 아닙니다. 간단히 말해 '사망의 유형'은 사망으로 이른 병리생리학적 이상에 관한 것입니다. 예컨대 심장마비 같은 것 말이죠. '사망의 원인'은 이런 이상으로 이어지게 만든 요소, 예컨대 심장에의 총상 등입니다. '사망의 종류'는 의학적인 진술이 아니라 법적인 진술로서 그 사망이 자연사인지, 살인인지, 자살인지, 사고사인지를 가리킵니다.

사망진단서에는 일반적인 인구학적 정보가 들어갑니다. 이름, 주소, 나이, 성별, 인종, 직업, (알려져 있을 경우) 사망 장소, 보호자와 관련된 정보 등이죠. 그런 다음 의사는 사망의 즉각적인 원인을 첨부합니다.(사실 이것은 사망의 원인과 사망의 유형을 혼합한 형태입니다. 보시다시피 헷갈리죠.) 이렇게 명시된 사망의 원인에 이르게 된, 혹은 그렇게 되는 데에 기여한 조건과, 각각의 조건이 지속되었을 시간도 당연히 담깁니다. 예컨대 심장마비로 갑자기 쓰러져 죽은, 고혈압에 당뇨병이 있던 사람에 대하여 의사는 다음과 같이 사망의 원인을 명시할 수 있습니다.

사망의 원인	지속기간
즉각적인 사인: 심장마비	즉시
- 원인: 급성 심근경색증	수 분
- 원인: 동맥경화심장혈관병	수년
기여한 질병: 당뇨병, 고혈압	

그런 다음 의사는 사망진단서에 서명을 하고 날짜를 기록하여 이것을 공식적인 문서로 만듭니다.[2]

2   우리나라와는 내용이 다르며, 우리나라에서 사용하는 사망진단서의 서식은 포털사이트 등에서 확인할 수 있다.

사망시각은 어떻게 결정되나요?

Q 검시관은 사망시각을 어떻게 결정하나요?

A 사망을 목격한 사람이 있는 게 아니면 정확한 사망시
각을 알아낸다는 건 불가능한 일입니다. 법의관은 오
직 사망시각을 추정할 수 있을 뿐입니다. 이러한 추정시각은 사
망진단서에 기록되는 시각인 '법적' 사망시각이나 생명기능이
실제로 정지한 때인 '생리학적' 사망시각과 매우 다를 수 있다
는 점을 지적하는 건 중요한 일입니다.

법적 사망시각은 시체가 발견된 시각 혹은 의사나 다른 자
격을 갖춘 사람이 피해자가 죽었다고 선언한 시각을 말합니다.
생리학적 사망이 발생하고 한참이 지나서까지 시체가 발견되지
않는다면 이 시각은 며칠, 몇 주, 심지어 몇 달까지도 달라질 수
있습니다. 예컨대 연쇄살인범이 7월에 피해자를 죽였으나 그 시
체가 10월까지 발견되지 않는다면 생리학적 사망은 7월에 일어
났으나 법적 사망은 10월로 기록됩니다.

그렇기는 하지만, 검시관은 생리학적 사망시각을 어느 정
도 정확하게 추정할 수 있습니다. 검시관은 사망 이후 인간의 신

체에 일어나는 변화에 대한 지식을 추정에 활용합니다. 이러한 변화는 체온 저하, 사후경직, 변색의 정도(시반), 시체 부패의 단계, 기타 요인들로 구성됩니다.

체온은 사망 이후 시간당 1.5도씩, 주변 환경의 온도에 도달할 때까지 떨어집니다. 이런 추정치는 주변 환경에 의해 엄청난 영향을 받는 것이 분명합니다. 1월 미네소타 주의 눈 속에 있던 시체와 8월 루이지애나 주의 늪지대에 있었던 시체는 체온 저하 속도가 엄청나게 차이 날 것입니다. 사망시각을 추정할 때는 언제나 이런 요소들을 고려해야 합니다.

사후경직은 보통 예상 가능한 패턴을 따릅니다. 경직은 얼굴과 목의 작은 근육에서 시작하여 아래쪽의 더 큰 근육들로 진행합니다. 이처럼 진행되는 사후경직에는 대략 열두 시간이 걸립니다. 그런 다음 이 과정은 역전되어, 같은 방식으로 경직이 풀립니다. 작은 근육에서 시작하여 점점 큰 근육으로 진행되죠. 이 단계에는 또 한 번 12~36시간이 걸립니다. 그러므로 사후경직은 사망 후 48시간 동안만 유용합니다. 그 이후에는 시체가 이완되고(늘어지고), 법의관은 이 기준만을 활용해서는 사망이 48시간 전에 발생했는지, 그보다 더 오랜 시간 전에 발생했는지 판별할 수 없습니다.

사후경직이 일어나는 이유는 근육에서 나오는 아데노신삼인산, 줄여서 ATP 때문입니다. ATP는 근육활동의 에너지원으로 활용되는 화합물로 그 존재와 안정성은 산소와 영양소의 지속적 공급에 달려 있는데, 이는 심장활동의 중지와 함께 상실됩니다. 안정적인 ATP 공급이 줄어듦에 따라 근육은 수축하는 경향을 보이며 이것이 경직을 일으킵니다. 이후에는 근육에서의 경직 상실과 이완이, 근육 조직 자체가 분해되기 시작하면서 발생합니다. 분해와 부패가 발생하면서 수축 성분(근육 수축을 담당하는 근육 내의 액틴과 미오신)이 부패하고, 근육은 수축성을 잃고 이완됩니다.

시반은 혈관 내의 혈액 정체로 인해 유발되며 조직에 검푸른 색깔을 나타내는데요. 중력의 법칙에 따라 혈액은 시체의 아래쪽 부분으로 스며듭니다. 사망 후 바로 누워 있던 피해자에게서는 등과 엉덩이를 따라 시반이 나타나죠. 처음에는 시체를 다양한 자세로 굴려 변색되는 위치를 이동시킬 수 있지만 6~8시간 후에는 고정됩니다. 시체가 얼굴을 아래로 한 채 발견되었으나 등을 따라 고정된 시반이 있다면, 시체는 사망 후 최소 6시간 이후에 이동되었으나 사망 후 3~4시간 동안은 이동되지 않은 것입니다. 그랬다면 시반이 새로이 관련된 부분으로 이동했을 테니까요.

사망 순간부터 시체는 부패되기 시작합니다. 박테리아가 조직에 작용하기 시작하며 주변 조건에 따라 24~48시간경이면 썩어가는 살의 냄새가 나기 시작하고 피부는 점차적으로 진해지는 적록색을 띠게 됩니다. 대략 3일 후에는 체강 내와 피하에 기체가 형성되는데, 이 기체가 체액을 누출시키고 파열을 일으킬 수 있습니다. 거기서부터 사태가 악화됩니다. 여기에 동물과 곤충에 의한 포식을 더하면 시체는 머잖아 완전히 해골화되게 됩니다. 덥고 습도가 높은 기후에서는 이런 일이 3~4주, 가끔은 그보다 짧은 시간 안에 일어날 수 있습니다.

보시면 알겠지만 이것은 대단히 부정확한 과학이며 환경에 의해 심하게 좌우됩니다. 추운 지역에서는 체온의 변화가 극대화되지만 부패로 인한 변화는 느려집니다. 덥고 습도가 높은 기후에서는 그 반대가 참이고요.

차가운 방에 시체를 놓아두면 사인을 결정하는 데 방해가 될까요?

Q 제 등장인물은 자기가 저지른 격정범죄[3]를 위장하고 싶어 합니다. 그래서 시체를 식혀두었다가(아마 와인 저장고에서요) 새로운 장소로 옮기는데, 그곳에 따뜻해진 시체에서 흘러나온 혈액 웅덩이가 생깁니다. 가능한 이야기인가요? 이 범죄는 애리조나 주의 더운 여름에 발생합니다. 이것 때문에 무슨 차이가 벌어질지는 모르겠지만요.

A 사실 시체를 식히는 일은 증거를 보존함으로써 살인자에게 불리하게 작용할 것입니다. 검시관이 시체를 부검이 실시될 때까지 냉장고에 보관하는 이유가 바로 이것이거든요. 냉각은 분해와 부패의 과정을 늦춥니다. 시체를 냉각하면 총상, 칼에 의한 상처, 모든 독극물이 더 오래 보존되며 검시관의 일이 더 쉬워집니다.

반면 시체가 열기 속에 실외에 방치된다면 박테리아로 인한 부패가 대단히 가속화할 것이므로 시체가 발견될 즈음에는 조직분해가 너무 많이 진행되어 총상이나 칼에 의한 상처를 판별하기가 어려울 것입니다. 즉, 자상의 깊이나 넓이, 총이 피해자와 얼마나 가까웠는지를 판별하는 데 도움을 줄 총상의 특징 등등이 심각하게 분해된 조직에서는 소실될 거라는 얘기죠. 부패가 심하게 진행되었다면 독극물 중 몇 가지도 더 이상 발견할 수 없게 됩니다.

나중에 혈액 웅덩이를 남긴다고 하셨는데, 유감이지만 그 방법은 통하지 않을 것 같습니다. 출혈 혹은 혈액의 삼출이 일어나려면 심장이 여전히 뛰고 있고 피가 여전히 순환하고 있어야 합니다. 그 말은 사망 시점에 출혈 또한 멈춘다는 뜻입니다. 사실 사망 시에는 신체 안의 모든 혈액이 대단히 빠르게, 몇 분 안에 응고하게 됩니다. 혈액은 더 이상 흐르거나 삼출하거나 방울져 떨어질 수 없습니다. 체외에 웅덩이를 만들 수 없는 거예요. 아이스크림과 달리 혈액은 녹지 않습니다. 한번 응고되면 응고를 취소할 수가 없어요.

이 현상이 코엔 형제의 고전 느와르 영화인 1984년 작 〈분노의 저격자(Blood Simple)〉에서 기발하고도 미묘하게 묘사되었습니다. 남편은 책상에 앉아 있을 때 총을 맞아 죽은 것으로 추정됩니다. 나중에 다른 등장인물이 들어와 '시체'를 봅니다. 카메라는 혈액 웅덩이 위에 달랑거리는 피해자의 손을 비추고, 우리는 혈액이 그의 손가락에서 삼출하는 모습을 보게 됩니다. 그 순간 아는 것이 많은 관찰자라면, "아하! 죽지 않았군." 하고 말

할 거예요. 그보다 덜 영리한 관객으로서는 같은 정보를 얻기
위해 한두 장면을 더 기다려야 하죠.

검시관은 감전사와 심장마비 중 어느 것이
사인인지 구분할 수 있나요?

Q 제 이야기 속 피해자는 항해 중에 전기가 통하는 승선
용 사다리를 만졌다가 감전사합니다. 표면적으로는 심
장마비로 보였지만요. 부검에서 피해자가 심장마비가
아니라 감전의 결과로 사망했다는 것을 보여줄 만한 어
떤 물리적 징후가 있을까요? 피부의 표면에 화상을 입
는다든지요?

A 부검에서 발견하게 될 내용은 적용된 전압량에 따라
달라집니다. 전압이 높았다면 화상의 흔적이 접촉 지
점과 접지 지점, 그러니까 전류가 들어오고 나간 위치에 남게 됩
니다. 이건 법의관이 쉽게 발견하겠죠. 또한 강력한 전류가 신체
를 흐르면 그 전류는 지나가는 길에 있는 모든 것에 손상을 주
므로(전부 익어버립니다), 다양한 조직을 현미경으로 검사할 때 그
결과가 눈에 보일 수 있습니다. 이런 형태의 손상에 취약한 것
으로 보이는 간에서는 특히 그렇고요.

전압이 낮았다면 피부에는 변화가 일어나지 않을 것입니
다. 또 근본적인 이야기를 하자면, 이런 상황에서 피해자는 심

장마비(심근경색, 줄여서 MI)로 사망하지 않을 것입니다. 가장 간단하고 적절한 정의에 따르면 심근경색은 관상동맥(심장 표면을 덮고 지나가며 심장근육에 혈액을 공급하는 동맥)이 막혀 혈액 공급의 부족으로 심장의 일부가 죽는다는 뜻입니다. 진짜 심근경색에서라면 법의관은 막힌 동맥과 심장근육의 손상을 발견하게 됩니다. 전류는 직접적으로 이런 일을 일으킬 수 없습니다.

심장근육의 손상을 야기하지는 않겠으나 낮은 전압의 전기충격은 심실빈맥이나 심실세동 등 심장율동의 치명적 변화를 촉발할 수 있습니다. 이런 변화는 부정맥이 발생한 순간 피해자에게 심전도기(EKG)가 연결되어 있을 때에만 진단될 수 있습니다. 질문자님이 제시하신 상황에서는 가능성이 낮은 일이죠.

이런 상황에서는 부검에서 심장이 정상적으로 보일 가능성이 높으므로 전기충격이 있었는지 여부는 발견되지 않을 것입니다. 심근경색이나 피부의 화상이 없으므로 법의관은 아마 피해자가 심장부정맥으로 사망했다고 가정할 거예요. 물론 실제로도 그랬지만요.

질문자님도 예상하시겠지만, 전압량이 그 사이 어디쯤이었다면 이 두 가지 경우가 섞인 결과가 발생합니다.

검시관은 둔상과 자상 중 어느 것이 사인인지 구분할 수 있나요?

Q

제 피해자는 임신 아주 초기에 있는 젊은 여성입니다. 가해자는 아기 때문에 격노하여 그녀의 복부를 강타합니다. 제 가설은 이것이 아마 유산을 유발할 정도로 충분하지는 않으나 법의관이 발견할 만한 증거는 남길 거라는 건데요. 맞나요?

균형을 잃고 떠밀리면서 넘어진 피해자는 머리를 욕조 모서리에 찧습니다. 구체적으로 그 손상을 야기한 물체의 표면이 무엇인지 알려주는 단서가 있을까요? 두부 손상을 일으킨 것이 무엇인지를 알려주는 단서가 없더라도 이 손상이 치명상이 발생하기 전에 벌어졌다는 것을 알려주는 조짐은 있을까요? 플롯상의 이유로, 저는 수사에 혼선을 주려는 목적에서 의식을 잃은 피해자가 다른 곳으로 옮겨지기를 바랍니다. 그곳에서 가해진 여러 차례의 자상이 사망의 궁극적 원인이 되었으면 좋겠는데요.

살인은 애리조나 주의 여름밤에 발생하며 시체는 다음날까지 발견되지 않습니다. 법의관은 사망의 진짜 원인을 판별할 수 있을까요?

A 복부의 타격은 유산을 일으킬 수도, 일으키지 않을 수도 있습니다. 충분히 강한 힘이 하복부에 직접 가해졌다면 태아와 태반, 혹은 자궁이 태아가 더 이상 생존할 수 없을 정도로 심각하게 손상될 것이고 그 결과 유산이 일어날 것입니다. 또는 강타가 단순히 복벽에 좌상(멍)만을 일으킬 수도 있고요. 둘 모두 일어날 수 있는 상황이므로 질문자님이 선택하시면 됩니다.

타격이 가해진 후 몇 분 안에 피해자가 살해당한 것이 아니라면 법의관은 좌상을 발견할 가능성이 높습니다. 멍이 나타나기까지는 몇 분이 소요됩니다. 법의관은 육안으로나 현미경으로 확인되는 좌상의 속성을 통해 타격이 사전에(죽기 전에) 가해졌는지를 알 수 있을 것입니다. 멍은 손상을 입은 모세혈관에서 유출되는 혈액으로 인해 생깁니다. 그러니까 멍이 들려면 혈액이 흘러야 합니다. 따라서 생명이 있어야 하죠. 사후에는 몇 분 안에 혈액이 응고되므로 이런 유출이 더 이상 발생하지 않습니다. 사후의(죽은 다음의) 타격은 멍을 만들지 않습니다.

질문자님이 제안하신 것처럼 욕조에 부딪히는 낙상은 치명적일 수도 있고 단순히 피해자를 의식불명으로만 만들 수도 있습니다(녀진탕). 법의관은 이 손상이 죽기 전에 벌어진 것인지 알 수 있을 것이며, 타격을 가한 물체의 일반적인 형태도 확인할 수 있을 것입니다. 욕조 모서리? 야구방망이? 금속제 파이프? 욕조의 에나멜 칠이 깨져 작은 조각이 피해자의 머리카락이나 피부에 달라붙은 게 아니라면 법의관은 아마 물체의 일반적 형태를 추측하는 것 이상으로 나아가지는 못할 겁니다.

　포식동물이 시체를 해체하고 뜯어먹고 여기저기 흩뿌리는 경우만 아니라면 사막에서 하루를 보낸다고 해서 법의학적 증거가 많이 파괴되지는 않습니다. 법의관은 사인이 여러 차례의 자상이었으며 다른 손상은 사전에 일어난 것이지만 사망의 근인(近因)은 아니라는 것을 판별할 수 있을 것입니다. 물론 피해자가 임신 상태였다는 것도 판별할 수 있을 테고요. 만일 구타의 순간에 유산이 발생했다면 그 또한 알아낼 수 있을 것입니다.

검시관은 약물 오남용과 총상 중 어느 것이 사인인지 구분할 수 있나요?

Q 어떤 등장인물이 진정제 25알을 섭취한 다음 치명적인 총상을 입었다고 할게요.(상대방에 의한 것이었는지 본인에 의한 것이었는지는 아직 판별되지 않았습니다.) 법의관은 알약을 섭취한 때와 총상을 입은 때의 시간차를 어떻게 알아낼까요? 피해자가 완전히 의식을 잃고 있어 살인을 당했으리라고 생각되는 경우와는 반대로, 그 사람이 의식이 있어서 스스로를 쏠 수 있었는지를 법의관이 판별할 수 있나요? 법의관은 무엇을 발견하게 될까요? 혈액 검사 외에 어떤 다른 검사들을 하게 되죠? 얼마나 빨리 결과를 얻을 수 있을까요? 이 사건이 금요일 밤에 발생했다면, 가장 빨리 부검을 실시하는 건 언제쯤일까요?

A 약물 섭취와 사망 사이의 시간차는 최선을 다해 추측해야 할 것입니다. 이 상황에서 법의관이 참고하는 조건은 위장 내의 용해된 약물 대(對) 용해되지 않은 약물, 다른 음식물의 존재, 피해자의 혈중 및 소변 내 약물 수치입니다. 각각의 약물은 흡수 속도와 배설 속도가 알려져 있지만 이는 섭

취된 다른 음식, 관련된 다른 약물(자살/살인의 원인이 된 것으로서 나 피해자가 일상적으로 투여하는 약으로나), 피해자의 나이, 피해자가 가지고 있는 질병(특히 위장 문제), 그 외에도 엄청나게 다양한 요소에 의해 달라집니다. 모든 사람이 다르다는 점까지 고려하면 문제는 더욱 복잡해집니다.

사망 시점에서 소화와 흡수는 중지되므로 위, 혈액, 소변의 내용물과 그 안의 약물 농도는 사망 시점에 비교적 고정되게 됩니다. 이것들을 분석한 다음 법의관은 약물이 언제 투약되었는지를 추측할 수 있습니다. 혈중 약물 농도에 따라 법의관은 또한 피해자의 신체적, 정신적 능력에 관해서도 판단할 수 있을 것입니다. 물론 각각의 약물은 다르므로 사용된 특정 약물의 효과가 고려되겠지요.

아주 일반적인 설명이라는 건 저도 알고 있습니다만, 문제가 워낙 복잡하고 다인성입니다. 이런 시나리오에서라면 질문자님은 어느 쪽으로 가도 괜찮을 겁니다. 법의관은 위의 내용물과 혈중 약물 농도에 근거하여 피해자가 자신을 쏠 수는 없다는, 혹은 그 정반대였다는 결론에 도달할 수 있습니다. 혈중 약물 농도가 피해자를 의식불명에 빠뜨릴 가능성이 높은, 대단히 높은 수치였다고 해봅시다. 그러면 법의관은 사망이 살인에 의한 것이었다고 진술할 것입니다. 아니면 수치가 낮을 경우, 법의관은 피해자가 방아쇠를 당겼을 수도 있다고 진술하겠죠. 두 가지 다른 이야기가 가능합니다. 어떤 경우도 말이 되기 때문에 선택은 질문자님의 몫입니다.

관련된 약물이 흔하고 쉽게 검출되는 것이라면 위, 혈액, 소변 내용물의 약물검사는 몇 시간 안에 이루어질 수 있습니다. 약물이 덜 흔하고 특별한 검사를 요하는 것이라면 샘플이 좀 더 수준 높은 실험실로 이동해야 할지도 모르고, 그 경우에는 몇 주가 걸릴 수도 있습니다.

부검은 아마 월요일에 이루어질 것입니다. 법의관이 더 빨리 부검을 해야 한다고 요청하지 않는다면 말이죠. 만일 요청이 있으면 부검은 언제든지 이루어질 수 있습니다.

검시관은 한 달이 지난 시점에서도
사인을 판별할 수 있나요?

Q 제 이야기에서는 남성 등장인물이 머리를 돌로 강타당
해 지하실에 남겨집니다. 이 일은 북부 지역의 추운 2
월에 발생합니다. 밤 기온은 영하 6도가량이며, 땅에는
눈이 있습니다. 며칠 후 그 남자는 사망한 채로 발견되
며 시체는 멀리 떨어진 지역으로 옮겨집니다. 한 달 후
누군가가 시체를 발견해 경찰에 신고합니다.

제 질문은 이것입니다. 이 남자가 머리에 돌을 맞아 살
해당하는 것과 이후의 노출로 사망하는 것 중 어느 것
이 더 가능성이 높은가요? 사망 후 한 달이 지났을 때
검시관이나 법의관은 사망원인과 시체가 옮겨졌다는 사
실을 판별할 수 있나요?

A 사망의 원인은 머리에의 타격일 수도 있고, 피해자는
단지 의식불명에 빠졌다가 이후 동사한 것일 수도 있
습니다. 저체온증으로 인한 사망이죠. 완전히 확신할 수는 없겠
지만 법의관은 상당한 정보를 가지고 타격이 사망을 야기할 만
큼 강력한 것이었는지 추측할 수 있을 겁니다. 법의관은 두개골

의 골절과 더 중요하게는 뇌 내 및 뇌 주변의 출혈 징후를 찾을 것입니다. 이것을 '두개내출혈'이라고 부르는데, 이것은 기본적으로 두개골 내에서 발생한 모든 출혈을 말합니다. 뇌실질(뇌 자체)에서의 출혈은 뇌내출혈이라고 하며, 뇌 주변에서의 출혈은 정확히 어디에서 출혈이 발생했는지에 따라 경막하출혈이거나 경막외출혈일 수 있습니다. 이 모든 게 치명적일 수 있고 상당히 빠르게 치료되지 않는 경우에는 특히 그렇습니다. 법의관이 부검에서 이 중 하나라도 발견하면 그는 타격이 사망의 근인이었다고 합리적으로 결론을 내릴 것입니다. 이 중 어느 것도 찾아내지 못한다면 사망의 원인이 노출과 저체온증이었다고 진술할지도 모르죠.

부검에서는 저체온증으로 인한 사망을 나타내는 구체적인 증거가 전혀 발견되지 않을 수도 있습니다. 그렇지 않으면 팔꿈치, 무릎, 그리고 이보다는 드문 경우이지만 얼굴과 옆구리에서도 특징적인 갈색이 도는 분홍색 변색이 발견될 수 있습니다. 이런 변화를 발견한다면 동사라는 결론에 힘이 실릴 것입니다.

질문자님이 묘사하신 날씨가 추우므로 시체와 이런 발견물은 한 달 혹은 그 이상도 잘 보존될 가능성이 높습니다.

시반(사망 후 조직에의 혈액 침강으로 인해 발생하는 피부의 검푸른 변색)은 6~8시간 후면 고정됩니다. 혈액은 중력의 법칙에 따라 몸의 아래쪽 부위에 침강합니다. 일단 고정되고 나면 시체를 옮겨도 아래쪽 부위로의 시반 이동이 유발되지 않습니다. 예컨대 피해자가 바로 누워 있는 동안에 사망했다면 시반은 등과 엉덩이에 자리를 잡게 됩니다. 몇 시간이 지나서 그가 배를 아래로 하게 굴려진다면 고정된 시반은 이동하지 않고 처음 정착했던 자리에 그대로 남아 있을 것입니다. 시체가 발견된 시점에 보였던 시체의 자세와 시반의 패턴이 일치하지 않는다면 법의관은 시체가 옮겨졌다는 결론을 내릴 것입니다.

사망 후 두 달이 지난 뒤에도 모르핀이 검출될 수 있나요?

Q 어떤 여자가 모르핀 정맥주사를 통해 남편을 죽입니다. 아내는 남편에게 부랑자 같은 옷을 입혀 그의 시체를 골목길에 버립니다. 남편은 한 번도 치과 치료를 받은 적이 없으며 지문을 채취한 적도 없습니다. 살인 이후 얼마 지나지 않아 시체가 발견되긴 하지만 두 달 동안 신원확인은 이루어지지 않습니다.

검시관은 이 정도 시간이 지난 다음에도 사망의 원인이 모르핀이었다는 걸 알아낼 수 있나요?

A 네. 사망 시에 신체의 모든 대사과정이 중단되므로 모르핀 황산염(MS)은 조직 내에 남아 있을 겁니다. 그러니까 모르핀 황산염은 대사되지(분해되지) 않을 겁니다. 혈액과 조직 샘플이 모르핀의 존재를 드러낼 가능성이 높습니다.

질문자님이 묘사하신 상황에서는 특히 그렇습니다. 살인이 이루어지고 얼마 지나지 않아 시체가 발견되었으므로 법의학적 증거와 마찬가지로 잔여물도 잘 보존되었을 것입니다. 목격자가 없는 사망의 원인을 판별하고 사망이 자연사였는지, 살인에 의한 것일 수도 있는지 판별하기 위해 부검이 상당히 빠르게 진행될 가능성이 높습니다. 그런 다음 검시관은 신원확인이 이루어질 때까지 시체를 냉장이 가능한 환경에 보관할 것입니다.

시체가 사망 후 두 달이 지났을 때 발견되었으며 오직 해골만이 남아 있다면, 법의관은 모르핀 황산염을 찾기까지 더 힘든 시간을 보내야 할 겁니다.

'표류시체'를 발견했을 때, 사망으로부터 2주가 지난 시점에서도 혈중 알코올 농도를 판별할 수 있나요?

Q 사망 후 2주가 지나서도 상대적으로 차가운 물(13도가량)에 시체가 떠다니는 게 가능한가요? 2주라는 기간을 가정했을 때 부검에서 혈중 알코올 농도가 드러나는 게 가능할지요? 아니면 알코올은 없어지게 되나요?

A '표류시체'란 물에서 떠다니다가 발견된 시체입니다. 이런 시체의 사망시각을 판별할 때 부검의는 특수한 문제와 맞닥뜨리는데요. 그 지역의 물 흐름이나 포식자들은 물론 수온이 영향을 주기 때문입니다. 부패에 관한 일반적인 법칙은, 건조한 육지에서의 일주일이 물에 가라앉은 시체에서는 2주와 동일하다는 것입니다.

'표류시체'가 되려면 박테리아로 인한 조직분해가 시작될 만큼 오랫동안 시체가 물속에 있어야 합니다. 이 과정은 부산물로 가스를 생성하며, 이 가스가 피하와 체강에 고이게 됩니다. 시체는 가라앉았다가 며칠 후 가스가 형성되어 부력을 더해주면 다시 떠오르는 경향을 보입니다. 이렇게 하여 표류하는 '떠

돌이'가 되는 것이죠.

모든 대사작용이 사망 시점에 중지되므로 법의관은 혈중 알코올 농도를 판별할 수 있을 것입니다. 시체가 상당히 부패되기 전까지는 그 수치가 상당히 안정적일 거예요. 질문자님이 구상한 시나리오에서는 찬물이 부패 과정을 늦추어 알코올을 더 오랫동안 보존할 것입니다. 제 생각에는 법의관이 그런 판단을 내릴 수 있도록 하려면 13도가량의 물에서 2주간 있었다고 하면 안전할 것 같습니다.

익사자의 입 주변 거품은 얼마나 오래가나요?

Q 제 이야기의 주인공은 먼 바다에서 표류시체를 발견합니다. 피해자의 코와 입 주변에는 기체성 거품이 있습니다. 질문은, 이 거품이 얼마나 지속되느냐는 것입니다. 한 시간? 두 시간? 또한 제 피해자는 복부에 총을 맞았지만 결론적으로 익사했고, 사인은 부검이 이루어지기 전까지 확실히 알 수 없다고 하려는데요. 이런 식으로 설정하는 것도 가능할까요?

A 질문자님이 구상한 시나리오의 문제는 시간 설정에 있습니다. 익사자를 물에서 상당히 빠르게, 제 추측대로라면 사후 한 시간 이내 정도에 끌어올리면 입에서 거품이 섞인 물이 나올 수 있습니다. 그 이후에는 아마 혈액이 섞여 있는 물이 입과 코에서 새어 나오겠지만, 폐가 안에 있던 모든 공기를 잃어버리고 '거품을 일으킬' 만한 공기는 전혀 남아 있지 않을 테니 아마 거품이 일지 않을 것입니다. 탄산음료를 생각해 보세요. 처음에 일어났던 거품이 사라지고 나면 탄산음료는 그저 색깔이 들어간 액체일 뿐입니다. 거품이 일어나려면 폐 안의

공기가 필요하고 익사 시에는 공기가 물속으로 배출되거나 흡수되므로 몇 시간 동안 물속에 있었던 사람의 폐는 보통 침수된 상태입니다.

표류하는 '떠돌이'가 되려면 시체는 상당 기간 물속에 있어야만 합니다. 박테리아로 인한 조직분해가 시작될 정도로(앞의 질문을 보세요) 긴 시간 동안 말이죠. 이 과정은 부산물로서 가스를 만들어내며, 그 가스가 피하와 체강에 고입니다. 시체는 가라앉았다가 이 가스가 형성되어 부력을 더할 때 다시 떠오르는 경향을 보입니다. 그렇게 하여 표류시체가 되는 것입니다. 이런 상황에서는 손과 발이 부풀며(2~3일 후) 피부의 바깥층이 기저의 조직과 분리되고(5~6일 후) 손의 피부와 손톱이 분리되며 (8~10일) 전신이 부풀어 조직이 취약해지며 물에서 끌어올릴 때 쉽게 손상됩니다. 하지만 입과 코에서 나오는 거품은 없을 것입니다.

시체가 떠오르는 시간은 수온, 물의 흐름, 피해자의 체구, 그 외의 다른 변수 등 몇 가지 요인에 달려 있습니다. 예를 들어 따뜻한 물에서라면 시체가 8~10일 만에, 차가운 물에서는 2~3주 만에 떠오르게 됩니다. 추위는 박테리아의 증식을 늦추어 부패 과정을 늦추고, 이에 따라 가스의 형성을 늦춥니다.

그러므로 질문자님께서는 가장 적합한 상황이 어떤 것인지 선택하셔야 합니다. 피해자가 물속에서 발견되어 끌어올려지고 입과 코 주변에 거품이 있는 최근의 익사자인지, 아니면 살인이 벌어지고 나서 한참 후에 떠올라 입가에 거품이 전혀 없는 '떠

돌이'인지 말이죠.

　법의관이 총상이 아니라 익사로 사인을 판별할 수 있을 거라는 질문자님의 이야기는 맞습니다. 그는 또한 담수에 의한 익사였는지, 염수에 의한 익사였는지도 판별할 수 있을 것입니다. 설명하기는 까다롭지만 법의관은 그 차이를 알 수 있습니다. (뒤에 나오는, "검시관은 담수로 인한 익사와 염수로 인한 익사를 구별할 수 있나요?"라는 질문을 보세요.) 이 사실은 〈차이나타운〉[4]이라는 영화에서 활용되었습니다.

4　　　로만 폴란스키 감독, 1974년 작.

DNA를 채취할 수 있는 샘플의 최소 크기는 어느 정도인가요?

Q 혈액, 정액, 피해자의 손톱 밑에 있던 조직과 그밖의 다른 출처로부터 DNA 샘플을 채취할 수 있다는 건 알고 있습니다. 제 질문은 이것입니다. 샘플 양이 아주 적어도 활용 가능한가요? 말라붙은 침이나 머리카락 한 가닥도 사용할 수 있나요?

A DNA는 사실상 신체의 모든 세포의 핵에 있으며, 우리 한 사람 한 사람에게 고유합니다. 주목할 만한 예외는 혈액 내의 적혈구세포(RBC)입니다. 성숙 적혈구에는 핵이 없으므로 DNA도 없습니다. 백혈구세포(WBC)에는 있어요. DNA 분석에서 혈액을 활용할 때 검사에 사용하는 건 백혈구세포에 있는 DNA입니다.

모든 사람의 DNA 패턴은 어떤 정자가 어떤 난자를 수정시키느냐에 따라 잉태 순간에 결정됩니다. DNA는 한 사람의 몸에 있는 모든 세포에서는 동일하며 그 사람의 평생 동안 변화하지 않습니다. 그러므로 일란성 쌍둥이라는 예외가 있기는 하지만, 두 사람이 같은 패턴을 갖는 경우는 없습니다. 어떤 샘플이 특정한 사람에게서 나온 것인지를 판별할 때 DNA가 유용한 이유가 바로 그것입니다. 상당히 단순하게도, 대조 결과가 일치하면 그 물질은 다른 사람에게서 나온 것일 수가 없습니다.

샘플에서 DNA를 추출하려면, 그 물질에 반드시 온전할 필요는 없으나 어쨌든 세포가 함유되어 있어야 합니다. 그 말은, 현미경으로 샘플을 살펴보았을 때 눈에 보이는 온전한 세포가 없는 경우에도 DNA가 조직이나 체액의 잔여물에 남아 있을 수 있다는 것입니다. 그러므로 분해된 혈액, 체액, 혹은 신체 조직은 여전히 활용 가능한 샘플을 제공할 수 있습니다. 심지어 해골화된 유해에도 골수공간이나 뼈의 세포(골세포)에는 사용 가능한 DNA가 있을 수 있습니다.

샘플의 크기와 관련해서는, 크기가 클수록 좋긴 하지만 체액이나 조직의 흔적만으로도 결과 산출이 가능합니다. DNA검사를 위한 중합효소연쇄반응(PCR) 기법은 이런 작은 크기의 샘플에서 가장 좋은 효과를 발휘하는 것으로 보이고요.

침에는 구강세포(입의 안쪽을 이루는 세포)가 들어 있으며 이 세포의 핵이 검사를 위한 DNA를 제공합니다. 침은 음료수잔, 물린 자국, (침을 발라 붙인) 우표나 봉투에서 채취할 수 있습니다. 형광분광법을 활용한 새로운 기술은 인간 피부에서 침 잔여물이 묻어 있는 아주 작은 부위도 찾아낼 수 있습니다. 침은 가끔씩 피해자를 공격하거나 강도질을 할 때 범인이 쓰고 있던 얼굴 마스크에서도 채취할 수 있습니다. 1999년 〈법의학 저널〉에 보고된 한 사례는 검사에 쓸 수 있는 샘플의 최소 크기를 설명합니다. 사망하고 5시간 30분이 지난 후 강간살해를 당한 여성 피해자를 강에서 건져 올렸는데, 그 몸에 있던 물린 자국만으로도 DNA검사에 충분한 침을 얻을 수 있었다고 합니다.

머리카락에는 세포가 없으므로 DNA도 없습니다. 하지만 모낭에는 있죠. 잘린 머리카락은 DNA 분석에 쓸모가 없을 가능성이 높지만, 범인에게서 뽑아내거나 폭행 중 범인이 흘린 머리카락은 그에게 유죄판결을 내리는 데 필요한 '스모킹 건'[5]이 될 수 있습니다. 모낭 하나만 있어도 검사에 필요한 DNA를 제공하기에는 충분합니다.

5   빼도 박도 못하는 증거

Q 검시관은 독특한 신체의 모반이나 문신을 활용해 시체의 신원을 확인하기도 하나요? 피해자의 손과 얼굴이 파괴되거나 제거되었을 경우에도요?

A 검시관은 신원불상자의 신원을 확인하기 위해서라면 어떤 수단이든 활용할 것입니다.

문신이나 출생모반과 같은 모반은 용의자와 시체의 신원을 확인하는 데 유용한 경우가 많습니다. 보편적이라고 할 수는 없으나 이것들은 기록 과정의 일부로서 그려두거나 사진으로 찍어두는 경우가 많습니다. 질문자님의 이야기에 나오는 용의자나 시체에 눈에 띄는 모반이 있고 과거 체포되었을 때 찍은 사진이 남아 있다면 해당 사진이 다른 관할 구역에서 이메일이나 팩스로 보내 온 것이라 하더라도 분명히 대조할 수 있습니다.

부검에서는 법의병리학자가 일상적으로 수술이나 부상으로 인한 흉터는 물론 이런 신체 모반의 사진을 찍습니다. 살인이 의심되는 경우에는 특히 그렇고요.

수많은 문신과 출생모반은 매우 특이하여 상당히 강력한

신원 증거가 될 수 있습니다. 시체에 이런 것이 있을 경우, 과거의 감방 동기나 교도관, 가족, 과거에 그를 체포했던 경찰관이 신원 정보를 추정해 제공할 수 있습니다.

출생모반은 종류가 다양합니다. 한 가지 독특한 유형은 포도주색 반점 혹은 화염상모반(*Nevus Flammeus*)이라는 것입니다. 이것은 붉은색 혹은 검푸른 계열의 변색이며 크기가 작을 수도 있고 어깨 전체나 얼굴의 절반 등 큰 영역을 덮고 있을 수도 있습니다. 소련의 전 대통령인 미하일 고르바초프도 이마에 포도주색 반점이 하나 있었죠. 이것들은 보통 아메바처럼 매우 불규칙적이며, 정확히 똑같은 반점이 두 개 있을 수는 없으므로 독특한 형태나 무늬를 갖게 됩니다. 그러므로 질문자님의 용의자나 시체가 이런 모반을 갖고 있다면 그것이 찍힌 옛날 사진이 상당히 확실하게 신원을 확인하는 데 활용될 수 있습니다.

질문자님도 알고 계시겠지만 다수의 문신은 해당 문신을 새긴 사람이 누구인지까지 알아낼 수 있습니다. 수많은 문신이 예술의 일종으로 간주되고 몇몇 문신 예술가들이 독특한 기술과 충성스러운 고객들을 보유하고 있는 오늘날에는 특히 그렇죠. 수많은 문신기술자들은 탄소가 함유되어 있는 검은 색소, 승홍이 포함되어 있는 붉은 색소, 중크롬산칼륨이 포함되어 있는 초록색 색소를 사용합니다. 어떤 사람들은 아닐린을 기초로 하는 염료를 사용하고요. 시체의 피부에서 색소를 일부 추출하여 특정 예술가가 그 문신을 했는지 확인하거나, 그 사람이 한 건 아니라고 배제하는 데에 쓸 수 있습니다.

어떤 갱 단원들은 문신을 자랑하고 다닙니다. 캘리포니아 주의 경우 캘갱(CALGANG)이라는 데이터베이스에 관련 자료가 저장되어 있으며, 검색을 해보면 결과가 나오는 경우가 많습니다. 이런 종류의 단서는 피해자의 궁극적 신원확인으로 이어질 수 있습니다.

수술로 인한 흉터가 얼마나 오래되었는지가
피해자 신원확인에 도움이 되나요?

Q 제 이야기의 주인공은 신원확인을 방해하기 위해 손과 머리를 일부러 제거한 여성 시체와 맞닥뜨린 탐정입니다. 시체는 복부에 흉터가 있는데, 탐정은 이것이 대략 3개월 정도 된 것이라 생각합니다. 그와 비슷한 나이 및 체구의 여성에 대한 실종 신고가 있었는데 그 여성은 실종 3개월 전 담낭절제술을 받았으므로 이 흉터는 중요합니다. 흉터가 얼마나 오래되었는지를 이렇게까지 정확하게 판별할 수 있나요?

수술로 인한 흉터가 얼마나 오래되었는지가 피해자 신원확인에 도움이 되나요?

A 그렇기도 하고 아니기도 합니다. 수술로 인한 것이든 칼싸움으로 인한 것이든 모든 상처는 적절히 봉합된다면, 그래서 감염되지 않는다면 똑같은 치유 과정을 거칩니다. 적절한 치료의 결여 혹은 상처의 감염은 치유의 지연과 좀 더 두드러지는 흉터로 이어지죠. 또한 어떤 사람들에게서는 그런 상처가 나을 때 켈로이드가 생기기도 합니다. 켈로이드란 솟아오른 형태의 두꺼운 흉터로 너비는 1.5센티미터가량이 될 수 있으며 주변 조직과 비교해 0.5센티미터가량 솟아오를 수 있습니

454   455

정상적인 치유 과정에서는 상처가 2주 후면 기계적으로 강해집니다. 치유 과정을 돕기 위해 그 부위에 침투하는 초소형의 혈관 때문에 흉터는 몇 주 동안 약간의 분홍색에서 갈색을 띠는 붉은색이 됩니다. 이어지는 수개월 동안, 신체가 콜라겐(결합조직의 두꺼운 섬유 가닥)을 가져다 놓는 방법으로 손상을 치료함에 따라 색깔은 점차 엷어지고 흉터는 상당히 줄어듭니다. 더욱 성숙해지면 흉터는 마침내 4~6주경 희미한 흰색 선이 됩니다. 콜라겐은 1년가량이 지날 때까지 계속해서 줄어듭니다. 그 이후로는 흉터가 평생 동안 변화하지 않고 남아 있습니다. 그 말은 최초의 4~6개월 동안은 흉터가 얼마나 오래되었는지를 대략 추정할 수 있으나 그다음에는 어떤 추측도 불가능하다는 뜻이죠.

질문자님의 이야기에 나오는 영리한 탐정은 시체 복부의 우상단 사분면에서 비스듬한 방향으로 난 15센티미터 길이의 상처를 보고 이것이 담낭절제술(담낭의 제거)로 인한 것임을 알게 될 것입니다.* 더 나아가 탐정은 흉터가 상당히 잘 아물었으나 여전히 분홍색 색조를 간직하고 있다는 것을 보고 상처가 6주에서 4개월쯤 되었을 가능성이 높다고 추론하겠죠. 이렇게 하면 최소한 실종된 여성과 시체가 같은 인물일지도 모른다는 가능성이 열리게 됩니다. 그러나 피해자의 진짜 신원을 판별하기 위해서는 치과 치료기록, DNA 증거, 혹은 그 외 다른 형태의 신원확인이 필요할 것입니다.

*
과거에는 개복수술로 인해 15센티미터 크기의 상처가 생기는 경우가 일반적이었으나 요즘에는 담낭절제술을 시행할 때 복강경 수술을 하므로 2~3센티미터 크기의 작은 흉터 두세 개가 나게 된다.

위장 내용물을 통해 피해자가 언제 무엇을
먹었는지 알 수 있나요?

Q　살인 피해자가 한밤중에 발견됩니다. 질문은 두 가지입니다. 첫째, 사람들의 이목을 끄는 사건의 경우 부검은 다음 날 아침 일찍 실시될까요? 둘째, 부검에서 피해자가 무엇을 먹었는지 아주 구체적으로 밝혀질까요? 예컨대 피해자가 사망하기 5~6시간 전에 닭고기, 채소, 빵을 먹었다면 부검 시점에도 내용물이 여전히 보일까요? 또한 부검으로 특정한 액체와 약물을 판별해낼 수 있을까요? 예컨대 그게 코카콜라인지, 차인지 혹은 아스피린인지 알카셀처[6]인지 말입니다. 만일 피해자가 죽기 직전에 알카셀처를 복약했다면 법의관이 탄산에서 나온 중탄산염과 아스피린의 흔적을 발견하는 게 논리적일까요?

A　네, 부검은 다음 날 아침에 실시될 수 있습니다. 법의관은 간단히 그날의 일정을 최대한 효율적으로 짜서

6　Alka-Seltzer. 물에 타 마시는 발포형 소화제.

사람들의 이목을 끄는 사건을 가장 먼저 다룰 수 있습니다. 또한 많은 관할 구역의 과학수사연구소에는 '특수사건'의 검시 과정을 동영상 촬영할 수 있는 '특수사건실'이 있습니다.

부검에서 발견되는 위와 장의 내용물은 소비한 음식의 종류와 양, 소화와 죽음 사이의 시간차 등 몇 가지 요소에 달려 있습니다. 소화과정은 사망 시에 중지됩니다. 다양한 음식물은 다양한 시간 동안 위에 남아 있습니다. 일반적으로 위는 식후 4~6시간 정도에 비며 소장은 열두 시간 정도 후에 비게 됩니다. 음식물이 위에서 발견되었다면, 식사를 마친 지 네 시간 안에 죽음이 발생했을 가능성이 높다고 판단하는 것이 법의관으로서는 합리적일 겁니다. 위가 비어 있다면 피해자가 사망하기 최소 6시간 전에 음식을 먹었다고 결론을 내릴 수 있습니다.

부분적으로 소화된 음식은 위에 있건 소장에 있건 마지막 식사가 무엇이었는지를 알려줄 수 있습니다. 신체가 셀룰로오스를 소화할 수 없으므로 옥수수 같은 고 셀룰로오스 음식의 경우에는 특히 그렇습니다. 질문자님의 시나리오에 나오는 채소는 여전히 식별이 가능할 것입니다. 먹었을 때와 죽었을 때의 시간 차이를 4시간 이하로 줄인다면 특히 그럴 테고요.

위의 내용물, 혈액, 소변은 약물검사를 거치게 됩니다. 하지만 사망이 섭취 직후 발생한 것이 아니라면, 콜라나 차를 발견하거나 아스피린을 알카셀처와 구분하는 것은 어려울 것입니다.

아스피린은 아세틸살리실산(ASA)인데, 이것은 알카셀처(알카셀처에는 중탄산염나트륨과 구연산도 들어 있습니다)에도 들어 있습니다. 위에 소화되지 않은 알약이 존재하는 게 아닌 한, ASA는 혈류에 들어가는 순간부터 ASA를 함유한 어떤 제품에서 나온 건지 구분하기가 불가능합니다. 둘 다 손쉽게 용해되는 약이므로 알카셀처와 아스피린의 경우도 마찬가지입니다.

콜라는 간단히 말해 설탕 시럽과 색소, 향미증진제, 카페인, 탄산이 들어간 물인데 이 모든 것은 상당히 빠르게 소화되어 혈류에 흡수됩니다. 대부분의 차에도 카페인이 들어 있고요.

중탄산염은 혈액 내에 들어 있는 정상적인 전해질이므로 알카셀처를 다량으로 복용한 것이 아니라면 소화 후에 중탄산염을 추적하기란 어렵습니다.

법의관은 ASA를 쉽게 발견할 텐데, ASA 검사는 일상적인 약물검사에 언제나 포함됩니다. 카페인도 그렇고요. 중탄산염의 경우에는 비정상적인 수치임을 발견하기도 어렵고 알아내더라도 구체적이지는 못할 것입니다.

이때는 범죄현장을 완전하게 살펴보면 법의관에게 도움이 됩니다. 음식이 여전히 테이블 위나 냉장고 안에 있으면 초점을 좁힘으로써 위의 내용물을 분석하는 데 도움이 됩니다. 아스피린과 알카셀처 병이 발견되는 경우에도 마찬가지고요. 법의관은 사망의 원인과 종류를 판단할 때 부검이나 약물검사 등에만 의존하는 것이 아니라 모을 수 있는 모든 증거를 활용합니다.

위장 내용물에서 발견된 알코올의 종류를 판별할 수 있나요?

Q 제 이야기에서는 와인을 좋아하는 나이 든 여성이 사망한 후 얼마 지나지 않아 숨 막힐 정도로 더운 이동식 주택의 욕조에서 발견됩니다. 부검 중의 화학분석을 통해 이 여성이 마시고 있던 알코올의 종류가 밝혀질까요? 이 여성은 오직 와인만 마시는 것으로 알려져 있긴 하지만 소량의 위스키가 들어 있는 유리잔이 욕조 가장자리에서 발견되었습니다. 또한 위스키와 와인의 차이점이 발견될 수 있다면 분석을 통해 위스키의 상표도 판별할 수 있을까요? 부검에서는 여성이 실제로 취해 있었는지 알 수 있습니까, 아니면 체내에 실제로 알코올이 들어 있었다는 사실만 알 수 있습니까?

A 피해자가 술을 마시고 나서 얼마 지나지 않아 사망했다면 법의관은 섭취한 알코올의 종류를 판별할 수 있을 것입니다. 사망 시에는 소화과정이 중지되므로 위의 내용물은 상당히 온전하게 남아 있습니다. 부패와 박테리아로 일어나는 분해로 인해 내용물은 시간이 지나면서 변하게 되며, 이러한

과정은 따뜻한 환경에서 가속화됩니다. 하지만 대부분의 환경에서 이 과정에는 이틀 이상이 걸립니다. 위 내용물이 잘 보존되었다면 알코올의 종류와 심지어 그 상표까지도 판별하는 것이 가능합니다.

알코올은 기본적으로 일종의 당이며 쉽게 소화되므로 사망하기 최소 두어 시간 전에 알코올이 섭취되었다면 소화과정은 상당히 완료되었을 것입니다. 위 내용물은 아마 별 도움이 되지 않을 것이며 알코올은 일단 혈류에 들어간 이상 그냥 알코올입니다. 혈액 분석을 통해 에탄올(에틸알코올, 술에 들어가는 종류)을 메탄올(메틸알코올, 변질된 알코올, 독극물)과, 또 아이소프로파놀(아이소프로필 알코올, 소독용 알코올)과 구분할 수 있지만 에탄올이 발견된다면 그것은 일반적인 에탄올입니다. 그 말은 혈류에 들어가면 와인이나 보드카나 좋은 사워매시 위스키나 다 똑같다는 거죠.

혈중 알코올 농도는 쉽게 판별할 수 있으며 법적인 만취상태를 결정하는 것은 바로 이 수치입니다. 캘리포니아 주에서는 법적 한도가 혈액 100밀리미터당 알코올 0.08밀리그램입니다. 이 수치는 주마다 다릅니다. 어떤 사람들은(남성보다는 여성의 경우 이런 경향이 더 두드러지는데) 더 낮은 수치에서도 장애를 겪을 수 있습니다. 모든 사람이 서로 다릅니다. 법의관은 혈중 알코올 농도를 판별할 수 있으며 그 농도가 법적 한도 이하라 할지라도 피해자의 장애 정도에 대해 괜찮은 추측을 할 수 있을지 모릅니다.

부검을 통해 임신이나 출산 이력을 알 수 있나요?

Q 어떤 여성의 시체가 사망 후 얼마 지나지 않아 부검된다면 법의병리학자는 이 여성이 아이를 낳은 적이 있거나 임신한 적이 있는지 알 수 있나요? 몇 달 동안 추운 날씨에 노출되어 시체가 부분적으로 부패된 경우라면요?

A 임신을 하고 나면 가슴과 자궁 조직의 현미경적 구조에 영구적인 변화가 나타나는데, 법의관은 이것을 보게 될 겁니다. 또한 임신한 이후에는 가슴과 복부의 표면을 덮는 얇은 줄무늬가 나타나는 경우가 많습니다. 이것들은 겉모습이 튼살과 비슷하며 옅은 분홍색, 푸른색, 혹은 은색 비슷한 색조를 띨 수 있습니다. 조직에서 나타나는 이런 단서가 질문자님의 시나리오에 도움이 될지는 시체가 얼마나 잘 보존되어 있느냐에 달려 있습니다. 이런 면에서는 시체의 부패와 분해를 지연시키는 추운 날씨가 도움이 될 수 있죠.

해골화된 유해에도 과거의 출산으로 생긴 외상의 증거가 남는 경우가 많이 있습니다. 여러 번의 임신과 출산은 이 증거를 더욱 확실하게 만듭니다. 법의관은 골막(뼈를 덮고 있는 조직의 층)이 찢긴 결과로 생긴 치골의 흉터와 골반 뼈에 연결되어 있는 다양한 힘줄의 부착 부위를 살펴볼 것입니다. 여성이 낳은 자녀의 수를 판별하는 것은 불가능할 것이고, 최소한 한 명을 낳은 적이 있다는 것만 판별할 수 있습니다.

검시관이 간단한 조사를 통해
총의 구경을 판별할 수 있나요?

Q 부검에서 총알을 찾아낸다면 법의관이 그 총알의 구경
을 판별할 수 있나요, 아니면 탄도학자들이 판별하게 되
나요?

A 둘 다 가능합니다. 법의관은 총알의 종류를 추측할
수는 있지만 확인하려면 진짜 탄도학 검사가 필요합
니다. 총알이 얼마나 손상되었는지에 따라 다르지만 노련한 법
의관은 38구경 총알과 45구경 총알, 30.06구경 총알을 구분할
수 있으며 어떤 사람들은 이런 일에 매우 능합니다. 이 추정을
확인하고 법정에서 이 정보가 좀 더 잘 받아들여지도록 하기
위해 전체적인 탄도학적 검사가 이어질 것입니다.

Q 뭔가에 베여 부검대에 오른 피해자가 있습니다. 날카로운 발톱에 의한 상처인 경우와 날카로운 도구에 의한 상처일 경우 이것을 어떻게 묘사해야 할까요? 법의관은 상처가 칼이 아닌 다른 것으로 유발된 것임을 어떻게 알게 되나요?

A 일반적으로 베거나 자른 상처를 분석하기란 대단히 까다롭습니다. 무기의 종류를 판별하는 것은 사실상 불가능하죠. 자상(찔린 상처)의 경우에는 깊이, 폭, 두께, 공격의 각도, 칼날의 모양, 가끔은 톱니까지, 어떤 종류의 무기가 사용되었는지 판별할 수 있도록 도와주는 정보가 있습니다. 이런 특징이 동일한지를 살펴봄으로써 의심이 가는 무기와 쉽게 비교할 수 있죠.

절창(벤 상처)의 경우에는 이런 특징이 존재하지 않습니다. 보이나이프7와 단검은 아주 다른 형태의 자상을 만들어내지만 절창의 형태는 유사합니다. 벤다는 동작의 속성이 상당한 출혈을 일으키는, 가장자리가 너덜너덜한 기다란 상처를 내기 때문이죠.

    동물의 발톱이나 맹금류의 발톱도 비슷한 상처를 낼 수 있습니다. 법의병리학자는 상처의 깊이와 너비를 보고 적어도 공격에 사용한 물체의 너비와 최소한의 길이를 판별할 수는 있겠지만, 흔적 증거(털, 발톱 파편, 조직, 공격자의 혈액) 등이 남아 있지 않다면 그 외에는 알 수 있는 게 거의 없습니다.

7   수렵용의 긴 칼.

검시관은 담수로 인한 익사와 염수로 인한 익사를 구별할 수 있나요?

Q 제 이야기에서는 초기 알츠하이머병을 앓고 있는 나이 든 남성이 어떤 만(灣)에서 떠다니다가 발견되는데, 사실 이 남성은 그보다 먼저 뒤뜰의 수영장에서 익사한 것입니다. 부검 도중 남자의 체내에서 수영장 물에 들어 있던 염소가 나오게 될까요? 피해자가 처음에는 만에서 익사한 것으로 가정되기 때문에, 법의관은 작은 식물 조각 같은 잔해를 피해자의 폐에서 발견하게 되리라고 예상할까요? 이런 상황에서 법의관이 찾는 것은 무엇일까요?

A 익사에서는 법의관이 담수 익사였는지, 염수 익사였는지 판별할 수 있으며 물에 염소가 들어 있었는지도 판별할 수 있습니다. 이런 담수 대 염수 구분은 영화 〈차이나타운〉에서도 활용되었습니다.

담수와 염수에 의한 익사의 차이를 이해하기 위해 일단은 삼투 문제부터 시작해봅시다. 삼투는 액체가 농도구배의 주도로 반투성의 막을 통과하는 것을 의미합니다. 거 참 간단하죠? 설명드리겠습니다. 액체의 전해질(나트륨, 칼륨, 염소 등등) 농도를 묘사하기 위해서 우리는 '긴장성'이라는 단어를 사용합니다. 인체와 혈액의 주요 전해질은 소금, 즉 염화나트륨(NaCl)입니다. '등장성'이라는 말은 액체의 긴장성 혹은 염화나트륨 농도가 혈액과 동일하다는 뜻입니다. 담수나 수영장 물에서처럼 긴장성이 더 낮으면 '저장성'이라고 합니다(이때의 '저'는 낮다, 적다는 뜻입니다). 염수에서처럼 긴장성이 높으면 그 액체에는 혈액보다 높은 농도의 소금이 들어 있다는 뜻인데, 그 경우는 '고장성'이라고 합니다(이때의 '고'는 높다, 많다는 뜻입니다).

이때 반투성의 막은 물은 통과시키지만 염화나트륨 같은 다른 분자는 통과시키지 않는 장벽입니다. 물은 이 장벽을 넘어 저장성(농도가 낮은) 액체에서 고장성(농도가 높은) 액체로 이동합니다.(그림 19a) 이 운동은 막의 양편에서 긴장성이 동일해질 때까지 계속됩니다. 현실에서는 물 분자가 계속해서 앞뒤로 이동하지만, 긴장성이 동일해지는 순간 양쪽 방향으로 향하는 물의 양도 동일해집니다. 상대적으로 고장성인 액체가 스펀지처럼 물을 자기 쪽으로 '끌어당기는' 것이라고 생각해보세요. 막의 양쪽에서 균형이 맞추어지는 순간 이런 스펀지 효과는 사라집니다.

폐의 조직은 산소와 이산화탄소가 앞뒤로 자유롭게 이동할 수 있도록 설계된 반투성 막입니다. 폐 조직을 적시는 혈액은 등장성이고요.

담수 익사에서는(그림 19b) 저장성 액체가 폐로 들어갑니다. 그래서 수분은 물로 가득 찬 폐의 공기주머니로부터 혈류로 이동

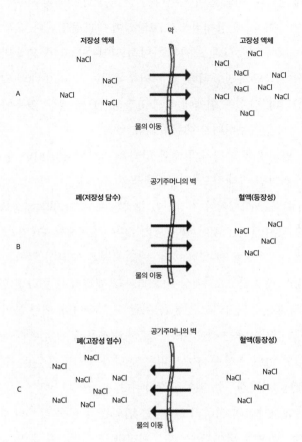

저장성 액체   막   고장성 액체

A

물의 이동

폐(저장성 담수)   공기주머니의 벽   혈액(등장성)

B

물의 이동

폐(고장성 염수)   공기주머니의 벽   혈액(등장성)

C

물의 이동

[그림 19] 삼투와 익사

삼투는 상대적으로 저장성인 환경에서 상대적으로 고장성인 환경으로 수분이 반투성 막을 넘어 이동하는 것을 말한다(19a). 담수 익사에서는(19b) 물이 폐의 공기주머니에서 혈류로 이동하여 혈액의 염화나트륨 함량을 희석시킨다. 염수 익사에서는(19c) 물이 상대적으로 저장성인 혈류로부터 고장성인 염수로 가득 찬 공기주머니로 이동한다.

하게 됩니다. 이런 일이 일어나는 건 등장성 혈액이 사실은 저장성 담수에 비해 상대적으로 고장성이기 때문입니다. 물의 이동은 혈액을 희석시켜, 혈액이 마땅히 띠어야 할 긴장성에 비해 저장성이 되도록 만듭니다. 염수 익사에서는(그림 19c) 반대의 일이 발생합니다. 염수는 혈액에 비해 고장성이므로 물은 혈류에서 나와 폐의 공기주머니로 이동합니다.

법의관은 피해자의 폐와 혈액을 검사할 것입니다. 담수 익사에서라면 상대적으로 건조한 공기주머니(물이 혈류로 이동했으니까요)와 희석되거나 저장성인 혈액을 보게 되리라 예상합니다. 염수 익사에서는 젖어 있는 공기주머니(물이 혈액에서 염수로 가득 찬 폐 조직으로 이동하니까요)와 농도가 높은 고장성 혈액을 보게 되리라 예상하고요. 예상했던 결과를 발견하지 못하면 법의관은 시체가 옮겨졌다고 결론을 내릴 수 있습니다. 이런 물의 이동이 즉시 일어나는 것은 아니므로 피해자를 물에서 빨리 끌어올렸다면 이런 검사에서는 별다른 변화가 발견되지 않을 수 있다는 점을 지적해두는 것이 중요합니다.

질문자님의 시나리오에서는 법의관이 담수 익사의 증거를 발견하고 폐에 남아 있는 염소 처리한 물도 발견할 수 있습니다. 그는 피해자가 염수가 있는 만에서가 아니라 수영장에서 익사했다고 추론할 것입니다.

네, 익사 피해자의 입과 목구멍, 심지어 폐에는 잔해나 식물, 바닷말, 심지어 조그만 수중생물도 들어 있을 수 있습니다. 이것들은 익사한 지역에서 발견되는 것들이겠죠. 사후에 시체

가 다른 장소로 옮겨졌다면 불일치가 있을 것입니다. 비슷한 사
례가, 한 피해자의 목구멍에서 발견된 유충이 미국의 토종이 아
닌 희귀한 나방의 유충이었다는 이야기로 〈양들의 침묵〉[8]이라
는 영화에서 활용되었습니다. 식물에 대해서도 같은 얘기를 할
수 있습니다. 물론 수영장에서라면 피해자는 어떤 식물이나 잔
해도 흡인하지 않았을 것입니다. 연못이나 호수에서 익사했다
면 염소보다는 담수 식물이나 벌레가 법의관의 관심을 불러일
으키는 발견이 되겠죠. 이때 법의관은 익사가 담수 익사였고 식
물과 벌레도 담수에서 발견되는 생물이었으므로, 피해자는 염
수로 가득 차 있는 만에서 익사했을 수 없으니 피해자가 옮겨졌
다고 진술할 것입니다.

부검을 통해 폐에 염소가 있는지를 알 수 있나요?

Q 익사가 담수로 인한 것인지 염수로 인한 것인지를 법의관이 판별할 수 있다는 점은 알고 있습니다만, 익사 피해자에게서 발견된 염소가 익사 사건이 욕조가 아니라 수영장에서 발생했다는 결론으로 이어질 수 있습니까?

A 네. 폐 조직 샘플과 폐에 들어 있던 모든 액체의 샘플에서 염소를 검출할 수 있습니다. 어떤 실험실은 좀 더 정교한 실험실로 샘플을 보내 분석을 해야만 하지만 대부분의 경우 염소는 발견이 가능합니다.

특정 독극물을 사용하면 피부와 손톱에 변형이 일어나나요?

Q 어떤 독극물은 피해자의 피부와 손톱을 검사해 판별할 수 있다는 이야기를 읽었습니다. 사실인가요? 이런 방식으로 발견할 수 있는 독극물의 예를 들어주실 수 있나요?

A 네. 수많은 독이 피부, 모발, 입의 점막, 손톱에 변화를 일으킵니다.

납 만성 납중독은 다양한 시대에 존재했으며 로마와 그리스 제국의 쇠망도 이것 때문이었을 수 있습니다. 오늘날 납중독은 보통 납을 함유하고 있는 페인트, 휘발유, 수도관에 노출되거나 납을 함유하고 있는 광택제로 마감한 도자기 그릇으로 요리를 하거나 그 그릇에 담긴 요리를 먹어서 일어납니다. 납중독은 빈혈, 두통, 복통, 관절통, 피로, 기억 문제, 신경병증(말단의 위약감이나 얼얼함, 혹은 둘 모두), '납선'이라 불리는, 치아와 잇몸이 만나는 결합부의 검푸른 변색과 연관되어 있습니다.

피의 각질층이 조각이 되
어 떨어지는 현상

수은 어린아이들에게 있어 수은중독은 말단통증이라 알려져 있는 증후군을 유발할 수 있습니다. 이 병은 홍조, 가려움, 부종, 과한 침 분비와 땀, 위약감, 붉고 불규칙한 피부의 발진, 손바닥과 발 피부의 비늘벗음* 등이 특징입니다.

비소 비소에의 만성적 노출은 피부의 과다각화증과 과다색소 침착(각기 피부가 두꺼워지고 검어지는 것을 말합니다), 박탈피부염(피부가 일어나 벗겨지는 것), '미즈 선(Mee's line)'이라 불리는 손톱을 가로지르는 하얀 줄무늬 등을 유발할 수 있습니다. 비소는 만성 중독 피해자의 모발에서도 발견될 수 있습니다.

시안화물 시안화물은 세포의 미토콘드리아에서 발견되는 효소인 시토크롬 산화효소를 차단한다는 의미에서 '대사독'입니다. 미토콘드리아는 세포의 에너지 생산과 산소 활용을 맡고 있습니다. 시토크롬 산화효소를 차단하면 세포가 산소를 이용하지 못하게 되어 세포의 죽음이 초래됩니다.

시안화물은 적혈구세포에서 발견되는 헤모글로빈과의 복잡한 상호작용을 통해 시안메트헤모글로빈을 형성하는데, 이것은 혈액이 밝은 선홍빛을 띠도록 합니다. 이 때문에 일산화탄소 중독과 헷갈릴 수 있습니다.(아래 '일산화탄소'를 보세요)

시반은 중력에 따라, 신체의 아래쪽 부위에서 일어나는 사후의 혈액 침강입니다. 보통 시반은 그 색깔이 청회색이거나 검푸른색입니다. 시안화물중독에서는 시안메트헤모글로빈이 가라앉은 혈액에 붉그레한 색조를 더하므로 이런 상황에서 아래쪽의 시반은 벽돌처럼 붉은색이나 어두운 분홍색을 띠게 됩니다.

일산화탄소 일산화탄소는 적혈구세포의 헤모글로빈과 결합하여 일산화탄소헤모글로빈을 형성하는데, 이것은 혈액과 조직에 선홍빛 색조를 줍니다.

검출될 수 없거나, 동물의 독으로 위장할 수 있는 독극물이 있나요?

Q 제가 쓰고 있는 이야기를 위해서, 법의학적 흔적을 남기지 않거나 전갈의 독 혹은 방울뱀의 독으로 위장할 수 있는 독이 있는지 알고 싶습니다.

A 질문자님이 하실 수 있는 최고의 선택은 석시닐콜린입니다. 이것은 모든 근육을 마비시키는 주사 가능한 근육마비제입니다. 피해자는 정신이 깨어 있고 각성된 상태지만 움직이거나 말을 하거나 눈 하나라도 깜짝하거나 호흡을 할 수가 없습니다. 3~5분 후에 사망이 일어나게 됩니다. 이 약물은 체내에서 빠르게 분해되므로 법의관은 독극물 검사를 한다 할지라도 약물을 발견할 가능성이 낮습니다. 단, 한 가지 예외가 있습니다.

주사 부위가 눈에 보인다면 법의관은 해당 부위의 조직을 잘라내 약물의 분해산물을 검사할 수 있습니다. 약물은 신체의 효소로 인해 파괴되면서 다른 화합물로 전환되는데, 이런 화합물을 '분해산물'이라고 부릅니다. 이런 물질이 주사 지점 근처의 조직에 남게 됩니다. 칼 코폴리노[9]가 아내를 살해한 유명한 사건이 이 기술을 활용해 해결되었습니다. 코폴리노는 마취과 의사였으므로 이 약물에 접근할 수 있었습니다. 코폴리노 아내의 시체는 발굴되었고 주사 부위가 발견되었죠. 조직검사를 통해 코폴리노에게 유죄판결을 내릴 수 있는 결과가 나왔습니다.

동물의 독 혹은 물리거나 쏘인 자리, 그리고 해당 독과 함께 나타나는 피부와 혈액의 변화를 발견하면 법의관은 사망의 원인이 그 독에 의한 것이라고 가정할 것입니다. 이때는 주사 부위를 찾아 석시닐콜린 분해산물을 검사하는 일은 아마 고려되지 않을 것입니다.

한 가지 주의할 사항이 있는데요. 동물의 독은 피해자가 살아 있을 때 투여해야만 합니다. 순환과 모든 신체의 대사과정이 멈추는 사망 시점에는 독극물의 국소적 조직 파괴와 혈액세포에 미치는 파괴적 영향도 중지됩니다. 동물의 독이 사망의 근인이었다는 결론을 내리려면 법의관은 독이 끼친 영향을 보아야만 합니다. 피해자는 아마 부분적으로는 석시닐콜린을 소량으로 연달아 투여당한 다음 뱀이나 전갈에게 노출되어 마비될 수 있습니다. 실제로도 동물의 독으로 죽게 되는 겁니다. 다만 그의 사망은 '사고사'가 아니겠죠.

석시닐콜린은 병원 내 약국, 응급실, 수술실 등에 있을 수

있으므로 훔칠 수도 있습니다. 아니면 의약품 공급회사에서 주
문할 수도 있고요.

사후의 상처에서도 피가 나나요?

Q 독극물로 사람을 살해한 다음 단검이 사인인 것처럼 보이게 만들기 위해 사후 30분 이내에 목구멍에 칼을 꽂으면 피가 많이 날까요?

A 독극물로 사망한 이후 자상을 입었다는 뜻인 걸로 생각되는데요. 심장활동이 멈추어 혈액이 정체되는 순간 체내의 혈액은 상당히 빠르게 응고하므로 그런 경우에는 출혈이 없을 것입니다. 법의관은 대부분의 경우 상처가 사후에 일어났다는 것을 판별할 수 있을 것입니다.

반면 만일 피해자가 독극물 때문에 무력화되었으나 여전히 살아 있을 때 자상을 입었다면 출혈이 일어날 것입니다. 그가 살해 과정에서 중독 또한 당했다는 사실을 알아내려면 법의관의 독물학 검사 결과를 기다려야 할 것입니다.

체온에 따라 색깔이 바뀌는 화장품은 시체에 바르면 어떻게 보이나요?

Q 살아 있는 몸에는 바르면 체온에 따라 색상의 변화를 일으키는 화장품을 시체에 바르면 어떤 일이 일어나나요?

A 화장품은 국소적입니다. 그 말은, 입술이나 손톱의 표면에 머무르며 신체조직과 상호작용하지 않는다는 뜻이죠. 그러므로 화장품을 바른 사람이 죽었는지 살았는지 화장품은 모를 것입니다. 실제로 신체조직과 상호작용을 한다면 의약 물질로 지정되어 식품의약국 정밀조사의 대상이 될 것이며 화장품으로 분류되지 않겠죠.

이렇게 색깔이 바뀌는 제품들은 대개 립스틱과 매니큐어인데, 열에 반응합니다. 이것들은 온도에 따라 특정한 범위에서 색깔이 변합니다. 10대 소녀들에게 "당신 몸의 열과 기분에 따라 색깔이 바뀝니다."라며 마케팅이 되죠. 색깔의 변화는 제조사와 제품에 따라 다르지만 체온이 상승하면 밝아지는 경향이 있습니다. 그런 방식으로 사람들은 그 화장품을 바른 사람이 '쿨'한지 아니면 '핫'한지 알 수 있을 거라고 추측합니다.

색깔의 변화 범위에는 보라색에서 빨간색, 연파랑에서 분홍색, 초록빛을 띠는 금색에서 번쩍이는 금색 등이 포함됩니다. 대략 어떤 그림인지 아시겠죠.

산 사람에게 발랐든 시체에 발랐든 이런 제품들은 온도와 관련된 특징적인 색깔 변화를 일으킬 가능성이 높습니다. 물론 시체는 차가운 경향이 있으므로 제품의 색상 범위는 차가운 쪽으로 향하겠죠. 그러나 시체가 아주 따뜻한 방에서 몇 시간 후에 발견된다면 시체의 온도가 환경의 온도와 같아지고 이런 제품은 그 온도의 수준을 반영하므로 좀 더 따뜻한 범위의 색깔로 변화할 것입니다.

'쿨'한 아이디어네요. 아니면 '핫'하다고 해야 할까요? 저는 이런 표현을 쓰는 게 항상 힘들더라고요.

17세기에는 사망을 어떻게 진단했나요?

Q 17세기 영국을 배경으로 한 이야기를 쓰고 있습니다. 젊은 여성 주인공의 삼촌이 너무 많은 알코올과 아편 때문에 의식불명에 빠져 하마터면 산 채로 매장당할 뻔합니다. 주인공의 연애 상대는 수련 과정을 밟고 있는 의사로, 매장이 실행되기 전에 이 여성의 삼촌이 살아있다는 사실을 발견합니다. 제 질문은 이건데요, 그 시기에는 사망을 어떤 식으로 진단했나요?

A 오늘날에는 사망을 진단하는 정교한 방법이 여러 가지 있습니다. 물론 혈압, 맥박, 호흡도 살펴보지만 어떤 상황에서는 이런 것들이 부정확할 수 있습니다. 몇 가지만 꼽아보아도 바르비투르나 아편, 그로부터 파생된 물질(헤로인, 모르핀 등등)과 테트라오돈톡신(복어 독) 같은 약물을 과용한 사람은 죽은 것처럼 보일 수 있습니다. 맥박이 너무 느리고 혈압도 너무 낮으며 호흡도 너무 얕아 이러한 활력징후를 손쉽게 얻을 수가 없습니다. 그 사람들이 추운 환경에서 발견되어서 만지면 차갑고 피부 색깔도 창백하거나 청회색으로 보이는 경우에는

특히 그렇고요. 심전도검사(EKG)를 하면 심장활동이 존재하는 지 판별할 수 있고 뇌전도검사(EEG)는 뇌 활동을 보여줍니다. 둘 모두가 없을 때 사망진단이 이루어집니다.

300년 전에는 이런 기술을 이용할 수 없었습니다. 대신 담배 연기를 이용한 관장, 손이나 펜치로 젖꼭지를 강하게 꼬집기, 신체의 여러 구멍으로 뜨거운 꼬챙이 쑤셔 넣기, 세게 혀 잡아당기기 등이 모두 시체가 실제로 죽었는지 판별하기 위해 활용되었습니다. 혀 잡아당기기는 인기가 너무 많아서, 혀를 꽉 잡고 크랭크를 돌려 잡아당기는 장치가 개발되기도 했습니다. 이 작업은 몇 시간 동안 지속되었으며 피해자가 불평을 하지 않으면 사망선고가 이루어졌습니다. 질문자님도 추측하시겠지만 가끔씩은 이런 절차를 진행하는 중에 시체가 죽은 자들 가운데서 일어나곤 했죠.

그 시대의 수많은 의사들은 정확한 사망 확인 방법은 부패가 나타나기를 기다리는 것뿐이라고 진술했습니다. 유족들은 썩어가는 시체를 집 안에 두고 싶어 하지 않았으므로 '생명이 의심스러운 자들의 수용소' 혹은 '대기 중인 시체 안치소'라는 제도가 확립되었습니다. 죽은 것으로 의심되는 사람은 부패가 일어날 때까지 (분해를 촉진하기 위해) 이런 기관의 따뜻한 장소에 배치되었고 그 이후에야 매장될 수 있었습니다. 실제로 살아 있는 경우 그 사람은 종에 연결된 실을 잡아당겨 생존 사실을 신호할 수 있었습니다. 분해되어가는 근육의 불수의적 수축으로 인해 시체들은 움찔거리거나 몸을 홱 젖히는 등의 움직임을 보일 수 있으므로 가짜 경보도 드물지 않았죠. 그 시체 안치소를 감독하는 사람에게는 상당히 당황스러운 일이었을 거라는 생각이 듭니다.

이용 가능했던 또 다른 장치는 '보안용 관'이었습니다. 이번에도 시체는 종, 나팔, 깃발을 사용하여 자신이 산 자들 가운데에 있다는 신호를 보낼 수 있었습니다. 그리고 이번에도, 불수의적 운동이 가짜 경보를 울릴 수 있었죠.

질문자님의 이야기 속 젊은 의사는 삼촌의 젖꼭지를 꼬집거나 혀를 잡아당기거나, 시체 안치소에 방문하여 흔들리는 깃발을 보거나 울리는 종소리를 듣고 난 뒤 살아서 정신을 차린 삼촌을 발견할 수 있을 겁니다.

11
그 외의 특이한 질문들

사망 시에 동공은 확장하나요, 수축하나요?

Q 혼란스럽네요. 사망 시에는 동공이 커지나요, 줄어드나요? 이런 일이 일어나는 건 정확히 언제인가요? 사망 전인가요, 후인가요, 아니면 사망하는 바로 그 순간인가요?

A 동공은 사망 시에 확장됩니다(커집니다). 그래서 죽은 사람의 눈은 검어 보이죠. 대부분의 경우 동공은 사망 전에 확장됩니다. 이런 일이 일어나는 까닭은 스트레스를 받

는 상황에서는 언제나 교감신경계(투쟁-도피를 관장하는 부분)가 활성화되는데, 죽음의 임박은 분명 그런 스트레스 상황 중 하나이기 때문입니다. 이런 활성화는 부신으로부터의 에피네프린(아드레날린) 분비를 초래하는데, 이것이 동공을 확장시킬 뿐 아니라 혈압과 심박수를 증가시킵니다.

사망 시에는 동공 근육이 이완되는데 이 역시 동공을 열어줍니다.

화장을 할 때 시체가 움직이나요?

Q 현대적 기술(화장터)을 이용해 시체를 화장할 때 시체가 복근의 갑작스러운 수축으로 인하여 어느 시점에서는 일어나 앉는 경향이 있다는 이야기를 읽었습니다. 사실인가요? 흔한 일인가요, 아니면 특정한 조건에서만 일어나는 일인가요?

A 발생할 수 있는 일입니다. 시체는 '투사형 자세'를 취할 가능성이 가장 높습니다. 싸우는 사람처럼, 다리를 끌어당기고 몸을 앞으로 숙인 채 주먹이 턱 아래로 오게끔 팔을 굽히는 거죠. 이 자세는 사람들이 화재로 사망할 때도 발생합니다. 열기가 근육에서 수분을 증발시킨 결과 근육 수축이 일어나기 때문입니다. 화장에 사용되는 극도의 열기가 신속하게 시체를 파괴할 것이므로 이런 일은 화장 과정에서 발생한다고 하더라도 단기간만 지속될 것입니다.

사지절단이 된 사람의 체중은 어떻게 추정할 수 있을까요?

Q   저는 판타지 소설 시리즈를 쓰고 있는데요. 이 소설에 팔과 다리를 빼아내는 데에만 성공했을 뿐 결과적으로는 실패한 낙태수술로 인해 두 팔과 두 다리가 없이 태어난 등장인물이 반복적으로 등장합니다. 이따금 이 인물은 여성 등장인물에 의해 전동의자에서 자동차로, 또 그 반대로 옮겨져야 합니다. 제 질문은 이건데요, 팔다리가 없는 성인 남성의 몸무게는 얼마나 될까요?

A   끝내주는 질문인데요.

위로든 아래로든 약간의 오차가 있겠지만 기본적으로 몸통은 체중의 50퍼센트 정도를 차지합니다. 등장인물의 체중은 그 사람이 '전체'를 이루고 있을 때의 전체 체구와 체중에 달려 있습니다. 그의 정상 체중이 68킬로그램이었다면 34~36킬로그램 정도가 적당하겠죠. 원래 덩치가 큰 사람이었다면(예컨대 90킬로그램이었다면) 45킬로그램 정도가 되고요. 이런 식입니다.

어깨와 위팔 일부가 남아 있다면 10퍼센트를 더하시고 허벅지 일부가 남아 있다면 15퍼센트를 더하세요. 사지절단이 관절에서 일어났다면, 질문자님의 묘사를 보면 아마 그럴 거라고 생각됩니다만, 50퍼센트의 수치를 사용하시면 대략 맞을 겁니다.

동물 안락사에 활용하는 약물은 무엇인가요?

Q 어린아이의 애완견이 심각한 상처를 입어 안락사를 시켜야만 하는 이야기를 쓰고 있습니다. 어떤 약물이 사용되나요? 이 약은 주사되는 건가요? 개가 죽을 때까지는 시간이 얼마나 걸리나요? 개가 무언가를 느끼게 될까요? 수의사는 이 절차를 혼자서 시행하나요, 아니면 조수가 있을까요?

A 동물용 안락사 제품을 제조하는 회사가 몇 군데 있습니다. 흔하게 사용되는 것 중 하나는 유타-6 혹은 유타솔입니다. 이 약의 활성성분은 펜토바르비탈(바르비투르 진정제)과 알코올이죠. 다량을 투여하면 동물이 기본적으로는 바르비투르와 알코올 과용으로 죽습니다.

동물의 앞발에 정맥주사를 놓습니다. 그쪽 다리의 털을 밀고 정맥주사를 놓은 다음 테이프로 고정시킵니다. 발생하는 불편은 오직 이것뿐입니다. 그런 다음 투약이 이루어지고 개는 몇 초 안에, 아마도 5~10초 안에 잠들게 됩니다. 거의 그와 비슷한 속도로 호흡이 멈춥니다. 심장이 정지하는 데에는 3~4분이 걸릴 수 있지만 대체로 이것은 빠르고 통증이 없는 과정입니다.

　수의사는 보통 개를 붙들고 안심시키며 정맥주사를 꽂고 약물을 투여하기 위해, 또는 주인이 같이 있기를 선택하는 경우 그 사람들을 위로하기 위해, 또는 두 가지 일을 모두 하기 위해 조수를 둡니다. 혼자 할 수도 있지만 두 사람이 관여하는 경우가 가장 많습니다.

협죽도를 먹으면 고양이가 중독될까요?

Q 토하기 전까지 고양이를 상당히 아프게 만들었다가 그 이후에는 회복하게 할 수 있는 어떤 물질로 고양이 한 마리를 중독시켜야 하는데요(물론 허구적으로 말입니다). 무엇을 사용해야 할지 추천해주실 만한 게 있을까요? 고양이를 중독시킨 제 이야기 속 범인은 협죽도를 이용해 한 사람을 죽인 적이 있습니다. 고양이에게도 협죽도를 사용하고도 고양이가 살아남을 수 있나요?

A 협죽도(*Nerium oleander*)의 독성은 용량에 따라 달라지므로 이 상황에 잘 맞을 수 있습니다. 양에 무관하게 대상을 죽이는 시안화물과는 다르거든요. 소량만 썼을 때는 대상이 아프게 되고 다량을 쓰면 대상이 죽습니다.

수많은 개와 고양이, 어린이들이 협죽도의 잎사귀나 꽃 등을 먹고 사망하거나 앓은 적이 있습니다.(이 식물은 모든 부위에 독성이 있습니다.) 독살범이 고양이에게 아주 적은 양만을 준다면 고양이는 아프긴 하겠지만 살아남을 것입니다. 실제로 어느 정도 양이냐고요? 저는 전혀 모르겠습니다. 그냥 잎사귀 한 장이

나 꽃 하나를 부수어 음식이나 고기에 섞어서 고양이에게 먹이
도록 하세요. 그러면 될 겁니다.

여성용 피임기구 사용을 가로막으려면 어떤 '화끈거리는' 물질을 활용할 수 있나요?

Q 이상한 질문이 하나 있습니다. 베이비시터로 일하던 한 10대 소녀가, 돌보던 아이의 젊은 엄마와 자기 아빠가 불륜을 저지르는 현장을 보게 됩니다. 소녀는 그 여자와 자기 아빠에게 벌을 주고 싶어 하는데요. 두 사람을 어느 정도 불편하게 만들 수 있도록 여자의 다이어프램(피임기구)[1]에 무언가를 바를 수 있을까요? 저는 빅스 베이포럽이나 벤게이[2]를 생각했는데, 이건 기구를 삽입하기 전에 여자가 알아차릴 수 있을 겁니다. 다른 아이디어가 있으신지요?

A 타바스코 소스요. 다른 건 비교도 안 되죠. 이 소스는 바른 다음 마르게 내버려두면 냄새가 전혀 없거나 거의 없게 되며 눈에도 보이지 않고 피임기구의 느낌도 변화시

---

1   질 내에 삽입하는 피임기구

2   Bengay. 크림 타입의 파스로 인기 있는 의약품이다.

키지 않을 것입니다. 그러나 수분이 조금 첨가되는 순간, 그것을 사용한 여자는 소녀가 전달한 메시지를 알아듣게 될 거예요. 젤리형 살정자제를 사용한 경우에는 타바스코가 약간 희석되고 질의 내벽에 막이 형성되어 증상의 시작이 지연될 겁니다. 하지만 일단 성관계가 시작되면 타바스코 소스가 부드러운 질 조직과 아마 남성의 조직도 자극할 거예요. 처음에는 약간 따끔하고 열이 오르는 듯하다가 점점 더 따갑고 화끈거리게 될 것이며, 마침내는 심각한 작열감과 공황이 찾아오겠죠. 엄청나게 악마 같은 질문이네요.

시각장애인들도 '시각적인' 꿈을 꾸나요?

Q 제 이야기에서는 태어났을 때부터 눈이 보이지 않던 7세 소년이 생생하고도 공포스러운 꿈을 꾸기 시작합니다. 시각장애인들도 꿈에서 사람과 사물을 '보나요'?

A 시각장애인들은 두 가지 큰 범주로 나눌 수 있습니다. 선천적인 맹인들은 출생 순간부터 시력이 없으나 후천적 맹인들은 태어난 이후에 시력을 잃습니다. 5세 정도 이전에 맹인이 된 아이들은 선천적인 맹인들과 많은 공통점을 보이는 경향이 있습니다. 시각상실이 너무 이른 나이에 시작되었기에 이 아이들은 상(像)이나 색깔에 관한 기억이 거의 없으므로 7세 이후에 실명된 사람에 비해 사물을 '보는' 능력이 떨어집니다. 이런 형상의 부재가 그 아이들의 꿈으로도 스며들어갑니다.

이 분야의 많은 연구자들은 꿈을 구성적인 인지과정으로 간주합니다. 즉, 우리는 우리의 감각적 경험에 기초하여 꿈속의 세계를 구성한다는 것이죠. 우리가 보고 듣고 느끼고 냄새 맡고 맛본 것이 우리의 꿈을 만드는 데 기여합니다.

대부분의 선천성 맹인들은 꿈의 구성물 속에서 공간적 관계를 '볼' 수 있으며, 어떤 사람들은 심지어 시각적 형태를 만들어낼 수도 있지만, 실제 사물을 보지는 못합니다. 맹인들이 꿈에서 보는 것은 깨어 있을 때 보는 것과 유사한 경향이 있습니다. 어떤 사람들은 다른 사람들에 비해 최소한 무정형의 상을 구성하는 능력이 더 나을 수도 있습니다. 후천적으로 실명당한 사람들은 실명되기 전에 했던 생시의 시각적 경험과 유사하게 꿈의 시각화를 이루는 경향이 있고요.

선천성 맹인들과 5세 이전에 실명한 후천성 맹인들은 생생하고 자세한 꿈을 꿀 수는 있지만 사람이나 구조물, 사물의 형상을 보지는 않습니다. 악몽에 대해서도 우리와 같은 감정을 느끼고 비슷한 반응을 보이지만 꿈에 확실한 형상이 등장하지는 않습니다.

5~7세 사이에 실명한 사람들은 상을 볼 수도, 보지 않을 수도 있습니다. 이건 사람에 따라 달라지는 문제입니다.

흥미롭게도 7세 이후에 실명한 사람 중 다수는 영원히 시각적 세부사항이 갖추어진 꿈을 꾸는 반면 어떤 사람들은 20~30년 동안만 그런 꿈을 꿉니다. 형상에 대한 기억이 희미해지면서 꿈에서의 형상도 마찬가지로 희미해지는 것 같습니다.

질문자님의 이야기 속 등장인물은 꿈속에서 형상을 보지는 않겠으나 여전히 대단히 감정적인 꿈과 공포스러운 악몽을 꿀 수 있습니다. 그는 촉감과 소리, 냄새와 관련하여 꿈속에서의 경험을 묘사할 텐데, 이는 시각보다도 더욱 공포스러울 수 있겠습니다. 그러나 형상은 모호하고 잘 정립되지 않을 거예요.

우리 모두와 마찬가지로 그가 경험하는 것은 깨어 있는 시간에 발생한 일을 반영할 겁니다. 등장인물의 문제, 공포, 소망, 흥미, 갈등, 집착, 태도, 공상이 그의 꿈속 세계에서 펼쳐질 겁니다.

끝으로 덧붙이는 말

이제 이 책을 통한 여행을 끝마치셨네요. 작가 및 독자 여러분께서 각각의 질문과 답변으로부터 무언가를 배우셨기를 희망합니다. 몇몇 질문은 단순하고 직선적이었고, 어떤 것들은 복잡하고 정교했죠. 그 외의 질문들은 순전히 엽기적이었고요.

이 책을 이루고 있는 각각의 질문은 개연성 있는 스토리텔링과 소설 창작에 필수적인 엄청난 상상력과 호기심, '말이 되게' 써내겠다는 노력을 보여줍니다. 저는 이 책에 실린 질문들이 창작 과정에 대한 통찰력을 제공하고 성공한 픽션 작가들에게서 보이곤 하는 장인정신의 깊이를 드러내주리라고 믿습니다.

여러분께서 이 책을 흥미롭고 정보로 가득 차 있으며 자극을 주는 책이라고 생각하셨으면 좋겠습니다. 이 정보들이 여러분의 글쓰기와 읽기를 향상시키고 여러분의 창의력 가득한 문학의 샘을 휘저어놓았으면 좋겠다는 게 제 진정한 소망입니다.

시간과 관심, 호기심을 기울여주셔서 감사합니다.

D. P. 라일 박사의 웹사이트를 방문해보세요!

www.dplylemd.com

감사의 말

수많은 사람들의 도움이 없었다면 이 책을 쓸 수 없었을 겁니다. 그 모든 사람에게 진심으로 감사드립니다.

꾸준히 제 글을 읽어준 낸시 고모, 지미, 재니, 호크, 바비, 투티, 스파키, 마이키, 록시, 스티비 B와 코니에게 감사합니다.

환자이자 친구인 해럴드 미닉은 캘리포니아 주 오렌지카운티의 검시관으로 여러 해 동안 일한 경험을 토대로 많은 통찰을 제공해주었습니다.

에이전트이자 친구인 킴벌리 캐머런과 리스 핼시 노스, 또한 세인트마틴 출판사/토머스 듄 북스의 담당 편집자인 샐리 킴에게도 감사합니다. 출판 과정 내내 보여준 이들의 뛰어난 기량과 안내, 열정의 가치는 미처 헤아릴 수 없을 만한 것입니다.

부모님인 빅터와 일레인 라일에게도 감사드립니다. 두 분은 평생 동안 저를 이끌어주고 지원해주셨을 뿐만 아니라 제 교육에 들어가는 모든 비용을 지불해주기도 하셨습니다.

누나 비키는 재능 있고 전문적인 교사로서, 제가 공교육을 시작하기 전부터 읽고 쓰기를 잘할 수 있도록 가르쳐주었습니다.

여동생 멜린다가 삶을 사랑하는 지금의 모습 그대로 있어 준 것도 고맙습니다.

제 반쪽 낸은 저를 늘 응원해주었으며, 이 책의 삽화들을 그려준 것은 물론 제게 글쓰기라는 광기를 좇을 수 있는 자유를 주었습니다.

우리의 고양이 아이들, 미시, 피넛, 베니는 언제나 저를 웃게 만들어줍니다.

세부 사항에 대한 극도의 치밀한 관심과 믿을 수 없는 상상력이 담긴 질문을 던짐으로써 저를 지속적으로 놀라게 만드는 작가 여러분들께도 감사드립니다.

D. P. 라일

찾아보기

A-Z